KB081441

교사,
입시를
넘다

교사, 입시를 넘다

2014년 2월 26일 처음 펴냄
2016년 5월 10일 3쇄 찍음

기획 사교육걱정없는세상
펴낸이 신명철
펴낸곳 (주)우리교육
등록 제 313-2001-52호
주소 03993 서울시 마포구 월드컵북로 6길 46
전화 02-3142-6770
팩스 02-3142-6772
홈페이지 www.uriedu.co.kr
인쇄 천일문화사

ISBN 978-89-8040-951-8 03370

이 도서의 국립중앙도서관 출판시도서목록(CIP)는
e-CIP홈페이지(http://www.nl.go.kr/ecip)에서 이용하실 수 있습니다.
(CIP 제어번호:CIP2014006360)

교사, 입시를 넘다

홍세화
황선준
최영우
고병헌
김상봉
김승현
송인수
지음

사교육걱정없는세상
기획

우리교육

어디 그런 교사들 없겠습니까?

사교육걱정없는세상 출범 후 얼마 되지 않아 한 가지 고민이 생겼습니다. “학교 바깥에서 입시 경쟁과 사교육 걱정을 해결하기 위한 시민 운동이 맹렬하다면, 교직 사회에서도 이와 호응되는 운동이 일어나야 하지 않을까?” 그러나 몇 년이 지나도, 기대한 사건은 일어나지 않았습니다. 그렇다고 해서 우리가 그 운동까지 할 일은 아니라 생각했습니다. 그래서 나타나 주기만을 기다렸습니다.

그러다가 새로운 깨달음이 찾아왔습니다. 아니, 깨달음이 아니라 새로운 실험이라고 하는 것이 더 정확할 것입니다. 그 실험은, 앉아서 변화를 기대할 것이 아니라 변화의 구체적 신호를 보여 줌으로써 교직 사회를 일깨우는 것이 가능한지 확인하자는 실험이었습니다. 우리의 문제 의식은 단순했습니다. “입시 경쟁을 넘는 새로운 운동이 시민 영역에서 펼쳐지고 있으니, 이에 화답하는 운동이 교사들의 언어로, 교사들이 머무는 학교 교실 상황 속에서도 시작되어야 하겠다. 교실과 학교 바깥으로 나와 외치라는 것이 아니라, 학교의 일상 속에 머물되 입시 경쟁을 넘어선 교육의 가치로 아이들을 만나고, 그것이 입시 경쟁을 넘는 학교 밖 운동과 이어지도록 하자. 존재의 기반을 바꾸지 않고 삶의 양식만이라도 바꾸어 보자.”는 것이었습니다.

그리고 그 메시지를 가장 정확하게 전할 수 있는 몇 분을 강사로 세워서, 2012년 ‘교사, 입시를 넘다’라는 주제로 교사 등대지기 학교 강좌를 시작했습니다. 그때 일곱 분이 진행한 강의를 더 많은 교사 독자들에게 들려주고 싶어서 이번에 책으로 묶어서 내게 된 것입니다.

사람의 일이란 알 수가 없는 일이라, 우리의 실험이 교직 사회에서 어떤 열매를 거둘지 아직 장담할 수 없습니다. 아니 눈에 보이기로 그 전망은 어둡기조차 합니다. 교사를 둘러싼 제도와 환경은 교사로서의 감수성과 자존심을 누를 대로 눌러 왔고 교사의 일상은 고단하기에, 우리가 들려주는 메시지가 어떤 실천적 파장을 일으킬 것을 기대하기는 어렵습니다. 또한 이미 수십 년간에 걸쳐 교직 사회는 교육의 부조리에 응전하느라 지쳤고, 또 새로운 교직 세대는 모순에 응답하는 그런 도전을 격려받지 못한 세대들입니다.

그럼에도 불구하고 우리는 '입시 경쟁'이라는 큰 괴물과 싸우는 새로운 교사 운동이 시작될 것을 기대합니다. 그 기대는 단순한 근거 때문입니다. 무릇 생명은 결코 누르는 힘에 주저앉지 않습니다. 아무리 흙더미가 무거워도 밑으로 밑으로 뿌리를 내린 후에 생명은 끝내 때가 차면 고개를 쳐들고 새순을 틔우고야 맙니다. 그런 생명의 기운이 교사들 가슴속에 여전히 있다고 우리는 믿습니다.

입시를 넘는 새로운 실천이 필요하다는 시대적 요청이 가슴속에 파고들어서, 응답하지 않고는 견딜 수 없는 마음을 가지고 불편한 삶을 자청하는 교사들이 1천 명만 있어도, 변화는 시작될 것이라고 믿습니다. 어디 그런 교사들 없겠습니까?

2014년 2월 24일

사교육걱정없는세상 공동대표 송인수 윤지희

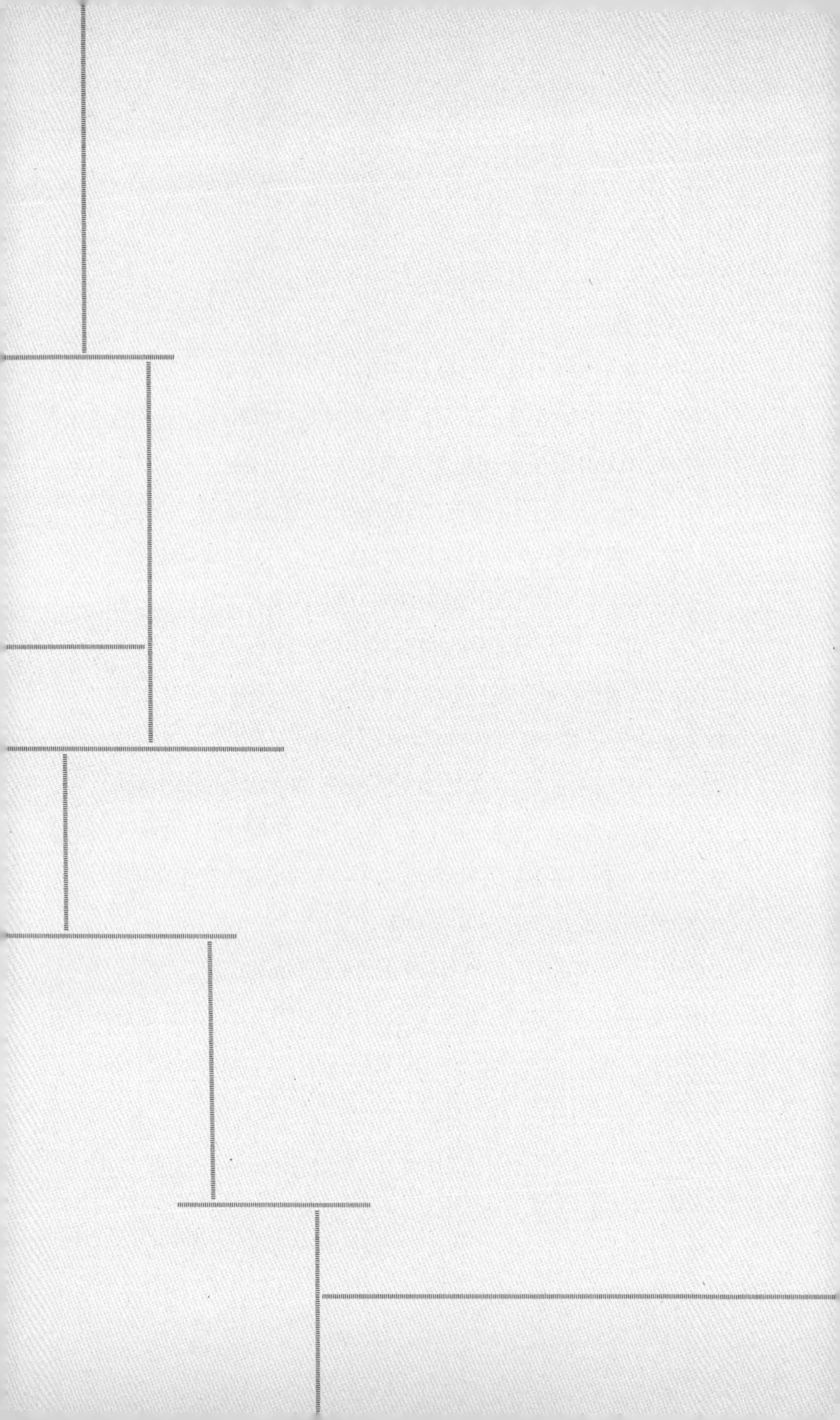

차례

한국의
학벌 사회를
말하다

홍세화

홍세화

남민전 사건을 계기로 20여 년간 파리에서 망명 생활을 했다. 2002년 귀국 후 활발한 사회 활동을 펼치며 〈한겨레〉 기획 위원, 〈르몽드 디플로마티크〉 한국판 편집인, 진보신당 대표를 지냈다. 현재 사유-실천 공동체 '가장자리' 협동조합의 이사장과 격월간지 〈말과 활〉의 발행인이다.

학벌로 줄 세우는 서열 체계의 문제

제가 한국에 귀국한 게 2002년입니다. 귀국해서 바로 가입한 시민 단체가 '학벌없는사회'였습니다. 얼마 전까지 공동 대표를 하다가 물러났는데요. 제가 귀국해서 한국 사회의 문제를 보고, 우리 사회를 조금 낫게 변화시키기 위해서 가장 중요한 문제가 교육 문제이고, 교육 문제 중에서도 핵심 고리가 바로 학벌 문제라는 인식을 했기 때문에 '학벌없는사회'라는 시민 단체 활동을 해 왔었습니다. 오늘 사교육 없는 세상을 만드는 분들과 함께 학벌이라는 이 성채를 어떻게 분쇄할 것인지, 왜 분쇄해야 되는지에 대하여 제가 갖고 있었던 생각을 솔직하게 이야기하려고 합니다.

저는 개인적으로 학벌이 있는 사람입니다. 우스갯소리인데 '학벌없는사회'에서 활동할 때, 어떤 분은 제게 학벌이 없으니까 활동한다고 하고, 학벌이 있는 사람에게서는 있으니까 이제는 없어도 좋다는 거지, 그런 식으로 공박을 받아 왔었는데요. 저는 그런 면으로 보면 한국의 학벌 사회의 혜택을 받은 사람입니다.

그런데 제 두 아이가 프랑스 공교육 혜택을 받게 되죠. 세 살, 여섯 살 때 프랑스로 건너간 두 아이가 프랑스의 유치 학교부터 대학원 박사과정까지 밟게 되는데요. 세 살부터 시작되는 유치 학교, 초등학교 5년, 중학교 4년, 고등학교 3년 그다음 대학 입학 자격 시험 마치고 여섯 살에 간 딸아이는 파리 3대학을 졸업했습니다. 그다음에 세 살짜리 사내 녀석은 지금 파리 10대학 학부를 마치고 파리 1대학에서 박사 공부를 하고 있습니다.

난민의 자식, 가난한 외국인의 자식이 대학원을 다닐 수 있었는데, 만약 한국에 있었으면 정치적 성향뿐만 아니라 어쩌면 가난하다는 이유로 마음의 상처를 입지 않았을까 하는 생각도 듭니다. 운이 좋았는지 두 아이가 남의 땅에서, 가난한 이주 노동자의 자식으로서 기죽지 않고 학교를 마칠 수 있었고, 지금도 다니고 있는 것이 당연히 저에게 많은 생각을 하게 하죠.

지금 이곳이 사교육 없는 세상을 논하는 자리인데, 물론 두 아이는 단 하루도 사교육을 받은 적이 없죠. 그것이 왜 가능할까. 어떻게 가능할까. 이것이 바로 오늘의 주제인 대학 문제, 학벌 문제와 연관이 된다고 생각합니다.

이 문제에 접근을 하기 위하여 프랑스에서 2차 세계대전 이후에 교육사회학계에서, 특히 진보적인 교육사회학자들의 주된 관심이 무엇이었는지로부터 얘기를 풀어 나갈 수 있을 것 같습니다. 2차 세계대전 이후에 진보적인 교육사회학자들이 프랑스뿐만 아니라 유럽에서 가장 관심을 가졌던 부분은 교육을 통하여 계층, 계급의 순환이 가능한가라는 물음이었습니다. 즉 이동이 가능한가였는데, 10년 내지 20년 가까운 연구 결과, 교육과정은 대물림을 합리화해 주는 과정이라는 결론이었습니다. 결국 계층,

계급의 순환이 이루어지지 않고, 그것을 단순히 대물림해 주는 것을 합리화함으로써 거기에 대하여 저항하지 못하게 하는 것이 교육과정이라는 것이었죠.

우리나라에도 많이 알려진 피에르 부르디외 같은 학자도 연구에 참여했습니다. 그때 제가 읽은 문건들에 의하면 한 연구자가 학생들의 수학 점수 가중치를 3배로 올려야 되겠다라는 주장을 폅니다. 왜냐하면 그게 바로 계층을 이동시킬 수 있게 하는 특단의 조치인 거죠. 다른 과목도 다 부모의 문화 자본이나 경제적 자본의 영향을 받지만, 그래도 가장 영향을 적게 받는 과목이 수학이니까, 수학의 비중을 3배 올려서 순환이 가능하도록 도모한다는 논의가 있었는데, 물론 이것이 이루어지지는 않았죠. 프랑스에서 세 개의 과목이 비중이 높습니다. 그들의 말인 프랑스어, 수학, 철학입니다. 이 세 개가 비중이 높다고 말할 수 있는데 이미 높은 비중인 수학을 3배로 한다는 것은 상식적으로 볼 때 무리가 아니었나 싶습니다.

아무튼 그런 연구 결과와 1968년 5월에 벌어진 학생 혁명, 변혁적인 국면이 만나서 어떤 정책이 구현되느냐 하면, 대학이 우리처럼 서열화 되어 있지는 않았지만 그래도 전공에 따라서 선호하는 대학이 있었는데, 그것 자체가 완전히 평준화됩니다. 전국의 대학을 평준화하고, 파리에 있는 13개 대학교에 번호를 매기게 됩니다. 그다음에 대학 교육이 대중화되었습니다. 노동자 서민의 자식에게 순환이 안 된다면 노동자 서민의 자식들에게도 대학 교육을 받을 수 있도록 문턱을 낮춰야 된다라는 것이죠. 당연히 일부에서 역차별을 요구하게 됩니다. 역차별을 해야 하는데, 경우에 따라서 작은 규모로, 작은 차원에서 이루어지기는 하나 그것이 폭넓게 이루어지는 것은 물론 아닙니다.

아무튼 지금 제가 말씀드린 이 문제가 학벌 사회와 한국에서의 대학이 어떠한 위치에 있는가라는 문제와 만나는 접점이라고 생각합니다. 결국 교육의 장은 계급투쟁의 장입니다. 어떤 계급을 누가 차지하는가, 또 권력과 명예와 부를 누가 차지하는가, 또 권력과 명예와 부가 어느 정도 균점적으로 이루어지는가, 그것이 어떻게 비판되고 견제될 수 있는가, 또 어떤 사회이든 엘리트층은 형성되게 마련인데, 그 엘리트층이 과연 엘리트층으로서 마땅한 능력과 사회적 책임 의식을 갖고 있는가…….

이런 점들에서 한국의 학벌 사회는 모든 면에서 부정적인 모습밖에는 갖고 있지 않다는 생각입니다. 엘리트층이 어느 사회에서도 형성된다고 치면 그들이 과연 능력이 있는가라는 점에서 능력이 없다, 또 사회적 책임 의식이 있는가, 그것도 없다, 당연히 그것이 견제되지 않기 때문에 그렇습니다. 또 한편으로 그들에 대한 견제와 비판이 이루어질 때 그것이 맞물려서 결국 부와 명예와 권력이 균점할 수 있는 길이 열릴 텐데, 열리지 못합니다.

결국은 사회적 책임 의식도 없고 능력도 없는 엘리트층이 학벌을 통해서 형성이 되고, 그들이 바로 부와 명예와 권력을 거의 독점적으로 차지하게 됩니다. 그리고 결과적으로 학벌이라는 것에 내면화되어 사회 구성원들이 그들의 지배를 거의 무비판적으로 받아들이게끔 구조화됩니다. 이것이야말로 폐쇄 회로라는 생각을 합니다.

놀랍게도 일렬로 세워져 있다시피 한 우리의 서열 체제는 전 세계에서 그야말로 유래를 찾을 수 없을 정도입니다. 일본보다도 더 심합니다. 우리는 대학 평준화를 좀 특이하게 생각하는데, 전 세계적으로 보면 오히려 보편적입니다. 그래서 '학벌없는사회'의 주 활동이고 요구 사항이 대학은 평준화로 가야 한다는 것이었습니다.

실제 노무현 정권이 처음 들어설 즈음에서 나름대로 논의가 있었지만, 그 이후에는 직접적인 논의가 잘 벌어지지 않고 있습니다. 당시에도 결국 신자유주의 문제로 노무현 대통령이 교육 문제에 손을 놓아 버리는 이러한 안타까운 내부 사정이 있었습니다. 하지만 워낙 교육의 세 주체가 고통받고 있을 뿐 아니라 인문 사회과학이라는 학문까지 왜곡시키고 있기 때문에도 대학 평준화의 길은 정치 지형의 변화를 통하여 돌파할 수 있다고 생각합니다. 전 세계에서 가장 많이 공부하면서도 인간을 이해하고 세상의 눈을 뜨는 것에 실패하고 있는 우리의 현실은 정치 판도가 조금이라도 변화가 있을 경우에 새로운 모색이 가능하지 않을까 생각합니다.

또 하나는 제 나름의 상상인데요. 우리 고등학생들이 그야말로 어떤 아이콘과 만나서, 더 이상 견딜 수 없다고 집단적으로 거리에 뛰쳐나오는 것도 저는 상상을 합니다. 우리 학생들이 겪고 있는 억압적인 상황은 생물학적인 측면에서도, 정서적인 측면에서도, 문화적인 측면에서도, 어느 측면에서 보더라도 계속 이어질 수는 없다는 기대를 갖습니다. 그것이 어떤 학문적인 토대가 있는 것이 아니지만, 진보의 미덕 중 하나가 기다림이라고 했는데, 포기하지 않고 기다리면서 우리 학생들이 그런 모습을 보이는 것도 돌파를 할 수 있는 길 가운데 하나가 아닐까 생각합니다.

대학 평준화가 개혁의 첫걸음

결국 많은 분들이 대학 평준화 그게 과연 되겠느냐고 이야기합니다. 그런데 조금 전에 말씀드린대로 좀 더 적극적으로 생각하고, 좀 더 적극적으로 들여다보고, 지금 우리가 어떤 지경에까지 이르렀는지 되돌아본다면 정말 돌파해야겠다는 생각을 공유할 수 있습니다. 선생님들은 선생님대로 초·중·고가 대학 입시에 종속돼 있음으로 해서 초·중·고 본연의 교육 자체가 왜곡되어 있는 현실입니다. 학부모는 학부모대로 이 문제 때문에 엄청나게 비용을 지불합니다. 시간과 돈과 모든 것을 지불하고 있습니다. 학생들은 더 말할 것도 없이 정말 그 시기에 맞춰서 살아야 할 모든 것을 다 잃어버리고 있습니다. 워낙 교육의 세 주체가 다 이 문제에 빠져 있는 현실이기 때문에 정말 돌파해야 합니다. 실제로 제가 볼 때 궁극적으로 그 길입니다. 길은 거기에 있습니다.

하향 평준화가 아니냐는 따위의 주장은 자신들이 현실과 직접 대면하지 않으니까 가능한 얘기라고 생각합니다. 간단히 생각해서 대학에 들어가는 순간 경쟁이 시작되는 구조와 대학에 들어가는 순간 경쟁이 끝나 버리는 구조 가운데 어디에서 경쟁력이 나올 것인가는 조금만 상상력을 발휘해도 알 수 있습니다. 그런데도 평준화하면 하향 평준화라고 하면서, 조중동이 떠뜨는 것을 그대로 우리들도 받아들이고 있습니다. 또 이것이 되겠냐는 식으로 비관적으로 바라보는데, 이런 모습부터 우리 스스로 바꿔야 되지 않을까 생각합니다.

프랑스의 예를 통하여 대학 평준화가 과연 경쟁력이 있는지 없는지 설명해 보겠습니다. 우선 주관적이지만 저와 제 두 아이를 비교해 보겠습니다. 한국에서 나름대로 학벌을 가지고 있다는 저와 평준화된 두 아이를 견주어 볼 때 저는 제 두 아이를 따라갈 수가 없습니다. 왜 그런가 하면 가장 먼저 인문 사회과학에 대한 인식 능력에서 전혀 다르다는 거죠. 우스갯소리이긴 하지만, 제 처가 파리에 있을 때 일입니다. 친구 중에 2호선에 속한 여대에 다닌 분이 있는데, 그분이 제 처와 같이 이탈리아도 가고 벨기에도 갈 수 있지만 독일은 안 간다는 거예요. 왜 그러냐면 이 여성이 바로 독일어과 출신이랍니다. 왜 독일을 못 가는지는 상상해 보세요. 지금 이게 현실 아닌가요.

그런데 제 딸아이는 파리 3대학에서 소위 생활 외국어, 즉 실용 외국어로 영어와 독일어를 전공했는데, 대학원 1년차 아이가 네 나라 말을 합니다. 프랑스어는 물론이고 한국어, 영어, 독일어. 제일 잘하는 순서가 무엇일까요. 물론 프랑스어죠. 그다음이 영어, 한국어, 독일어 이런 식입니다. 제가 판단할 때 전체적으로 똑같이 얘기할 수는 없겠지만, 주관이 들어갈 수밖에 없다고 하더라도 전혀 다르다는 거죠. 제가 그 구조를 말씀드릴게요.

첫 번째로 많은 사람이 평준화하면 하향이라는 생각에 빠져 있기 때문에, 전혀 그렇지 않다는 것을 말씀드리기 위해서 이 부분을 꼭 짚어야 할 것 같아요. 또 프랑스 대학이 평준화만 되어 있느냐, 거기 그랑제꼴이 있지 않냐면서 딴지 거는 사람이 있어요. 평준화 얘기하면 거기도 소위 영재 학교가 있지 않냐는 거죠. 그럴 때는 독일 얘기는 안 해요. 프랑스에 있는 그랑제콜 같으면 좀 있어도 괜찮다고 봅니다. 프랑스는 바로 견제와 비판이 이루어지기 때문이죠. 우리처럼 대학이 수직 막대로 되어 있는 구조에서는 중하위권 대학을 모두 합쳐도 머리인 스카이를 견제할 수 없다는 거죠. 견제가 되지 않는다는 문제입니다.

프랑스의 평준화되어 있는 대학은 수평적인 거죠. 당연히 학사 관리가 철저하기 때문에 학년 올라가는 것이 피라미드 식입니다. 그들은 말하자면 바칼로레아, 대학 입학 시험을 마치고 몇 년을 수료했느냐 이것이 가장 중요합니다. 한국에서는 어느 대학에 들어갔느냐로 정해지고, 등록금 내면 졸업하게 되어 있죠. 요즘은 학문은 하지 않고 스펙 쌓게 되어 있고요. 제 아이가 1년에 얼마 내냐 하면 350유로 냅니다. 1년치가 55만 원 정도 되는데 그중 30만 원 정도가 대학원생으로서 내는 학생 의료보험비입니다. 그러니까 이것이 바로 공교육이 얼마나 튼튼한가, 공공성을 말해 주는 것입니다.

우리는 등록금을 통하여 회전해야 되기 때문에 입학하면 거의 자동적으로 졸업하게 되어 있다면, 영국은 예외지만 유럽에서는 등록금도 거의 내지 않는데 공부 대충하고 진급이 되느냐 하면 어림없습니다. 2년 과정을 2년에 마치는 비율이 해에 따라 다르지만 제가 본 그해에 비율은 28퍼센트였습니다. 그다음에 한 번 낙제를 허용합니다. 3년에 2년 과정을 마쳐야 하는 것이죠. 두 번 낙제하면 퇴학입니다. 60퍼센트가 퇴학을 당합니다. 즉 60퍼센트가 3학년이 되지 못한다는 거죠. 그러니까 피라미드형 구조가 된다는 것이죠.

대학 들어가서는 2학년 되기 위해서 공부해야 합니다. 법과대학 같은 경우는 매년 올라갈 때마다 20퍼센트 이상 잘려 나가는 이런 구조로 되어 있습니다. 학생들 표현을 빌리자면 통계학 같은 과목으로 낙제를 줘서 떨어뜨립니다. 공부 안 하면 낙제합니다.

그래서 제 두 아이도 고등학교 3학년 때까지는 하루에 8시간 반을 잤습니다. 말씀드렸다시피 학원 가 본 적도 없고, 학원이 요즘 몇 개 생겼다고 하지만, 대부분 사람들은 학원이 어디 있는 줄도 모르니까요. 학교에 9시까지 가면 되는데, 7시 전에 깰 이유가 없죠. 왜 깹니까? 제 딸아이가 고등학교 2학년 때 일인데요. 학교 선생님으로부터 가정통신문을 받았습니다. '아직 성장하는 아이인데, 어떻게 밤 1시가 넘어서 재우셨습니까. 다시는 그런 일이 없도록 해 주십시오.' 제가 딸아이에게 물어봤죠. 무슨 일이었냐고 하니 모파상 소설을 읽었답니다. 무지 재미있어서 3시까지 읽고 학교 가서 존 거예요. 바로 선생이 어떻게 된 거냐고 물어보니까 아이가 변명을 한 거죠. 실은 소설을 읽다가 무지 재미있어서 늦게 잤다고 하니, 가정통신문을 부모한테 보낸 거예요.

실제로 11시 넘어서 자 본 적이 거의 없습니다. 11시부터 7시까지는 당연히 잠자는 시간이에요. 고3 마칠 때까지 8시간 반 내지 9시간이 잠자는 시간이에요. 물론 늘 그런 것은 아니지만 밤 새워서 공부하는 일은 오히려 대학에 들어가서였습니다. 보통 때는 놀기도 하고 그렇긴 합니다만, 낙제하지 않기 위해서 공부를 합니다. 아무튼 이런 것이 가장 기본적인 구조의 차이입니다. 제가 아까도 상상력 말씀을 드렸습니다만, 우리나라의 수직적 구조는 고등학교를 졸업하는 순간에 순서가 정해지는 구조입니다. 프랑스에서는 대학에 입학하는 순간에 다 국립대학 1학년이니까 이제부터 경쟁이 시작됩니다. 대학에 들어갈 때는 말하자면 인문 사회과학 소양을 고등학교 때 폭넓게 갖게 하고, 그다음에 대학에서 경쟁을 하는 구조라고 볼 수 있습니다. 우리의 수직적 구조보다 실제로도 그렇고 굳이 경쟁력을 따진다 해도 높습니다.

석차는 지적 인종주의

한국에 와서 대학이 세계 몇 위권이라는 얘기를 많이 들었습니다. 도대체 프랑스에서는 한 번도 들어 본 적도 없는 얘기입니다. 그래서 그런지 파리에 1대학에서 13대학이 있다니까, 파리 1대학이 제일 좋은 대학이냐고 묻는 사람도 있었습니다. 이게 전부 석차와 경쟁에 너무 심하게 병이 들어 있다는 것입니다. 중증이에요. 교육하고는 전혀 거리가 떨어진 이야기입니다.

석차 문제도 마찬가지입니다. 덧붙인다면 제 두 아이가 고등학교 마칠 때까지 석차를 받은 적이 없어요. 피에르 부르디외가 지적 인종주의라는 표현을 썼는데 석차는 바로 이 문제와 연관되어 있습니다. 지적 인종주의는 피부 빛깔을 사람이 선택해서 가지고 태어날 수 없듯이 두뇌나 부모를 선택해서 태어날 수 없다는 것입니다. 결국은 두뇌의 용량이나 아이큐나 부모의 경제적 자본이나 문화적 자본이 그 아이의 학업 성적에 당연히 영향을 미치는데, 그것에 의하여 아이들에게 석차를 주고 사회적 차별을 가하는 것을 당연하다고 여기는 것이 지적 인종주의라는 것입니다.

그렇다면 우리는 지적 인종주의라는 말은 없지만 모두가 지적 인종주의자들입니다. 왜냐하면 아주 어린, 미성년자인 아이들에게 아주 노골적으로 석차를 두고 있지 않습니까. 이것은 유럽 쪽

시각으로 보면 얼토당토않은 일인데, 아주 널리 퍼져 있습니다. 심지어는 50등까지는 알짜, 100등까지는 예비, 그다음 101등 이후는 잉여라는 얘기까지 있습니다. 나치 때도 그랬습니다만, 처음부터 그런 것이 아니라 조금씩 조금씩 익숙해지면서 어디까지 갈지 모를 지경에 빠져 있습니다.

학생들 석차를 매기는 것에, 학교별 순위를 매기는 것에, 교사를 평가하는 것에, 한 발 한 발 익숙해지니까 또 한 발 나가면서 괴물들이 되고 있습니다. 심한 표현이긴 하지만 지적 인종주의라는 표현을 쓴 그들의 시각과 정서로 볼 때는 우리의 현실은 분명히 괴물적 현상이라는 거죠.

제 아이들이 고등학교를 마칠 때까지 석차를 받아 본 적이 없습니다. 그럼 평가를 어떻게 하느냐, 20점이 만점인데 절대평가만 하는 거죠. 대학 입학 자격 시험 합격점이 10점이기 때문에 절대평가만 해서 20점 만점에서 12점이다, 13점이다 적습니다. 그다음에 제일 못한 학생의 점수와 제일 잘한 학생의 점수를 적는 교사가 있고, 칸은 있지만 적지 않는 교사가 있습니다. 점수는 4개가 나옵니다. 전체 평균 점수, 이 학생의 점수, 제일 높은 점수, 제일 낮은 점수 나옵니다. 그런 정도를 알려 주는 거죠.

그런데 대신 대학에 가면 달라집니다. 낙제 가차 없이 시킵니다. 의대를 예로 들겠습니다. 의과대학 6년 마치면 국가시험 치잖습니까. 국가시험 치면 그야말로 1등부터 꼴지까지 줄을 세웁니다. 이미 성년이 됐으니 책임지라는 것입니다. 그래서 1등부터 자기가 갈 곳을 정합니다. 이것은 다른 대학도 마찬가지입니다. 국립 행정 학교도 1등부터 꼴지까지 줄을 세워서, 1등 하면 한국으로 치면 기획재정부 같은 데 가죠. 꼴등이라고 하면 예를 들어서 남는 게 뭐냐면 자리가 산림청 이런 데인데, 아예 안 가 버리기도 합니다.

미성년인 고등학교 때까지는 인성을 보호하고, 인권 의식을 존중해 석차를 주지 않습니다. 대학 들어가서는 이미 성년이 되었으니 책임 의식을 강조하는 것입니다. 아무튼 그래서 제가 판단할 때 평준화된 대학이 수직 구조에 비해서, 경쟁력을 강조하는 사람들 때문에 언급하면, 경쟁력도 평준화의 구조로 가야만 한다는 것입니다.

그다음 그랑제콜 얘기를 하는데요. 맞습니다. 그랑제콜이 있죠. 그런데 평준화되어 있는 구조에 작은 배처럼 떠 있기 때문에 대학이 견제가 된다는 것입니다. 그리고 권력 지향 학교냐 학문 지향의 학교냐, 영어로 하면 'school of knowledge'와 'school of power'라는 개념이 있습니다. 프랑스에서는 에콜 뜨 사브아, 에콜 드 푸브아라고 표현하는데, 에꼴 드 푸브아, 즉 권력 지향 학교에서는 학위가 없습니다. 학위를 받으려면 학문 학교인 대학으로 가야 하는 것이죠. 이렇게 그들이 나름대로 전문 엘리트를 양성하면서 견제가 이루어질 수 있는 구조를 갖고 있다는 것인데, 그런 부분들은 얘기하지 않고 그랑제콜을 얘기하는 것은 좀 옳지 않다고 생각합니다.

어디서 더 경쟁력이 가능하겠는가라는 문제와 특히 부와 명예와 권력을 어떻게 균점할 수 있는가, 아니면 어떻게 견제할 수 있는가, 적어도 학문과 권력이 한통속이 되지 않도록, 한곳에서 나올 수 없게끔 이런 장치들이 있다는 것이죠. 왜 우리가 대학 평준화 쪽으로 가야 하는지는 선택과 집중이라는 점에서도 대단히 중요합니다. 경쟁력 측면에서 봤지만 선택과 집중이라는 측면에서도 살펴봐야 합니다.

지금 학생들의 일상을 한번 보자는 것입니다. 한국에서 만점이 100점이죠. 어떤 학생이 99점을 받았어요. 대단히 훌륭한 점수죠. 그러면 이 점수를 보고 학부모가 만족하느냐, 아니라는 것입니다. 100점 만점에 99점이든, 95점이든 다 똑같죠. 학부모가 이 점수를 보고 만족하는 것이 아니라, 바로 몇 등이냐고 물어봅니다. 몇 등이냐가 가장 핵심이라는 거죠. 그러니까 학생들이 어떤 상황에 처해 있냐면 모든 과목에서 1등을 해야 하고 1등을 지켜야 하기 때문에, 학생들이 절대로 어떤 과목에서도 해방될 수 없습니다. 우리 아이들은 상황 자체가 어떤 과목에서도 벗어날 수 없는 구조라는 것이죠.

프랑스 예를 들면 20점 만점에 10점이 합격점인데 아이들이 걱정이 없이 놀 수 있는 이유가 있습니다. 한 아이가 프랑스어 시간에 13점을 받고, 수학은 12점을 받았다면, 이 영역을 더 들여다볼 아무런 이유도 없습니다. 우리는 서열화되어 있기 때문에 생각이 거기에 미치지 못할 수가 있어요. 워낙에 내면화되어 있기 때문이죠.

그런데 한번 생각해 보세요. 대학은 평준화되어 있고, 20점 만점에 10점이면 합격인데, 13점을 받았다, 그 아이가 그 과목의 시험 영역을 왜 더 들여다봐야 합니까. 예를 들면 11점이어서 아슬아슬하다거나, 9점이나 8점이면 공부를 더 해야겠죠. 그런데 12점 이상 되면 할 이유가 없죠. 벗어나서 다른 것을 합니다. 책을 읽을 수도 있고, 여행을 다닐 수도 있고, 아니면 공부를 하다 보니까 관심이 생겨서, 생물에 관심이 많으면 생물을 더 할 수도 있습니다. 이른바 선택과 집중이 가능한 것입니다.

그런데 우리의 경우는 전부 다 1등을 해야 하고, 1등을 지켜야 하니, 어떤 과목에서도 벗어날 수 없게 되어 있는 것이죠. 시험에 공부에 정말 넌덜머리가 나게 만들어 버리는 상황 속에서 창조성이니, 상상력이니, 지식 기반 사회니 말을 많이 하는데, 정말 진이 다 빠져서 나올 수 없게 되는 것입니다. 한국에서는 대기만성형 학자가 나오지 못하는 사회라고 생각합니다. 꾸준히 밟아 올라가는 사회가 아니고 그냥 반짝했다가 사라지고 맙니다. 이런 구조에 머물 수밖에 없는 현실도, 우리 아이들이 학문을 즐기는 공부에 접근할 수 없게 만듭니다.

서열화가 왜곡시킨 인문 사회과학

그다음 지금부터 서열화된 대학이 학생들에게 어떻게 학문 자체를 왜곡시켰는지, 비판력을 상실케 했는지에 대해 말씀드리겠습니다. 우리 아이들이 전 세계에서 가장 공부를 많이 하는데도 불구하고 세상을 보는 눈을 뜨지 못하는 이유가 뭘까요.

교과목도 문제지만 당연히 독서와 토론이 실종되고 글쓰기가 사라져서입니다. 비근한 예로 말씀드리겠습니다. 우리는 모두 자본주의사회에 살고 있습니다. 그런데 사회 과목은 무엇 때문에 있습니까. 사회를, 세상을 알라고 배우는 것인데, 우리가 살고 있는 사회인 자본주의에 대해서는 알려고 하지 않습니다.

초등학교도 있고, 중학교에도 있고, 고등학교에도 있는 사회 과목에서 제일 중요하게 공부해야 할 내용이 자본주의입니다. 그런데 자본주의 공부를 안 하죠. 거의 없다고 해도 과언이 아니죠. 일부 학생이 대학에 들어간 다음에 선배를 잘못 만나거나, 동아리를 잘못 기웃거렸다가, 내가 자본주의사회에 살고 있는데 자본주의 공부를 전혀 안 했네 자각이 듭니다. 그래서 자본주의를 공부하려니까 바로 들이대는 게 있죠. 국가보안법입니다. 놀라운 상황입니다. 사회 교과 과목이 한국 사회를 인식할 수 있게 기능하지 않습니다. 이게 제가 말씀드리는 폐쇄 회로라는 것입니다. 이게 꽉 막혀 있는 구조라는 것을 말씀드리고 싶은 것입니다.

우리가 공부하는 학문을 크게 둘로 나눌 수 있습니다. 하나는 인문 사회과학, 또 하나는 자연과학과 수학입니다. 인문 사회과학은 인간과 사회에 관한 학문입니다. 아리스토텔레스의 유명한 명제인 '사람은 사회적 동물이다'라는 것에서 나는 사람이니까 사람에 대해서 알아야 하고, 인문학을 공부해야 하고, 사회적 동물이라고 했으니 사회에 대해서 공부해야 하고, 이것이 교과목으로는 사회, 역사, 지리, 경제, 도덕, 정치, 윤리, 철학, 인문, 언어 이 모든 것이 인문 사회과학이죠.

자연과학, 수학은 정밀 과학이고, 자연 현상에 관한 학문입니다. 물리, 화학, 생물 등등인데, 차이는 인문 사회과학은 당연히 인간과 사회에 관한 주관성이 개입될 수 있는 학문이라면 자연과학은 인간의 주관성이 개입될 수 없는 학문입니다. 다시 말해서 자연과학은 정밀 과학이기 때문에 정답을 가지고 있는데, 인문 사회과학은 애당초 정답을 가지고 있지 않습니다.

그런데 우리 학생들에게 역사, 지리, 사회, 경제 등이 무슨 학문이냐고 물어보면 암기 과목이라고 해요. 이게 놀라운 일입니다. 기가 막힌 상황인데요. 왜 이런 일이 일어났는가. 한국의 중고등학생들, 특히 고등학생들이 인문 사회과학을 공부하는 방식은 다 알다시피 암기입니다. 백지를 나눠 주고 용어를 암기하기 위해서 연습장으로 씁니다. 몇 장 채웠나 검사도 하죠. 그런데 유럽의 아이들은 암기 안 합니다. 온통 글쓰기입니다. 그것이 핵심입니다. 우리는 암기할 때 그들은 글쓰기를 합니다.

많은 사람들이 프랑스의 바칼로레아의 예를 드는데, 철학만 글쓰기로 평가하지 않습니다. 온통 다 글쓰기입니다. 역사, 지리 당연히 글쓰기, 사회, 경제 글쓰기, 그다음에 제2 외국어는 시험관과 토론하는 것입니다. 제 두 아이가 다 제1 외국어는 영어, 제2 외국어는 독일어를 했는데, 제1 외국어는 글쓰기, 제2 외국어는 15분간 시험관과 이야기하는 것입니다. 물론 이 토론이 어려운 과제이긴 합니다. 한 40개 정도의 주제가 주어지면 그중에 골라서 얘기를 나누는 것입니다. 그들이 글쓰기를 주로 할 때 우리는 암기를 합니다. 거의 암기밖에 하지 않는, 종이를 우리는 연습장으로 채울 때, 유럽에서는 글쓰기로 채우는 것이 학생들의 일상에서 아주 중요한 차이라는 것입니다.

왜 이런 일이 일어났는가, 인문 사회과학이 본디 어떤 학문인가, 인문 사회과학은 인간을 이해하고 사회를 보는 눈을 뜨라는 학문이죠. 인문 사회과학 공부를 잘한다는 것은 인간을 이해하는 능력과 사회를 볼 줄 아는 눈을 떴다는 것이어야 하는데, 한국에서 인문 사회과학 공부 잘한다는 것은 그것은 곧 암기 잘한다는 것입니다. 공부 잘하는 학생과 공부 못하는 학생의 차이는 하나입니다. 시험 보고 나서 잊어버리느냐, 시험 보기 전에 잊어버리느냐의 차이입니다.

그리고 암기는 기존 체제, 기존 질서에 담겨 있는 객관적 자료를 숙지하는 것이기 때문에 공부 잘하면 필연적으로 보수성을 갖게 됩니다. 어떤 문제를 제기하거나, 물음을 제기하는 능력이 아니라 기존 체제 질서가 담고 있는 객관적 사실을 아주 잘 숙지하는 것이기 때문입니다.

제 아이들이 중3 때 글쓰기한 것 중의 하나가 '사형 제도에 대해서 난 이렇게 생각한다'였습니다. 질문이 사형 제도에 대해서 어떻게 생각하냐인데, 글을 쓴 것이 바로 사회과의 점수가 됩니다. 사형 제도는 인간에 대한 물음과 사회에 대한 물음이 소담히 담겨져 있죠. 사형 제도를 통하여 인간에 대하여 고민해 보고 나름대로 정교하고 풍부하게 자신의 생각을 정리해서 피력하려니까 뭐가 필요하겠어요? 책을 읽어야 합니다. 또 토론도 해야 합니다. 그런데 우리는 그런 요구를 하지 않죠. 학생들에게 자기 생각을 묻지 않는 교육입니다. 이게 대단히 중요한 문제입니다. 학생들에게 철저하게 한 번도 자기 생각을 요구하지 않는 교육이라는 것입니다.

예를 들어 사형 제도에 대해서 물어본 적이 있나, 한 번도 물어본 적이 없습니다. 성 소수자에 대해서 제 견해를 요구받은 적이 없습니다. 노동조합이 민주주의와 어떤 연관이 있는지 요구받은 적이 없습니다. 지금 말씀드린 내용이 모두 제 아이들이 글쓰기 한 내용입니다.

학교에 따라서 학년이 올라갈수록 달라집니다. 학생에게 자기 생각을 물어봅니다. 그러나 우리는 학생에게 자기 생각을 요구하지 않는다는 것입니다. 인문 사회과학은 인간과 사회에 대한 사고력을 요구합니다. 논리력, 인식 능력, 감수성을 요구합니다. 이것들을 요구하려면 꼭 제 판단에도 글쓰기가 필수적입니다. 글쓰기를 안 한다는 것은 인문 사회과학을 안 한다는 것이죠.

이제 제가 어떻게 반학문적이 되었는지 말씀드리려는 것인데요, 왜 글쓰기가 사라지게 되었는지 곰곰이 따져 봤습니다. 첫째로는 근대식 교육이 일본 제국주의 교육에 접목되었다는 아주 근본적인 문제의식입니다. 일본 제국주의 지배 세력은 식민지 백성에게 자기 생각을 형성하도록 고민하고 정리하는 글쓰기를 요구할 필요가 없었습니다. 그래서 인문 사회과학이 왜곡되는 것인데, 이것이 그대로 온존된 채 서열화 된 대학이 결국 애당초 정답을 갖고 있지 않은 인문 사회과학에서도 학생들에게 정확하게 줄 세우기를 요구하게 됩니다. 줄을 세우게 되니까, 글쓰기를 해서는 학생들을 정확하게 줄 세우기 어렵다는 것입니다.

그러니까 객관적 사실에 대해 숙지하는지를 통하여 애당초 정답이 없는 학문을 정답이 있는 학문으로 비틀어 버렸고, 그게 바로 암기 과목이 된 것입니다. 여기에는 우리 선생님들의 관성, 학생들 평가하기 편한 관성도 같이 작용했다고 생각해요. 정말 인문 사회과학이라는 학문에 충실하다면 절대로 학생들을 줄 세울 수 없다고 생각합니다.

제가 프랑스 역사 선생님을 만나서 잠깐 얘기를 나눈 과정에서 나온 이야기입니다. 저희는 100점 만점이고, 프랑스는 20점 만점, 핀란드는 10점 만점입니다. 아무튼 프랑스 역사 선생님이 20점도 많다고 생각하는데 100점 만점이라는 것 자체에 충격을 받았습니다. 이 선생님이 저 보고 중고등학교 때 몇 점 맞았냐고 물어봅니다. 제가 중고등학교 공부를 잘해 100점도 맞고 89점도 맞고 95점도 받았다고 했습니다. 우선 이 점수를 이해를 못 해요. 내가 89점을 받았을 때 나보다 좀 잘하는 학생은 90점, 94점도 받고, 못한 학생은 88점도 받았다고 하니까, 한참 있다가 이 선생님이 이야기합니다. "대단하다. 너희 나라 역사 선생님은 네 역사를 보는 안목을 이렇게 정확하게 측정할 수 있냐?" 우리는 그냥 익숙해져 버렸지만, 정말 놀라운 점수이죠.

우리 역사 공부 왜 하나요. 역사를 통하여 권력이 어떤 것이고, 인간이 어떤 존재이고, 역사를 통하여 세상을 느끼고, 부끄러움도 인식할 줄 알고, 역사적 존재로서 서는 것입니다. 그런데 역사 공부 어떻게 하나요. 기묘사화가 몇 년에 일어났느냐, 이런 건 그들에게는 달달달 외우지 않아도 되는 기본적인 내용이에요. 거기서 중요한 것은 그것이 아니죠. 역사를 통하여 권력관계를 인식하고 감수성을 갖게 하는 것인데, 우리는 그것밖에 안 배워요.

제가 사형 제도 얘기했습니다만 사형 제도에 대해서 내 생각을 피력하는데, 교사는 사형 제도가 폐지되어야 한다고 생각하지만, 정답이 없는 게 아닙니까? 그것에 따른 논거가 있는 것이죠. 주장과 생각에 얼마나 탄탄한 논거를 담고 있나가 중요합니다. 어떤 교사가 자기는 사형 제도가 폐지되어야 한다고 보지만 어떤 학생이 사형 제도는 존속되어야 한다고 나름대로 논리를 폈다면 그 학생에게는 12점 정도는 줄 수 있고, 반면에 어떤 학생이 교사처럼 사형 제도는 폐지되어야 한다고 생각하지만, 주장만 있고 별 논리가 없다면 그러면 너는 좀 부족하다 7점 주고 그러는 것입니다.

프랑스가 이런 식으로 이루어질 때, 우리는 어떤 상황입니까. 재작년에 어떤 방송사에서 나온 시험 문제입니다. 다음 나라 중에서 사형 제도가 실질적으로 폐지된 나라는 어느 나라입니까? 보기 ① 미국, ② 러시아, ③ 일본, ④ 중국, ⑤ 대한민국, 답 대한민국, 이게 우리 수준 아닙니까. 방송사에서 대학을 졸업한 학생들에게 묻고 있는 질문입니다. 한 번도 학생의 생각을 묻지 않습니다. 인문 사회과학이 어떻게 일그러져 버렸나, 그러니 당연히 비판력이 없습니다.

그다음에 그것으로 평가를 받는 이 구조에서 필연적으로 엘리트층은 보수성을 띨 수밖에 없습니다. 수구적이지 않으면 다행입니다. 아주 철저히 체제가 품고 있는 객관적 사실을 숙지하고 있어야 공부를 잘하는 것이기 때문입니다. 그런 기준에 의하여 평가되는 소위 엘리트층이 못 된 학생들은 바로 그들이 나를 이겼다는 이유로 지배를 받아들이게 되면서 전혀 사회문제를 비판적으로 볼 수 있는 눈을 뜨지 못하게 되는 것입니다. 이 문제가 주체화를 무너뜨리고 있습니다.

한국 사회에서 비판적 의식을 형성한다는 것은 응당 인문 사회과학을 통하여, 학교 교육과정을 통하여 나름대로 이루어져야 합니다. 자신의 감수성과 조우하면서 이루어져야 하는데 현재 한국에서는 절대로 가능하지 않습니다. 한국 사회에서 비판적 안목을 갖는 것이 학교 교육과정을 통해서 가능하냐, 절대로 가능하지 않습니다. 불가능합니다. 그런 학생은 소수가 있는데, 그 소수는 거의 다 선배를 잘못 만나서 그 길을 갑니다. 고등학교 때 그렇다면 전교조 선생님을 만났거나, 선생님으로부터 책을 잘못 소개받거나 이런 경우가 아니고는 가능하지 않습니다. 정말 웃어야 할지 울어야 할지 모를 상황입니다.

한번 따져 볼까요. 인문 사회과학이 인간과 사회를 인식하게 하는 것인데 철두철미하게 기존 체제에 자발적으로 복종하도록 하는 것만 담을 수밖에 없는 게 현실입니다. 왜냐하면 글쓰기가 없고 스스로 사고하도록 하지 않고, 철저하게 주어진 것만 암기하고 있기 때문입니다. 아까 말씀드렸다시피 자본주의사회에 있으면서 자본주의에 대해서는 전혀 가르치지 않고, 내용을 통제하고, 지배 세력이 요구하는 인간과 사회에 대한 한정된 생각을 암기시키는 것입니다. 바로 이 점이죠.

내 생각의 주머니는 어떻게 채워졌나

선생님도 그렇고 학부모님도 같이 생각의 주머니가 어떻게 채워지는지 한번 물어봅시다. 물론 생각의 주머니는 제가 생각한 것인데, 사람은 생각하는 동물이지만, 생각을 가지고 태어나지는 않죠. 생각의 주머니만 가지고 태어납니다. 이건 제 표현입니다. 처음에 생각의 주머니는 비어 있었죠. 점차 커 가면서 생각의 주머니를 채워 넣게 됩니다. 지금 한국 사회에서는 아무도 무식하다고 생각하지 않습니다. 왜냐하면 생각의 주머니가 빵빵하게 채워져 있기 때문이죠.

20세기 초만 해도 옛날 사람은 한 가지만은 분명하게 알고 있었습니다. 나는 무식하다, 그런데 요즘은 책을 읽지 않아도 아무도 무식하다고 하지 않습니다. 저의 유년기인 1950~60년대를 되돌아보면 어르신들, 그때 할아버지 할머니들이 되는 분들, 많은 분들이 나는 무식해, 나한테 묻지 마라고 종종 얘기했는데, 요즘은 그런 분들 만날 수 없습니다. 왜냐하면 생각의 주머니가 빵빵하게 채워져 있거든요.

생각의 주머니가 헐렁하면 집어넣고 싶어 하는 헛헛함이라도 있는데, 빵빵하니까 집어넣을 생각도 없어요. 고무풍선이 빵빵한데 더 집어넣기 정말 어렵지 않습니까.

그다음에 빵빵하게 들어간 생각을 스피노자가 강조했듯이 누구나 다 고집을 부립니다. 생각의 성질은 원래 고집입니다. 고집 안 하세요? 고집하잖아요. 그러면 생각의 주머니가 처음 비어 있었는데, 고집하는 생각, 내 삶의 푯대가 생각이 어떻게 채워졌을까요. 이것은 결국 암기와 글쓰기가 어떤 차이인가로 확인이 되는데, 한쪽은 글 쓰게 하고 한쪽은 암기하게 한다고 가정해 보기로 해요.

글쓰기를 잘하게 하기 위해서도 책을 읽어야 하고 토론도 해야 합니다. 그래서 토론 주체가 바로 나입니다. 독서 주체, 나입니다. 우리가 독서와 토론을 많이 얘기하는데, 왜 중요하냐면 내가 독서의 주체이며 토론의 주체라는 것 때문입니다. 반면에 암기하는 나는 철저한 수동태입니다. 주어진 것만 받아들이는 것이죠. 글쓰기가 사라져 버리고 인문 사회과학에 암기밖에 없다면 결국 주체화가 이루어질 수 없는 것입니다.

책은 정말 겸손합니다. 어떤 책도 우리에게 강요하지 않죠. 그냥 닫힌 채 서가에 가만히 꽂혀 있습니다. 그 책을 끄집어내는 주체가 나입니다. 그런데 우리 교육이 어떠한가요. 초등학교 때까지는 생각을 가지신 학부모님이 아이에게 책을 읽히려고 애를 써요. 그런데 중학생이 되면 "이제 중학생이 됐지, 성적 좀 올려야 되지 않니?" 이 얘기가 뭐냐 하면, 글쓰기를 잘하기 위한 책 읽기와 토론은 이제 그만하고 문제 풀이와 암기 잘해서 성적 올리자는 것입니다. 책 읽기는 이제 끝입니다. 글쓰기를 위한 독서와 토론은 없습니다.

지금 사교육걱정없는세상의 회원들께서 가지고 있는 나름대로 한국 사회에 대한 비판적인 안목은 어떻게 해서 생각의 주머니에 들어가게 됐나요. 암기를 통해서는 불가능한 거잖아요. 아마 틀림없이 저하고 비슷한 처지일 텐데, 많은 분들이 선배 잘못 만나서 선배의 안내에 따라서 책 읽고 토론했기 때문일 것입니다. 예를 들면《전태일 평전》한번 읽어 봐야 되지 않을까, 그래도 역사 좀 봐야 되지 않니, 현대사 좀 공부해 볼까, 이런 계기에 의해서만 가능합니다. 이건 실은 제 얘기이기도 합니다.

결국 사람이 주체적으로 생각의 주머니를 채워 넣는 길은 독서와 토론이 가장 핵심이라는 것입니다. 물론 여기에 직접 견문이 포함되겠죠. 직접 보고 겪고 느끼는 것과 독서, 토론을 통해 아울러서 고민하고 느끼고 성찰하는 것이 주체적으로 자기 생각의 주머니를 채워 넣는 것입니다. 그런데 우리 사회에서는 바로 교육과정에서 이루어져야 할 생각의 주체화가 글쓰기가 배제되는 것에 의하여, 독서와 토론이 배제되는 것에 의하여, 암기를 해야 된다는 것에 의하여 철저하게 이루어지지 못합니다. 그리고 지배 세력이 요구하는 인간에 대한 생각, 사회에 대한 생각을 지배 세력이 기획한 대로 거의 매트릭스 수준으로 주입하고 있습니다.

이것이 바로 의도했던 의도하지 않았던 대학이 서열화된 이 구조에 의하여 생각을 형성하고 고민하고 논리력을 키워야 하는, 감수성을 갖도록 하는 학문, 인문 사회과학까지도 왜곡되어 비틀어져서 학생들에게 석차를 주기 위한 정답이 있는 암기 과목으로 만들었다는 것입니다. 대학 서열화 문제는 교육의 세 주체만 고통 속으로 몰아넣은 것이 아니라 학문까지도 죽여 버렸습니다.

그 얘기를 특히 강조하려는 것입니다. 학문을 죽여 버렸습니다. 인문 사회과학을 죽여 버렸다는 것을 강조합니다. 결국 인문 사회과학이 인간을 알고 세상을 배우는 눈을 뜨는 학문인데, 이것이 죽었기 때문에 이 학벌 시스템을 통하여 사회적 책임 의식도 없고 능력도 없는 엘리트층이 형성되어, 부와 권력과 명예를 독점하고 있습니다. 이 구조는 석차의 내면화, 패배 의식, 비판력 부재 등으로 그들이 이 사회를 지배하는 것을 받아들이게끔 만들어 결국 이 매트릭스가 유지되는 구조라는 거죠.

제가 《생각의 좌표》라는 책에서도 강조했습니다만, 인문 사회과학 교과목 선생님들에게 간곡하게 당부합니다. 학생들 줄 세우지 마세요. 석차 주지 마세요. 왜 그러냐면 그게 옳지도, 가능하지도 않기 때문입니다. 정확하게 누가 300명에 1등이고 누구는 5등이라고, 국어 글쓰기 능력과 표현 능력을 그렇게 정확하게 잴 수 없죠. 거의가 다 암기입니다. 물론 국어는 좀 덜하겠지만 역사·지리·사회·경제는 거의 완벽할 정도로 암기에 의해서 평가가 이루어집니다. 그런데 이것은 전공 학문을 모욕하는 행위라고 봅니다. 자기 스스로 전공하는 학문을 모독하는 것으로 보기 때문에 학생들에게 석차를 매기면 안 되는 것입니다.

학벌 사회가 이루 말할 수 없는 괴물이 되어 버린 채 강고하게 유지되는데, 어디서부터 균열을 낼 수 있을까요. 물론 제가 모두에 말씀드린 것처럼 처음에는 정치권의 지형이 바뀌고, 연구 업적과 시민 사회단체 역량이 만나면 돌파구가 열릴 수 있다고 봅니다. 하지만 교사 특히 인문 사회과학 선생님들께서도 역할을 해야 합니다. 스스로 전공하신 학문에 대한 존중을 가지고, 그런 정도는 공감대를 형성할 수 있지 않겠는가 기대를 가지고 있습니다. 전공에 따른 교과 모임도 있지 않습니까. 그런 데에서도 학생들에게 석차를 주는 것에 저항하는 움직임이 있어야 한다는 말씀을 덧붙입니다.

저는 결국 생각의 주머니를 주체적으로 채울 수 있는 길을 인문 사회과학 분야에서 어떻게 가로막아 버렸는지, 특히 암기만 하고 글쓰기를 하지 않는 현실이 어떤 결과를 빚었는지, 그에 대해 특히 중점을 둬서 말씀을 드렸습니다. 결국 학벌 사회라는 공고한 성채가, 이 괴물과 같은 구조가 강고하게 유지될 수 있는지, 이 구조가 어디서부터 비롯됐는지 제 나름대로의 문제의식인데요, 많은 분들이 같이 고민해 주셨으면 고맙겠습니다.

질의응답

사회자 저희들 생각의 허점을 비집고 아주 통찰력 있는 말씀을 주셨습니다. 제가 한 가지 질문을 드리면 우리나라 교육이 국가주의 교육이고, 사고력과 판단력을 강조하지 않고, 주어진 내용을 습득하는 데 강조점을 두고 있습니다. 그런 면에서 우리 교육이 국가주의 교육이 아닌 시민교육으로 전환되어야 하고 그런 의미에서 교육의 내용이나 모든 것이 바뀌어야 한다고 봅니다.

그런데 우리 교육이 1970년대도 그렇고 1980년대도 그렇고 국가주의 교육의 기조 속에서도 묘하게 그 교육을 받고 나서 대학을 들어간 사람들 내지는 고등학교를 졸업한 사람들이 사회를 비판적으로 보고 저항 정신을 갖게 된 것에 대해서 김상봉 교수님 같은 경우 우리나라 교육의 이중성이라고 말씀하셨습니다. 잘못된 선배를 만나서 그렇게 되기도 하지만, 우리나라 교육이 국가주의 교육을 열심히 시키고 암기 교육을 열심히 시킨다고 하는데 그 속에서 저항의 씨앗이나 비판적 생각의 씨앗이 같이 있기 때문에 그 이중성을 간과해서는 안 된다 이런 말씀도 하시더라고요.

학교교육이 변화도 있고 그래야겠지만, 학교교육 자체가 어떤 비판이나 세상을 새롭게 보는 마음을 갖도록 만드는 어떤 불씨 역할을 할 수 있다는 측면들, 국가주의 교육을 가르치고 있다고 하지만 그 속에 가르치는 수업의 내용들, 주입해야 하는 내용들이 일방적으로 가치 함몰적이거나 아니면 그렇게 볼 수 없는 측면들도 조금 있지 않을까 하는 생각도 들긴 드는데요. 그런 얘기를 하시더라고요. 제가 옛날에 제가 속한 사범대에서 사범대를 폐지하고 교원대를 만들려는 움직임 때문에 학장님하고 토론을 하는데, 얼마나 학생들이 살 떨리게 비판을 하면서 토론을 하는지, 학장님이 여러분이 비판하는 한국 교육이 당신들이 비판 정신을 갖도록 만들었다라고 하시더라고요. 하여튼 우리 교육에 대해 그런 질문에 대해서는 어떻게 이해를 해야 할지 잘 모르겠습니다.

강사 저는 국가주의 교육 자체가 비판력이나 저항 정신을 갖게 했다고 생각하지는 않습니다. 그렇게 생각하지 않고, 교육의 힘이라기보다는 인간 정서의 힘이 억압에 당연히 반응하게끔 한 것이라고 생각합니다. 구체적으로는 선배를 통하여 주체화가 이루어지는 것이죠. 그런데 그것이 갖는 문제가 또 있죠.

한국에서는 진보적인 의식이 역으로 설명된다고 보는데 그것이 단련되고 성숙되어서 이루어진 진보가 아니고 거의 다 반전을 통해서 이루어진 진보이기 때문에 한계성이 아주 강하다는 것을 알 수 있습니다. 그리고 어떤 선배를 만났는가에 의해 정파가 정해지는 구조 같은 것이 역으로 설명해 주고 있지 않나 생각합니다.

사회자 두 번째 질문은 말씀하신 내용들이 우리 나라 교육에서 굉장히 중요한 것이 패턴은 조금씩 달라져도 주입식 암기 교육인데, 결국은 선생님께서는 사람이 주체가 되는 인문 사회과학적 사고를 위해서 글쓰기가 필요하고 독서 교육과 토론이 필요하다 이런 말씀을 주셨는데, 우리나라에서 초등학교까지는 과거에 독서 교육을 많이 시켰죠. 사실은 지금 입학사정관제도라든지, 대학에서 논술 평가 시험이 있고 그러면서 최근 들어서는 조금 주춤하긴 했지만, 최근 10년간 독서 열풍, 토론 수업, 심지어 학원에서조차도 논술 수업에 대비한 부분들이 상당히 있었습니다. 선생님이 말씀하신 사람이 주체가 되는 독서 토론, 글쓰기와 지금 우리 사회에서 진행되고 있는 독서와 글쓰기의 행태들의 유사성, 근본적 차이 이런 부분은 어떻게 봐야 하겠습니까.

강사 목적 의식이 다르잖아요. 인문 사회과학의 제대로 된 글쓰기는 학생들에게 인간과 사회에 대한 주체적인 의식을 통하여 바로 주체적 자아를 형성할 수 있도록 해야 합니다. 그런데 지금 이루어지는 것은 순전히 우리 아이들 골탕먹이기 위한 것이라고 봅니다. 심지어 독서 이력철이니 따위 얘기가 나오기도 하고요. 대학 논술 문제를 보기도 했습니다만, 그것 또한 학생들 사이에서 변별력을 끄집어내기 위한 목표이지 학생들에게 정말 주체적 자아가 되기 위한 목표를 가지고 있지 않다는 것이죠.

청중 저는 대학 교육 관련해서 질문드리고 싶은데요. 지금 반값 등록금 문제가 많이 제기되고 있잖아요. 저희는 지금 80퍼센트 정도 학생들이 대학 진학을 하고 있는 상황이고, 프랑스는 정확히 모르지만, 유럽이 대체로 30~40퍼센트 정도 되는 것으로 봐서 프랑스도 그렇지 않을까 생각이 되는데, 그렇다고 했을 때 어쨌든 정부의 학생에 대한 지원이나, 대학에 대한 지원이 늘어야 하는 것은 기정 사실인데요. 그렇게 했을 때 30~40퍼센트 진학하는 학생들에게 지원하는 정부 재정과 80퍼센트 진학하는 학생들을 OECD 수준으로 지원할 수 있을까 하는 질문을 먼저 합니다.

또 이제 아까 선생님께서 2학년 3학년 올라갈 때 60퍼센트씩 떨어뜨리기 때문에 대학 가지 않는 학생보다 대학 가는 학생들에게 생활비나 등록금 대 주는 것이, 대학에 가면 고생해야 하니까 지원할 만하다는 사회적 용인이 가능하겠다 이런 것도 한편으로는 이해했습니다. 물론 평준화를 먼저 국공립대부터 하는 걸로 생각하실 거고요. 지금 80퍼센트까지 대학을 가는 문제와 병행해서 정부의 지원이나 이런 것까지 고려한다면 우리가 지금 대학 지원율이 타당한 수준인가 그런 부분하고 정부의 지원이 어느 정도 되어야 할 것인지 듣고 싶고요. 그리고 프랑스에서 대학 교육의 문제에 대해서 지금 현재의 수준에서 잘하고 있다 그것보다는 어쨌든 발전적인 것에 대해서 끊임없이 모색하고 있을 텐데, 현재 가장 첨예하게 문제되고 있는 것들이 무엇이고, 향후 나아가려는 방향이 어떤 것인지 궁금합니다.

강사 두 번째 질문에 대해서 연구자가 아니니 제가 말씀드리기는 어렵고요. 우선 지금 프랑스 대학가에서 홍역을 앓고 있죠. 그건 두말할 것 없이 프랑스도 역시 사르코지 아래 신자유주의가 밀려들면서, 특히 연구 직종에 있는 사람들에게 혜택이 많이 줄어들고 있습니다. 그래서 사회적으로 획득하고 있는 것들을 많이 빼앗기고 있는 현실에 대한 싸움이 계속되고 있습니다. 당연히 신자유주의 흐름은 다 아시는 바와 같이 인문계와 사회계에 대한 지원이 축소되고 있고, 이런 경향에 대해서 나름대로 저항이 있는 국면이라고 알고 있습니다.

그다음에 처음 말씀하신 80퍼센트가 대학에 가고 있는 현실에서 대학 반값 등록금 얘기가 나오고 있는데, 어디까지 지원할 것이냐라는 문제는 현실적인 문제는 대학 개혁이 이루어져야 답이 가능하겠죠. 국공립대를 정리하면서, 특히 국공립대 중심으로 대학을 개편하면서 사립대 가운데에서 어려움을 겪고 있는 대학을 정리하는 것이 필요합니다. 그런데 중요한 것은 한국 사회 구성원 모두가 왜 대학에 가야 하는가라는 물음이 제기될 수 있도록 만드는 일이라는 것입니다. 왜냐하면 결국 계층 간 소득 편차가 워낙 크기 때문이거든요.

왜 유럽의 젊은이들이 굳이 대학에 가지 않아도 되느냐, 두 가지 시사점이 있다고 봅니다. 하나는 사회 안전망이 있다는 것이고, 하나는 계층 간 소득 격차가 크지 않다는 점입니다. 우리는 사회 안전망도 없고, 우리를 불안케 하는 요인이 많습니다. 사람은 미래를 전망하는 동물인데, 미래를 전망하면서 내 몸이 놓이는 자리가 인간의 존엄성을 누리지 못하는 처지로 몰릴까 봐 불안한 겁니다. 구체적으로는 교육비, 건강, 주거, 노숙 등등인데, 이런 것들에 대해 유럽 사회는 나름대로 사회 안전망이 있다는 것이고요. 불안 요인이 훨씬 적죠.

두 번째 계층 간의 소득 편차가 우리처럼 크지 않다는 겁니다. 프랑스는 북유럽에 비해서는 좀 있는 편이지만, 예를 들어 노르웨이의 박노자 교수의 증언을 들어 보겠습니다. 박노자 선생이 오슬로 국립대학 교수인데 공용 버스 기사와 봉급이 같습니다. 박노자 교수가 세 들어 사는 집에 물이 새서 배관공을 불렀는데, 한국처럼 득달같이 달려오지도 않고 이틀 뒤에 왔는데, 이 배관공에게 봉급이 얼마나 되는지 은근히 물어봤대요. 자기보다 10퍼센트 정도 높더랍니다. 이처럼 계층 간의 소득 편차가 거의 없는 사회, 사회 안전망이 있는 사회에서 뭐하러 머리 싸매 가면서 대학에 갈 필요가 있겠습니까. 그 점은 바로 사회 안전망의 확충이라는 것입니다. 대학 등록금을 반값으로 만들어 가는 것도 그것의 한 부분이겠죠.

부모가 대학을 가게끔 만드는 것이 사회구조에 대한 인식을 못하게 하는 것이죠. 이것이 폐쇄 회로가 어떻게 굴러가는지 설명합니다. 결국 구조를 바꾸는 것이 문제입니다. 말하자면 분배가 제대로 이루지는, 결국 분배와 재분배의 문제인 거죠.

사회자　제가 질문을 하나 드리겠습니다. 학벌 사회를 없애기 위해서 대학 체제를 평준화시키는 문제를 말씀하시면서 대조적으로 우리 사회는 대학 서열뿐만 아니라 어렸을 때부터 1등 주의 같은 사고 방식이 너무너무 깊게 뿌리박혀 있는데, 새로운 제도나 구조를 이루기 위해서는 누군가가 그런 새로운 제도가 들어와야 한다는 의식을 가져야 되는 것이죠. 이런 학벌이 타파되는 사회, 대학 서열이 완화되거나 없는 체제로 가려면 그 체제를 만드는 데에 학벌주의적 사고나 1등 주의적 사고가 적어도 우리 국민들 대중들에게 많이 완화되어야 하는게 아닌가 싶습니다. 그러니까 의식의 대중화만큼 제도의 대중화도 사실 받쳐 주는 것인데, 적어도 프랑스에서는 모든 사람이 1등 주의인데 대학만 평준화된 것이 아니고, 서열화 된 대학 체제나 학벌이 문제가 있다는 것을 국민 다수가 글쓰기나 독서 능력을 통해서 상당히 인식한 것이 아닐까 생각합니다.

우리 사회의 경우도 변화된 의식이 변화된 제도와 구조를 바꾼다는 차원에서 어떻게 보면 국민 대중들의 의식 변화가 대단히 중요합니다. 그런 면에서 선생님께서 학벌 없는 사회를 만들기 위해서 그동안 제도의 변화뿐만 아니라 의식의 변화를 위해서 많이 노력하고 계시고, 언론사에서 일하는 것도 그 일환일 텐데, 그 국민의 의식이 사실은 저희가 보면 생각보다도 그렇게 호락호락하지 않고 몸에 배어 있단 말이에요. 그래서 그 생각들을 어떻게 바꿔 내야 할 것인가, 어느 부분에 집중해야 할 것인가, 그야말로 집중해야 할 부분과 나눠야 할 부분이 있다면 어떤 부분인지 그 얘기를 듣고 싶습니다.

강사　맞습니다. 스피노자가 특히 강조한 대로 사람은 자기가 형성한 생각을 고집하는 경향이 있습니다. 그래서 우리가 다른 사람들을 설득해 보면 알지만, 정말 어렵습니다. 생각을 바꾸지 않습니다. 그리고 특히 한국 사회에서는 합리적 존재보다는 합리화하는 존재가 되도록 사회 환경이 몰아가는 경향이 있죠. 사람은 이성을 가지고 있기 때문에 이성적 존재이고, 합리적 존재여야 합니다.

합리적 존재이면 자기가 갖고 있는 생각과 맞지 않는 사회 현실을 만나면 당연히 자기 생각을 수정할 줄 아는, 이런 게 합리적 존재이죠. 그런데 우리 사회는 합리화하는 존재, 끝까지 고집을 부리면서 아무리 자기가 고집 부리는 생각과 맞지 않는 사회 현실과 부딪쳐도 끝까지 완고하게 고집하는, 그러면서 합리화하는, 핑계대는 상황이죠. 왜냐하면 다 같이 맞물려 있는 것인데요. 사회 환경이 합리성의 추구나 논리성의 추구로 경쟁하는 사회가 아니라 벌이나 온정주의, 힘의 논리가 관철되다 보니까 더욱 강화됩니다.

우스개 얘기인데 자동차와 자동차가 부딪쳤는데 나이를 묻는 나라는 한국밖에 없는데, 도대체 자동차와 자동차가 부딪쳤는데 왜 나이를 물을까요? 어렸을 때부터 목소리 크면 다 되는 그런 사회화 과정을 밟은 우리 아이들이 합리적 존재로 자리 잡을 수 있겠느냐, 결국 두 가지가 함께 자리 잡는 겁니다. 합리적 존재가 아니라 합리화하는 존재로, 그다음에 고집하는 존재가 되는 것입니다. 그러니까 더더욱 생각을 바꿀 수 없습니다.

우리가 1980~90년대에 운동권에서 의식화란 말을 썼는데, 이게 엄청나게 잘못된 말입니다. 이게 대단히 중요한 의미인데, 왜 이게 잘못된 말이냐면 바로 지배 세력에 의해 철두철미하게 이루어진 의식화를 실종시켰다는 것입니다. 마치 사람들이 아무 생각이 없거나 객관적인 생각을 갖고 있는 것마냥 착각하게 만든 말이 바로 1980년대, 1990년대에 폭넓게 사용했던 의식화란 말입니다. 이것이 우리 운동에 얼마나 큰 걸림돌이 되었는지 모를 정도입니다.

왜냐하면 지배 세력이 얼마나 철저하게 의식화했는데, 반공 의식화에서부터 안보 의식화, 경쟁 의식화, 자발적 복종 의식화 이런 것이 철두철미하게 이루어져 왔는데, 이것을 그냥 사상해 버린 것입니다. 그러다 보니까 저들에게, 학생들에게 역사교육이나 사상 교육을 시키면 바로 순진한 학생을 의식화시킨다고 역공을 당하게끔 되어 버린 것입니다.

그래서 사람들에게 강조하는 것이, 우리가 말하는 의식화가 아니라 철저하게 지배 세력에게 의식화되었다는 것을 인식하도록 하는 것인데, 이것이 정말 어렵다는 것이죠. 어려우니까 이걸 어떻게 해야 할 것이냐. 바로 그 점에서 고민 중의 하나가 지금 마포의 민중의 집 같은 곳을 통하여 지역에서 지역민과 소통하는 공간을 확보하는 것입니다. 그래서 그런 것이 어쨌든 결실을 맺어서, 여러 가지가 결합되어 있기는 합니다만, 그래도 진보신당 출신이 마포구 의원으로 당선도 돼고 이런 일이 가능한 거죠. 민중의 집이 아직은 몇 군데 안 되지만, 시민 단체와 전교조, 공무원노조나 노동단체 등이 지역을 토대로 이런 일을 해야 한다고 강조합니다. 지금 가지고 있는 고집하는 의식이 지배 세력에 의한 의식화로 고집하고 있는지에 대해서 인식하게끔 하기 위해 어떻게 지역민을 만날지 고민해야 합니다.

저는 의식을 벗겨 내는 것이 중요하지, 집어넣자는 것이 아닙니다. 지배 세력에 의해 집어넣은 의식을 끄집어내는 탈의식이 우리의 과제입니다. 의식화, 우리의 과제가 아닙니다. 벌거벗은 존재로서 생각하게끔 하는 것이 우리가 해야 할 일이라고 생각합니다.

청중　말씀 잘 들었습니다. 저는 교사인데, 강의를 듣는 동안 답답하고, 부끄러웠습니다. 그런데 그런 생각이 들었어요. 최소한 선생님이 말씀하는 대로 비판적이고, 저항적인 사고를 하기 위해서라면 지금 우리나라 현실에서는 최소한의 학벌이 있어야 이야기가 통하는 것이 아닌가 생각이 들거든요. 제 생각이 아니라 현실이 말이죠. 얼마 전에 미네르바 사건이 있었잖아요. 처음에 언론에 비치기에는 미네르바 사건 자체보다도 미네르바가 전문대 출신의 백수라는 면을 많이 부각시키더라고요. 그런 면을 보면서, 선생님의 삶을 볼 때, 최고의 학벌을 나오셨잖아요. 일반 사람이 그런 선배를 만나기 위해서라도 학벌이 필요하지 않느냐는, 지금 저희 현실이 그렇다는 생각이 들어요.

강사 대안학교에 다니거나, 문제의식이 있는 학생 중에서도 그런 질문을 합니다. 결국 사회적 발언력을 얻으려면 이 체제에서 요구하는 능력을 인정받아야 하지 않느냐? 맞습니다. 그것은 객관적으로 볼 때 한국 사회에서 사회적 발언력을 가지려면 사회가 요구하는 능력을 인정받아야 합니다. 그 가운데 하나가 소위 스카이 출신이라는 것이 어느 정도 작용하는 것을 우리가 절대로 무시할 수 없죠. 그러나 거기서 중요한 것은 무엇이냐면 사회적 발언력을 가질 때, 인정받았다고 할 때 어떤 상황이 벌어지냐면 사회적 발언력을 왜 가지려 했던가, 그 자체가 실종되는 경우가 너무나 많다는 거죠. 그래서 그것이 대단히 위험한, 흔히 말하는 호랑이 굴에 들어가야 되지 않느냐는 것이 얼마나 위험한가, 그것은 흔히 이런 얘기로 하지 않습니까. 세상을 변화시키려 했는데 세상에 의해서 내가 변했구나, 이런 일들이 정말 너무 많이 일어나는 거죠. 그래서 사회적 발언력을 가질 수 있으면 좋겠지만, 우리가 주안점을 둬야 할 것은 우리 사회 구성원들이 얼마나 비판적 안목을 갖출 수 있을까 여기에 초점을 맞춰야 되지 않을까 생각을 합니다.

제가 학생들에게 얘기할 때, 이렇게 얘기합니다. 보잘것없는 사회가 인정한 능력이기 때문에 그 보잘것없음에 대해서 제대로 인식하고 새롭게 능력을 갖추기 위한 단계로 그것을 받아들인다면 노력을 할 만하다고 말합니다. 하지만 그렇다 하더라도 항상 유혹에 빠질 수 있기 때문에 항상 긴장해야 한다고 얘기합니다. 사실 쉽지는 않죠. 사람이 편함을 추구하는 존재이기 때문에요.

청중 진학률이 저희가 높고, 유럽이 낮으니 진학률이 낮아져야 한다는 의미가, 제가 생각할 때 4년제 대학의 진학률이 낮아져야 한다는 것으로 받아들여지는데요. 프랑스 같은 경우는 4년제 대학은 낮지만, 고교를 졸업하고 직업교육을 더 받기 위해 진학하는 경우는 더 있지 않을까 싶은 생각이 하나 드는 거고요. 우리나라는 대부분 고교 직후에 대학에 진학하지만, 프랑스 같은 경우는 고교 직후에 취업을 했다가 나중에 대학으로 돌아오는 경우가 더 있으니까 절대치를 가지고 우리가 무조건 낮아져야 한다 이런 의미는 아니지 않을까 싶습니다.

80퍼센트의 진학률이 낮아져야 하는 것은 의미는 있지만 낮아져야 하는 것은 4년제 대학 진학률, 고교 졸업 직후의 진학률이 낮아져야 하는 것이지 저희의 진학률이 프랑스나 유럽처럼 당장 낮아져야 하는 것은 아니지 않느냐는 생각이 들어서 질문을 한 것이고요.

관련해서 직업교육 체제에 대해서도 더 질문을 드리고 싶은 건데요. 우리나라는 취업 후에 연봉 차이가 많이 나는 문제도 있지만 대학 교육 자체가 의미 있는 직업교육을 시켜 주지 못하는 문제도 또 있는 거잖아요. 그래서 그다음에 연봉 차이가 나는 문제는 어쩔 수 없는 것이고, 그다음의 문제인데, 직업을 제대로 갖기 위한 교육 자체도 제대로 되지 않는 현실에서 프랑스에서 어떻게 교육을 하는지 궁금합니다.

강사 그런데 직업교육에 대해서는 저는 오히려 반대로 생각합니다. 제가 직업교육을 정확히 꿰차고 있지 않으나, 지금 선생님이 말씀하는 직업교육은 기업이 요구하는 직업교육을 의미하는 것 같습니다. 기업이 요구하는 것은 기업이 해야죠. 왜 대학에서 해야 합니까.

청중 제가 좀 대학 문제 자꾸 나오니까 의문이 드는게요. 우리는 이미 대학 설립 준칙에 의해서 1990년대 중반 이후에 대학이 급증해서, 1970~80년대까지만 해도 35퍼센트까지 있다가 80퍼센트까지 확 뛰게 됐는데, 어쨌든 지금 이 수준에서 갑자기 30~40퍼센트로 내리는 것이 가능하지도 않은 현상이고, 대학 진학률이 낮을 때에도 대학의 정원이 적어서 그 정도밖에 가지 못했지 대학의 수가 많았다면 한국의 독특한 교육열 때문이라도 많이 보냈을 거라는 생각도 들고 해서, 이런 한국적 상황에서의 모색이 필요하지 않는가라는 고민도 들고요.

아까 인문 사회과학적인 공부도 중·고등학교에서도 선생님이 말씀하신 사고력과 독서력, 토론을 높이는 교육으로 바뀌어야 하지만, 대학에 가서 보다 본격적으로 심화된 인문 사회과학의 체계를 갖춘다고 했을 때, 굳이 과거에 비해서 평균수명이 30~40년 늘어 가는데 18세에 직업 전선에 바로 나가는 것보다 그런 기초 학문과 인문학적 소양을 갖추는 교육을 다른 나라보다도 더 많이 받는 국민이 된다라고 하는 것은 엄청난 국력일 수도 있고, 인간의 성장일 수도 있고, 그런 측면에서 현재를 인정하고 그 안에서 다른 방안을 모색하는 것이 어떨까 하는 생각도 드는데, 선생님 생각은 어떠신지요.

강사 굉장히 이상적인 말씀이시네요. 실제로 프랑스에서도 그런 논의가 있었죠. 대학 입학 자격 시험의 합격률을 80퍼센트 정도로 높여서, 나아가서는 전 국민의 80퍼센트까지도 일단 대학에 입학하게 하는, 지금 말씀하신 대로 대학에서 폭넓은 지적인 상호 문화적인 것을 함양하자는 이상적인 얘기를 하는데, 거기에는 당연히 비용 문제가 있죠. 왜냐하면 당연히 국가에서 비용을 책임지니까요. 그것이 그렇게 되는 것이 오히려 좌파들이 이상적으로 얘기하고 있는 것은 맞습니다.

그런데 우리도 중·고등학교뿐만 아니라, 대학에 가서도 올바른 교육을 받는 수준이 될 수 있을까, 정말 가능할까 의문이 듭니다. 지금 현 단계로 볼 때 오히려 그런 주장이 대학을 가지고 장사하고 있는 이들을 합리화해 주는 거리가 되지 않을까 그런 생각부터 듭니다.

청중 대학 평준화가 궁극적으로 대학 교육의 원래 목적을 달성하는 데 도움이 된다고 말씀하셨는데, 저는 그렇게 되면 좋겠어요. 저희 아이들이 대학 가기 전에……. 우리나라는 국·공립대학보다 사립대학이 훨씬 많잖아요. 고등학교도 공립보다 사립이 훨씬 많거든요. 그래서 고등학교를 평준화하기에도 문제가 많이 생겼고 반발도 컸었던 건데요. 궁금한 게 대학을 현실적으로 평준화하는 게 사립대학들을 공립화하지 않고는, 대다수를 흡수하지 않고는 제 생각에는 어려울 것 같은데, 아까 학벌없는사회에 처음 가입했다고 했는데, 대학의 평준화가 어떻게 가능할까요.

강사 그게 한꺼번에 말씀하신 것처럼 현재의 구조가 사실 사교육 걱정 없는 문제가 제기되기 전에 우리 사회가 대학이나 공공성이 워낙 일찍 무너져서 교육의 시장화가 너무나 일찍 일어났고, 사교육 등의 문제를 안고 있죠. 지금 말씀하신 것처럼 중·고등학교까지도 사립이 많고 대학은 4분의 3이 사립인 현실인데, 정진상 교수가 그 부분을 많이 연구했습니다. 통합 네트워크를 해서 우선 국·공립대부터 통합을 하자라는 거고, 거기에 당연히 지방대와 국립대에 대대적인 지원이 같이 요청이 되겠죠. 지금도 사립대가 모두 국고 지원을 받지 않습니까. 이 부분을 정부가 개입함으로써 작용을 하는 거죠. 운영의 어려움을 겪고 있는 사립대를 여기에 편입시켜 나가는 방안이죠. 어쨌든 대학 개혁안과 함께 가져가지 않으면 안 되고, 과정에 진입했다는 것 자체가 엄청난 개혁의 실마리가 될 거라고 저는 봅니다.

사회자 오늘 대학 개혁과 관련해서 우리가 가지고 있는 학벌 중심의 사회를 말씀하시면서 대안적 체제보다는 학벌적인 문화 속에서 우리 국민들이, 우리 아이들이 비주체적으로 세상을 받아들이고, 자신을 받아들이는 문제에 대해서 구체적으로 이야기해 주셨습니다. 그래서 우리 자신을 살펴보고, 우리 자녀가 어디에 서 있는지 성찰하는 데 더 큰 의미가 있었다는 생각이 들고요. 이 자리가 탈의식화할 수 있는 좋은 계기가 되었다는 생각이 듭니다.

글쓰기, 토론, 독서 말씀을 많이 하셨는데, 우리도 유사 독서, 유사 토론, 유사 글쓰기를 자녀들에게 많이 시키고 있지 않습니까? 그럼에도 불구하고 그 결과를 통해서 좋은 대학에 진입하는 것을 마음속으로 선호하는 마음이 여전히 있는데, 글쓰기와 독서, 토론을 통해서 우리 아이들이 부모들의 가슴속에 있는 소망을 배반하고 다른 지향점을 찾아서 주체적으로 나설 때, 그 길도 우리가 선선히 열어 주면서 독서를 시키는 것까지 각오하고 그렇게 아이들을 교육시킬 때 아이들과 우리 모두가 해방시키는 것 아닌가, 그런 생각들을 하게 됩니다.

선진국
학교교육을 통해
배운다

황선준

황선준

스웨덴 스톡홀름 대학에서 정치학 박사 학위를 받았다. 대학에서 정치 이론을 강의했고, 스웨덴 감사원 및 국가 재무 행정원, 스웨덴 국립 교육청에서 일했다. 2011년 서울시교육정보원 원장으로 임명되어 한국으로 돌아왔고, 현재 경기 교육청 초빙 연구 위원이다.

스웨덴 교육 체제를 이해하기 위해서

스웨덴 교육 체제 일반을 소개하는 것만으로도 굉장히 충격적일 테지만, 먼저 한국에서 교육에 종사하는 분들에게 용기를 드리고 싶습니다.

한국 진짜 대단한 나라입니다. 36년이나 식민지를 겪었고, 그다음에 1950년에서 1953년까지 내전도 겪었죠. 내전이 끝났을 때 통계를 보면 한국은 세계에서 두 번째로 못사는 나라예요. 가장 못사는 나라가 그때 당시 인도였습니다. 한국이 그다음으로 못사는 나라였는데, 50년 후에 그야말로 경제적으로는 십 몇 대 경제국이 됐습니다.

뿐만 아니라 당시 문맹률이 75퍼센트에 이르렀어요. 지금은 문맹률이 거의 제로에 가깝습니다. 아주 짧은 기간에 장족의 발전을 하게 된 가장 큰 원인은 어디 있습니까? 당연히 교육에 있죠. 그러니까 선생님들, 긍지를 가져야 됩니다. 자긍심을 가질 만합니다. 세계에 이런 역사가 절대 없습니다.

그렇게 장족의 발전을 한 한국 교육이 지금 상당히 많은 문제를 안고 있습니다. 한국에 와서 보니 사람들이 교육을 이야기 하면 일방적이 되곤 합니다. 어떤 사람들은 계속해서 비판만 하고, 어떤 사람들은 계속해서 찬성만 하는 경향이 두드러지죠. 우리 편인지 나쁜 편인지 딱 갈라놓고 이야기를 많이 합니다. 저는 어느 편에도 속하지 않은 제 시각으로 한국 교육이 가지고 있는 문제점이 무엇인지, 제가 왜 문제라고 보게 되었는지 풀어 보겠습니다.

세계 학력 테스트인 피사PISA에서 핀란드와 한국이 어깨를 겨루면서 세계 1~2위를 다투고 있어요. 팀스(수학·과학 학업 성취도 국제 비교 연구, TIMSS)에서도 상위권에 있습니다. 그 대신에 한국 학생이 겪고 있는 스트레스 정도가 가장 높습니다. 자신감도 부족합니다. 2006년 피사 연구 보고서에 의하면 한국 학생들은 성적이 최상위인 반면에 자신감은 그야말로 꼴지예요.

스위덴 학생들은 피사에서 중반 정도인데, 자신감은 세계 최고입니다. 굉장히 큰 차이가 나죠. 어떻게 해서 스웨덴 아이들과 한국 아이들 간에 이런 차이가 나오는지 고민해 볼 대목입니다. 그뿐만 아니라 교육 효율성에서도 한국이 또 꼴지예요. 투자한 시간에 비해 교육 결과가 가장 낮은 거예요. 엄청나게 공부를 많이 해서 피사에서 상위권의 결과를 얻지만, 투자한 양에 비하면 효과가 굉장히 적어요. 학교 교육과정에서 하죠, 방과 후 활동도 하죠, 또 사교육도 합니다. 과연 이렇게 할 필요가 있는가? 과연 우리가 애들을 이렇게 들볶고 사교육까지 시킬 필요가 있는가? 부모님들 특히 선생님들은 고민을 꼭 해 봐야 합니다.

그다음에 사교육 문제죠. 사교육도 세계 1위입니다. 일본보다 훨씬 심합니다. 중국보다 훨씬 심한데, 중국이 아마 따라올 겁니다. 그리고 학교 폭력 있지요. 참 불행하게도 세계 최고 1위입니다. 청소년 자살률 세계 1위입니다. 1위가 너무 많죠? 이런 것들을 통틀어 볼 때, 엄청나게 많은 희생을 하면서 한국이 얻어 낸 것이 피사의 1, 2위 공부입니다. 그런데 그런 공부를 꼭 해야 하는가가, 오늘 전체 주제입니다.

하나 더 예를 들면 민주주의 의식을 공부하는 국제 시민 의식 교육 연구ICCS라는 국제 조사가 또 있어요. 그 테스트 가운데 민주주의에 대한 지식을 파악하는 시험에서는 또 한국 학생이 세계 1위예요. 그런데 민주주의 형태를 묻는 시험에서는 꼴지예요. 민주주의가 무엇인가 식의 질문에는 잘 대답하는데, 이러이러한 상황에서 너는 어떻게 행동할 것인가 등 사고방식 또는 마음가짐을 묻는 질문에서는 답을 못합니다. 더불어 사는 것, 협력하는 것, 협동해서 사는 것과 같은 부분들은 우리 학생들이 또 꼴지예요. 현실과 전혀 관련 없는 유리되어 있는 학력 지식은 굉장히 높은데, 민주주의 사회에서 어떻게 살아야 하는지 등을 묻는 부분에서는 그야말로 꼴지라는 얘기예요.

비교해 보니 왜 학교 폭력이 많은지, 왜 청소년 자살이 높은지 설명이 됩니다. 이런 것들이 다 포함되어 있어요. 우리가 깊이 고민해야 할 내용입니다.

제가 스웨덴에서 공부하면서 가장 크게 느낀 것 중 하나가, 특히 대학에서 강의를 하면서 느낀 점은 스웨덴 학생들이 기가 막히게 논문을 잘 쓴다는 거예요. 논문 주제를 스스로 생각해 내서 문제 설정하고 주요 개념들을 분석하고 실증적으로 자료를 모아서 논문을 쓰는 일들을 기가 막히게 잘해요. 물론 정도 차이는 학생들 사이에 있지만요. 제가 대학 1학년부터 4학년까지

다 논문 지도 교수를 해 봤습니다.

우리나라에서 논문을 쓸 때 대체로 전부 다 베껴 썼잖아요. 짜깁기 했잖아요. 스웨덴 아이들은 그러지 않아요. 거의 없어요. 다른 글을 좀 베낀 것을 딱 한 번 지적한 적이 있어요. 그 정도로 자기 스스로 공부하고 아주 비판적으로 분석하면서 자기 나름대로 논문을 만들어 냅니다. 그 힘이 어디에서 나오는가, 제가 굉장히 고민을 많이 했어요. 제가 스웨덴 여자하고 결혼도 하고 애도 낳고 하면서, 세월이 많이 흘렀습니다. 애를 키우면서 참 많이 배웠어요. 학교에서 무얼 어떻게 가르치는지 알게 되었습니다. 제가 교육 관료로 있으면서도 배우지 못한 걸 우리 애들 옆에 있으면서 배우는 거예요.

몇 가지 예를 들어 볼게요. 큰애가 중학교 2학년, 사회 과목을 들을 때였습니다. 사회 선생님이 '중남미에서 두 나라를 선택해 미국하고 중남미 관계를 구명해 보라'는 숙제를 냈습니다. 제가 정치학 박사잖아요. 제 전공 분야인데, 이런 주제를 가지고 중학교 2학년이 논문을 쓰는 건 도저히 불가능하다는 생각이 들었어요. 그래서 애한테 물었어요. "선생한테 한번 물어봐라. 시간을 정해 준다든지, 아니면 정치체제나 구조를 이야기한다든지 뭔가 그런 걸 가지고 관계를 구명해야지 완전히 열려 있으면 어떻게 하냐?" 아버지가 뭘 안다고 그러냐면서 가만히 있으라고 해요. 그래서 애들이 쓴 논문을 제가 훑어봤어요. 어떻게 공부를 하는지 아주 신기했습니다. 그중 한 학생의 논문을 얘기해 드릴게요.

A4 용지 8장 정도 썼어요. 니카라과하고 과테말라를 선택해서 미국과 두 나라의 관계를 구명하는 것입니다. 역대 정부들과 미국과의 관계 특히 국무성과의 관계, 대사관, 전쟁부터 마약까지

전반적으로 다 다루고 있어요. 니카라과와 과테말라에 우파 정권이 서면 미국은 무슨 수를 써서라도 지원을 했습니다. 마약을 동원해서 마약을 팔아서 그 돈을 만들어서라도 지원을 했고, 좌파 정권이 섰을 때는 군사를 동원해서, 반체제 군대를 지원하면서 타파하려고 했다고 결론을 내려요. 그 학생이 열 권 정도 되는 책을 읽었는데 그중 한 권은 박사 학위 논문도 있었어요. 그 학생이 좀 똑똑하긴 똑똑했어요.

중학교 2학년 학생이 그런 공부를 하는 게 무지 신기하잖아요. 물론 다른 애들보다 좀 똑똑하다는 생각은 들지만, 다들 그런 식으로 공부를 해요. 학교에서 시험을 봐도 전부 서술형이에요. 논술형 숙제, 시험을 보고 학교에 페이퍼를 제출한 것을 가지고 선생님이 성적을 매기는 식이에요. 고등학교까지 이어집니다.

우리 막내가 2학년 때 있었던 일이에요. 2011년 가을에 페이퍼를 하나 썼는데, 스웨덴어 그러니까 국어죠. 국어하고 역사하고 사회 과목 세 선생님이 합쳐서 하나의 프로젝트를 했어요. 프로젝트의 주제가 내셔널리즘인데, 내셔널리즘을 사회 과목에서도, 역사 과목에서도 배웁니다. 내셔널리즘은 무엇인지부터 배우고 나서 마지막에 페이퍼를 하나 쓰는데 국어 선생도 거기 함께 해요. 국어 선생이 같이 쓰는 이유는 페이퍼를 보면 국어 구사력을 다 알 수 있잖아요. 어떤 단어를 쓰는가, 문법을 어떻게 쓰는가 잘 볼 수 있잖아요. 그러니까 문법 외우는 식의 공부를 잘 안 해요.

과제가 '역사적 현실을 들어서 내셔널리즘이 어떻게 표출하는가를 서술, 논술, 연구하라'였어요. 어렵지 않나요. 내셔널리즘이 뭐예요? 그걸 어떤 역사적 현상을 들어서 써야 하는지 제가 보기에는 상당히 어렵고 힘들 것 같은데 애들이 그 공부를 해내요. 세 과목에 제출한 양이 상당히 많았어요.

제가 몇 개 논문을 읽어 봤어요. 그중 기억에 남는 논문 두 개 가운데, 하나는 미국의 9·11 테러 사건에 관한 거예요. 그 사건이 있고 나서 미국의 내셔널리즘이 어떻게 증폭했는지가 주제인데, 그 가운데에서도 공항에서 어떤 식으로 통제하는가, 통제를 어떻게 늘렸는가로 주제를 한정해서 논문을 썼어요. 언어 구사력이 엄청나게 좋다는 생각이 들었어요. 이 학생은 책을 읽어도 엄청나게 많이 읽었다는 게 논문 안에 표가 날 정도예요.

두 번째 기억나는 논문은 아시아의 외교 문제를 다룬 내용이에요. 타이완 동북부에 센가쿠(댜오위다오)라는 열도가 있어요. 지금은 일본령으로 되어 있는데 2차 세계대전 전에는 중국령이었어요. 2011년 9월경 센가쿠에서 중국 어선하고 일본 순찰함이 충돌하는 사건이 일어났어요. 일본이 자기 영해라고 배를 나포하고 선원들을 억류했어요. 그러니까 중국에서 난리가 났죠. 중국 북경대부터 데모가 막 일어난 거예요. 국제 여론도 좋지 않았어요. 일본이 할 수 없이 배와 선원들은 석방했는데 선장은 계속 억류했습니다. 그러자 또 일본 학생들이 난리가 났어요. 반대 데모가 벌어지고, 결국 한 달이 넘게 끌었어요. 이때 아세안 회의에서 외교부 장관들이 만나도 두 나라 외교부 장관들이 인사도 없이, 악수도 안 하고 지나갔다고 해요. 이 과정이 스웨덴 신문에 조금씩 실린 거예요. 학생 한 명이 이 사건에 관한 기사를 보고 논문 주제를 정했는데 어떻게 해서 그 작은 충돌 사건 하나가 이렇게 외교적으로 비화하는가, 그런 논문 주제를 쓴 거예요.

유럽 최북단에 있는 나라 고등학교 학생이 신문에 난 기사를 보면서 논문 주제를 설정했다는 사실 자체가 놀라운 일이죠. 논문을 쓰다 보니까 자료가 상당히 부족하잖아요. 자료를 구했는데 미국에서 나온 것들, 일본에서 나온 것들, 중국에서 나온 것들, 러시아에서 나온 것들, 스웨덴에서 나온 것들을 모두 구해서 읽었어요. 그러면서 논문을 쓰는데 자료 비판을 다 합니다. 자료 비판을 어떻게 하냐 하면 일본에서 나온 자료들과 중국에서 나온 영자로 된 자료들은 이 논문에서 배제한다고 이야기를 해요. 왜 배제하냐면 객관성을 잃었고 자기 나라 모든 일이 다 옳다고 해서 믿을 수가 없다 이렇게 자료 비판을 하면서 글을 썼어요.

그러면서 질문에 대한 대답을 하기 위해 1932년에 있었던 역사적 사건으로 거슬러 올라갑니다. 난징 대학살입니다. 난징은 당시 중국의 수도 남경이에요. 일본군이 2차 세계대선 때 난징에서 양민들 20여만 명을 학살한 거예요. 그 일까지 거슬러 올라가 2차 세계대전으로 인한 민족적 응어리가 풀리지 않은 상태에서, 일본이 한 번도 진정성을 가지고 용서를 빌지 않았기 때문에 두 나라 사이의 감정이 아주 나쁘게 되어 있어서, 이렇게 조그마한 일이 있어도 외교적으로 크게 비화하는 사건이 된다고 논문을 쓴 거예요.

그러면서 내셔널리즘을 두 가지로 분석을 해요. 하나는 디펜시브 내셔널리즘, 다른 하나는 오펜시브 내셔널리즘이에요. 즉 공격적, 방어적 내셔널리즘으로 구분하면서 논문을 썼어요. 대학생이 그 정도 논문을 썼다면 이해가 갈 텐데 고등학교 수준에서 그런 식으로 가르쳐서, 논문이 가능하게 만들어요. 이래서 스웨덴 대학생들이 그렇게 논문을 잘 쓰는구나, 느낄 수 있었어요. 스웨덴에서는 모든 대학 모든 교육이 공짜인데도 불구하고 채

50퍼센트도 대학에 가지 않습니다. 대학에 들어가는 학생들은 그야말로 공부를 하고 싶어서 들어가는 거예요. 그래서 공부를 굉장히 열심히 합니다.

스웨덴 교육 복지에 대해서

스웨덴 아이들은 이런 식으로 공부를 하는데, 우리 아이들은 죽자 사자 외우는 공부만 하는가, 그 차이를 이야기하기 전에 교육 복지에 대해 잠시 언급하고 넘어가겠습니다.

제가 교육 복지 이야기를 많이 합니다. 교육 복지든, 사회적 복지든, 의료 복지든 스웨덴이 세계에서 복지가 가장 잘되어 있는 나라라는 건 이미 들어서 잘 알 거예요. 교육 복지가 그중 가장 근본적인 것으로, 모든 교육은 무상이에요. 그야말로 유아부터 박사과정까지 모든 교육은 무상입니다.

그 근본적인 철학은 평등사상에서 나옵니다. 자식은 부모를 선택할 수 없다는 중요한 사상이에요. 자식이 부모를 선택할 수 없는데, 부모 잘못 만났다고 해서 열악한 조건에서 성장하게 해서는 절대 안 된다는 거예요. 국가가 하는 역할은 그런 부모들을 보완해 주는 것입니다. 그래서 소위 말해서 개천에서 용 나게 해 주는 역할이 국가의 역할이라고 가르치고 있습니다.

국가의 역할에 대해서 제가 정치학이 전공이라서 좀 날카롭게 보는 경향이 있습니다. 스웨덴의 사회 부분, 교육 부분, 모든 부분에서 국가가 무엇을 하는가 예리하게 관찰하고 나서, 똑같은 방식으로 한국에서 국가가 무엇을 하는가 연구해 보면 참 의미 있겠다는 생각이 많이 듭니다.

교육 복지에서부터 교육 자치로 넘어가면 스웨덴은 그야말로 완벽하게 교육 자치가 이루어져 있습니다. 중앙에는 의회와 정부, 국립 교육청 세 개 중앙 기구가 있습니다. 그 밑에는 지방자치단체 또는 지방정부가 290개로 나누어져 있는데 역할 분담이 아주 잘되어 있어요.

중앙에서는 교육의 목표를 세우고 방향을 제시합니다. 스웨덴 교육의 목표와 방향은 교육법과 시행령 법에 표출됩니다. 그다음에 커리큘럼curriculum, 실러버스syllabus에 모두 반영됩니다. 중앙에서 하는 일은 바로 이것이고, 지방에서는 목표와 방향이 제시된 교육법이나 커리큘럼이나 실러버스를 가지고 교육을 시행하는 것입니다. 그러니까 하나의 목표가 제시된 동일한 교육과정을 가지고 지방의 어느 학교든지 공부를 시켜야 하는 거예요.

그렇기 때문에 어떻게 공부시킬 것인지는 지방자치단체와 학교 당국, 교사들한테 달려 있어요. 중앙에서는 절대 개입하지 않습니다. 그렇기 때문에 선생님을 믿고, 교장 선생님을 믿게 됩니다. 지방자치단체를 신뢰합니다. 의회에서 만들어진 교육목표를 달성하면 됩니다. 어떤 식으로 하든지 그건 선생님들 책임입니다. 돈을 얼마만큼 투자하든지, 학교를 잘 짓든지 못 짓든지 아니면 교장 선생님을 좋은 사람으로 채용하든지 말든지, 어떤 교재를 쓰든지 그 모든 것들을 전부 지방정부와 학교의 재량에 맡겨 놨어요. 지방정부는 세금을 걷을 수 있는 권한이 있다 했습니다. 스웨덴 국민 대부분의 소득세는 지방정부로 들어갑니다.

중앙에서 걷는 세금은 간접세, 기업세, 특수세 등과 일부 고소득자에게 걷는 부유세 정도입니다. 지방정부에서 정치하는 사람들은 자신이 거둔 세금과 정부가 지방정부들 사이에서 재교부하는 세금으로 교육에 쓸 것인지, 사회 부분에 쓸 것인지, 의료에 쓸 것인지 스스로 결정합니다. 그래서 교육 자치가 완벽하다 이야기할 수 있습니다.

우리 실정을 보면 서울시 교육청에 들어오는 돈의 80퍼센트 정도는 정부에서 들어옵니다. 서울시에서 20퍼센트 정도 들어오고요. 그렇기 때문에 경제성장과 맞물려 있습니다. 경제성장률을 5퍼센트로 잡았는데, 1퍼센트에 그치면 몇 천 억이 줄어들게 됩니다. 들어오는 수입이 적어지니 사업을 그만큼 줄여야 하는 상황이 되는 것입니다. 반면에 스웨덴 같은 경우 안정적이라는 것입니다.

교육 예산의 80퍼센트는 유아부터 유아 학교, 초등학교, 중학교, 고등학교, 성인교육에 들어갑니다. 나머지 20퍼센트는 대학과 중앙 기구들인, 국립 교육청 같은 데 들어가는 돈이고요. 그러니까 80퍼센트는 전부 다 지방 재원을 가지고 교육을 시킨다고 보면 됩니다. 그러니까 지방에서 자체적으로 조달된 재정으로 어떻게 어떤 방법으로 교육을 할 것인지 각 학교에서 교사하고 교장 선생님들이 자기 재량으로 목표를 달성하는 그런 제도예요. 우리하고는 많이 다릅니다.

평가 제도는 어떻게 다른가

다시 본론으로 들어가서 학생들에게 무엇이 학력이고, 무엇이 지식이고, 어떻게 평가하는가, 이것이 가장 중요합니다. 이것 때문에 학생들은 죽자 사자 외우게 되고, 우리 부모들은 자기 자식을 사교육 시장에 내보내고 그럽니다. 그런데 스웨덴 같은 경우에 사실 사교육이 없고, 외우는 공부를 그렇게 안 하는데도 학력이 높은 이유를 알려 드리겠습니다.

먼저 평가 제도가 어떻게 되어 있는지부터 이야기할게요. 모든 평가는 교사들이 재량으로 평가를 하는데, 교사들이 자기 평가에 대한 고유의 권한이 있습니다. 교사들이 학생에게 학점이나 점수를 주면 그에 대한 반발이 한국처럼 심하지 않습니다. 특히 학부모들이 교사의 평가 권한을 인정한다 할 수 있습니다.

제가 스웨덴에서 우리 애가 굉장히 똑똑한데 왜 저 성적밖에 못 받아 올까 생각이 든 적이 있었죠. 그래서 집사람에게 학교에 가서 따져 봐야 하는 게 아니냐고 하면 깜짝 놀랍니다. 평가는 교사의 권한이고, 학교에서 가르치면서 학생이 얼마나 공부 잘 하는지 선생님이 훨씬 잘 아는데 학부모가 왜 개입을 하냐 이런 식으로 얘기를 해요. 사실 우리나라는 그렇지 않죠. 요즘은 대학생 둔 부모들도 대학 교수들한테 항의를 한다는 얘기도 들었는데, 가르치고 평가하는 것들은 교사의 고유 업무고 권한이에요.

대학교수라 해서, 자기 아버지가 교육청 고위 관리라 해서 학교에 찾아와 잘했다 못했다 할 수 없게 되어 있어요. 그런데 2011년에 법을 바꿔, 학생이 성적에 불만일 경우 다시 한 번 재심을 청할 수 있는 권한이 생겼어요. 그런 것도 보면 상당히 진취적이다 생각이 들 때가 많습니다. 재심은 성적이 낮게 매겨졌을 가능성이 있다고 하면 교장 선생님과 동료 교사, 선생님 본인이 이제까지 나와 있었던 시험지를 다시 검토해서 성적이 잘못 매겨졌나 심사해 다른 성적을 줄 수 있는 제도를 만들어 놨어요.

스웨덴 평가 제도:국가시험

의무교육
3학년:
  2009-의무:스웨덴어, 수학
6학년:
  2012-의무:스웨덴어, 영어, 수학
  2013-시범(의무):사회과학, 자연과학
  2014-의무:스웨덴어, 영어, 수학, 사회·자연과학
9학년:스웨덴어, 영어, 수학
  2009-의무:자연과학
  2013-시범(의무):사회과학
  2014-의무:스웨덴어, 영어, 수학, 사회, 자연과학

고등학교
  수학:A, B, C
  스웨덴어:course 1, 3

평소에 가르치고 페이퍼를 내게 해서 평가를 하는데 그 평가 외에 국가시험nationella prov이라는 게 있어요. 이 국가시험은 우리말로 하면 일제고사예요. 3학년 때 시작해서, 6학년, 9학년이 있습니다. 예전 사민당 정권 때에는 5학년, 9학년으로 되어 있었는데, 학년을 내리고 과목을 상당히 늘렸습니다. 3학년 때 스웨덴어, 수학을 하고 6학년 때 스웨덴어, 영어, 수학, 자연과학, 사회과학 그다음 9학년 때도 마찬가지로 넓혀 놨어요.

여기서 오해를 하면 안 됩니다. 국가시험이 소위 말해서 일제고사이긴 한데, 일제고사가 어떤 역할을 하는가 잘 알아야 합니다. 우리는 일제고사라고 해서 시험 치는 것도 선택형 시험을 치고, 석차를 내고, 학생들과 학교 사이에 비교하고 그러잖아요. 그런데 스웨덴은 그런 식으로 하지 않아요. 서열을 매기거나 학교 사이에 등급을 정하거나 그런 것 전혀 없어요. 학생들이 어느 정도 수준에 도달해 있는가 학력을 파악해서, 그 학생들을 어떻게 지원할 것인가를 최고의 목적으로 삼고 있어요.

그다음에 중요한 것 중 하나가 커리큘럼이라 하는 게 상당히 일반적으로 서술되어 있어요. 교육과정에 나와 있는 목표가 아주 구체적이지 않아요. 우리나라처럼 몇 페이지부터 몇 페이지 공부해야 한다는 식이 아니고, 예를 들면 창의성을 길러야 된다는 식이에요. 어떻게 창의성을 기를 것인가 하는 문제는 교사한테 다 맡겨져 있죠. 어떻게 공부시킬 것인가 교사들의 고민이 클 수밖에 없어요. 그래서 국가시험을 통해서 이런 식으로 가르치면 되겠구나 깨치게 되는 것입니다. 교사가 이렇게 나가면 되겠다고 방향을 잡을 수 있도록 예시를 하는 게 국가시험이에요. 어떤 면에서 교육의 방향을 국가시험을 통해서 보여 준다고 보면 됩니다.

다음으로 국가시험이 우리나라의 일제고사나 수능같이 고부담 시험이 아니에요. 한 번 시험을 잘못 치르면 평생 신세 망치는 고부담 시험이 아니고 상당히 저부담 시험이에요. 국가시험은 예를 들어 9학년 성적을 낼 때, 교사가 내는 많은 시험 중에서 하나일 뿐인 시험이에요.

다만 학생들이 학력이 어디에 있는가, 어느 정도에 있는가, 그래서 어떻게 지원할 것인가, 교육과정을 어떻게 우리가 해석하고 그걸 풀이해 가지고 어떤 방향으로 교육을 할 것인가 그걸 예시하는 아주 중요한 그런 제도라고 할 수 있습니다. 국가시험은 의무교육에서 3, 6, 9학년에 있고 그다음에 고등학교에도 수학 A, B, C 영어, 스웨덴어 코스가 있습니다. 똑같은 시간, 똑같은 날짜에 시험을 치는 것은 우리나라 일제고사하고 똑같습니다.

제가 샘플을 가지고 설명하겠습니다. 9학년 스웨덴어 시험입니다. 2010년 2월 9일에 시험 친 것입니다. 9학년 스웨덴어 시험이

국가시험: 9학년 스웨덴어

1. 준비: 주제에 따른 여러 종류의 텍스트 모음집(14쪽)-시험 전에 읽고 학교에서 토론(120분)-복사나 집에 가지고 가는 것 금지. 부분 시험 A와 유사한 시험으로 연습
2. 부분 시험 A(2월 9일, 전국 동시): 단답형과 짧은 논술(80분)-독해력 파악
3. 부분 시험 B: 구두 시험-듣기, 대화(2명씩, 5~10분), 논리(argumentation), 발표(2명씩) 능력 파악-여러 가지 다른 자료로 반복하여 교사가 학생의 능력을 평가
4. 부분 시험 C(2월 11일, 전국 동시): 작문(180분) 능력 파악-자신의 생각과 논리를 글로써 잘 묘사하고 기술-컴퓨터 사용 가능

세 가지로 나눠져 있습니다. 준비를 위해 텍스트집이 있는데, 조그만 수필부터 신문에 나온 논술형 글, 시, 소설의 일부, 영화 감상 등 14~15쪽 정도 됩니다. 그다음에 부분 시험 A를 보면 문제가 1번부터 24번까지 있는데, 단답형과 짧은 논술이 섞인 80분 정도 상당한 독해력을 요구하는 시험입니다. B는 구두 시험인데, CD에 넣어 놓은 대화와 문제를 듣고, 두 명씩 팀을 만들어 토론하고는 발표합니다. 다른 학생들이 이에 질문을 하고요.

C는 작문 시험이에요. 180분 동안 작문을 해야 합니다. 180분이면 3~4시간 정도 쳐야 되죠. 5개 질문 중에서 하나를 선택해서 시험을 치는데, 자료집을 읽고 연습도 합니다. 이 자료집을 가지고 두 시간 정도 읽고 토론한 다음에 선생님이 시험에 나올 가능성이 높은 부분을 예측해서 짚어 주면, 그 부분을 토론하면서 준비합니다. 선생님도 문제가 어떻게 나올지 모르는 상태죠. 이외에 자료집이 두 개 더 있는데, 하나는 교사들이 시험 안내를 어떻게 해야 하는지 정리한 30쪽짜리 안내서이고, 다른 하나는 채점을 어떻게 해야 하는지 기준을 상세히 안내한 85쪽짜리 평가 안내 자료집이에요. 시험을 한 번 치르기 위해 이렇게 많은 투자를 해요.

시험 A와 시험 C를 가지고 말씀드리겠습니다. 시험 A의 텍스트집 가운데 1번, 7번, 10번, 17번, 24번만 번역을 해 봤습니다.

1번 '두 번째 골'이라는 글에서 '왜 주인공은 한 골밖에 넣지 않았는데 두 골을 넣었다고 친구들에게 얘기하는가?'가 질문이에요. 한 아이가 축구를 하고 식당에 와서 자랑을 하는 거예요. 브라질 누구처럼 멋지게 넣은 골을 몸짓을 해 가면서 얘기하니까, 두 번째 골은 어떻게 넣었냐고 다른 아이가 묻는 거예요. 사실은 한 골밖에 넣지 않았는데, 우쭐해서 두 번째 골을 넣었다고 얘기를 합니다. 질문이 왜 두 골 넣었다고 하는지 찾아내는 게 문제예요. 그런데 내가 두 번 세 번 읽어도 찾아내기 어려웠어요.

7번 질문 보면 아주 가슴에 와닿는 시가 하나 있는데, 〈둘 다 그리고 아무것도 아닌〉이란 시예요. '나는 외국인이고 나는 스웨덴 사람이다. 나는 아주 다혈질의 터키 사람이고 나는 아주 안전한 스웨덴 사람이다. 나는 마늘을 먹고 나는 스웨덴 전통 음식을 먹는다. 나는 하지가 되면 스웨덴 스톡홀름 밖 조그만 섬에 가서 하지 축제를 보낸다.'

이 시를 쓴 사람은 터키에서 이민 온 학생이에요. 그 학생이 스웨덴에서 느낀 것을 시로 적어 놨어요. 이 시와 잘 어울리는 그림을 텍스트에서 찾는 것이 첫 번째 질문이고, 그림 가운데 어떤 그림이 적합한지 물으며, 왜 이 시와 어울린다고 생각하는지 설명하는 것이 두 번째 질문이에요. 그림과 시를 어떻게 해석했는지 대답해야 하는 거죠.

10번 문제는 소설이에요. 〈빚〉이라고 하는 소설의 일부인데, 젊은 애들 3명이 차 도둑질을 해요. 그중에 지미라는 애는 진짜

하기 싫은 거예요. 하지만 다른 애들 두 명이 계속해서 주동하니까 휩쓸려서 차 도둑질을 하는 과정을 그린 소설이죠. 중고차를 팔러 온 할아버지를 한눈팔게 해 가지고 그 차를 몰고 가 버리는 도둑질을 하는데 다른 애들은 다 잡혔는데 지미가 잡히지 않았어요. 왜 지미가 안 잡혔는지 이유를 찾아내야 해요. 잘 읽어보면 이해가 되는데, 해석하기에 따라 상당히 다르게 이해할 수 있어, 글과 글 사이를 잘 읽지 않으면 이해하기 어려운 문제예요.

이 자료집에 있는 글이 모두 경계점에 서 있는 텍스트예요. 계속해서 이것인지 저것인지, 차를 도둑질했는지 안 했는지, 터키 사람인지 스웨덴 사람인지 하는 식으로 전부 구성되어 있어요.

17번 문제를 보니까 이것도 상당히 재미가 있어요. 17번 문제는 영화 〈라 조나〉에 대한 문제예요. 멕시코시티에서 일어난 일을 영화화했는데, 담을 굉장히 높게 쌓고 거기에 전기가 흐르게 해 경계를 철저히 하는 부자들이 사는 동네가 있었어요. 그 밖으로는 빈민가들이 있었고요. 어느 날 태풍이 불어 간판이 담으로 넘어졌어요. 그러자 세 명이 담을 넘어가서 도둑질을 하는 거예요. 빈민가의 아이들은 워낙 가난해 가끔씩 담을 넘어 들어가 도둑질을 하곤 했어요. 근데 큰 사고가 나 버렸어요. 부잣집을 지키는 무장한 경비들이 있었는데, 총기를 주운 아이들과 경비와 총격전이 벌어진 거예요. 경비도 죽고 주인 아저씨도 죽고 애 두 명도 죽어 버려요. 그런데 한 아이가 거기서 도망을 쳐요. 하지만 담을 못 넘어가고 그 안에 갇혀 있어요. 부자들은 이런 일이 생겨도 신고하지 않아요. 괜히 문제만 된다고 생각해서 자기들이 스스로 해결해 버리는 거예요. 영화에서 그 아이가 어느 집 지하실에 가서 숨어 있었는데, 그 집 아이하고 친구가 되는 과정이 나옵니다. 결국 발각이 되어서 애가 거리로 끌려나와 맞아 죽는 그런 영화예요. 상당히 끔찍한 영화입니다.

이 영화에 대해 평론가가 평을 쓴 글이 있어요. 그 글을 읽고 평론가가 어떻게 생각했는지 적고 나서, 평론가의 관점을 보여주는 대목을 하나 찾아서 쓰는 것이 문제예요. 평론가의 관점이 잘 드러난 대목은 '담을 쌓을 수는 있다. 그러나 절대 보호하지 못하고 오히려 안에 있는 사람들이 감옥 같은 생활을 하게 된다.'라는 글이에요. 그걸 찾아내야 하는 문제예요.

24번은 텍스트 모음집 전체에 대해서 질문을 합니다. 이 모음집이 왜 경계점에서라고 명명되었는지, 그것을 아이들이 이해를 했는가 못 했는가 물어보는 거예요. 앞에서 설명했듯이 울타리가 부자들이 사는 곳과 가난한 사람들이 사는 곳을 갈라놓은 경계점이죠. 전체 텍스트를 잘 읽으면 경계가 있고 이것 아니면 저것의 형식으로 되어 있어요. 모음집에서 텍스트 하나를 선택해서 자신의 생각과 어떻게 일치하는지를 설명하라는 질문이에요.

시험 A는 그야말로 책을 얼마나 제대로 읽었는지, 텍스트 얼마나 잘 이해했는지 파악하는 거예요. 그걸 120분 내에 써야 되는 거예요. 제가 볼 때 상당히 어려워요. 우리로 치면 중학교 3학년 국어 시험인데 이 시험에 문법에 대한 항목이 하나도 없어요. 외워 가지고 쓸 수 있는 문제도 전혀 없어요. 전체적으로 보면 논술형 시험이에요.

서술형 C는 작문입니다. 1, 2, 3, 4번 이렇게 되어 있는데 문항 그대로 C를 번역했어요. 1번은 '나이 제한' 글이에요. '연령에 따라 하고 못 하고가 정해져 있다. 모음집에 보면 몇 개의 예가 있다. 네가 살고 있는 지역의 지방신문에 지금 연령 제한에 대해 토론을 하고 있다.'고 가설을 정했어요. '하나의 토론문을 작성하라. 오늘 연령 제한이 있는 문제를 선택해서 이 연령 제한을 계속 유지할지 아니면 개혁할지에 대해서 주장하라.'고 요구합니다. 연령 제한 기준 가운데 하나를 선택해서 주장하든지, 아니면 두 가지 중 하나가 어떤 면에서 맞고 어떤 면에서 나쁜지 3시간 동안에 설명하는 거예요.

2번은 제목이 '모든 것이 가능하다'예요. '가끔 불가능하다고 생각한 것이 가능할 때도 있다. 10킬로미터를 뛴다든지, 두려워한 것을 극복한다든지, 어느 출판사가 한계를 극복한 10대들의 수기를 모아 책을 한 권 만들려고 한다. 이 책에 기여할 자기 자신의 수기를 작성하라. 어떤 상황에서 자신의 한계를 극복했는지를 상세히 기술해야 하고, 어떻게 해서 불가능하다고 생각했던 것이 가능하게 되었는지를 설명하라.'고 요구해요.

3번 '수상에게'라는 제목의 문제예요. '쪼개지고 흩어져 있는 사회보다 뭉쳐 있는 하나의 공동체를 이루기 위해서 수상이 젊은이들을 대상으로 프로젝트 아이디어를 공모한다. 수상에게 보낼 서한문을 작성하라. 공동체 형성을 도모할 수 있는 프로젝트를 서술하고 왜 자신의 프로젝트가 투자할 가치가 있는지 논의하라.' 새로운 아이디어를 만들어 내야 되는 거죠.

4번째 '우리는 누구인가'입니다. '텍스트 모음집에 터키에서 이민 온 학생이 쓴 시는 남자·여자, 이민자·스웨덴 사람, 이성·동성애자, 10대·성인인지를 구분하는 게 중요한 것으로 간주한다. 이외에도 사람들을 더 구분할 수 있다. 한 청소년 잡지가 왜 사람을 여러 형태로 구분할 필요가 있는지에 대한 독자의 글을 모집하고 있다. 이 잡지에 당신이 주장하는 글을 보내라. 어떻게 사

람들의 유형에 따라 구분하는지에 대해 분석하라. 당신과 다른 사람의 주장에 대해 논리를 펴라.'

이 네 개의 질문 중에 하나를 선택해서 180분 동안 글을 써야 하는 게 작문입니다. 작문은 연필로 쓰고 지워도 되고 컴퓨터로 쳐도 됩니다. 대체로 요즘은 컴퓨터로 작문을 하고 있습니다.

이게 스웨덴어 중학교 3학년 시험인데 어떻습니까? 왜 우리는 사지·오지선다형 시험을 치고 스웨덴은 이런 시험을 칩니까? 제가 볼 때는 장점이 아주 뚜렷해요. 학생들이 스스로 공부하지 않으면 절대 안 됩니다. 책을 많이 읽지 않으면 절대 안 됩니다. 그다음에 아주 비판적으로 생각하지 않으면 절대로 좋은 글을 쓸 수 없습니다.

여기 나온 글들을 보세요. 분석하라, 종합하라, 응용하라, 계속해서 그런 것들을 보여 줘야 해요. 그렇지 않으면 좋은 점수를 받을 수 없어요. 새로운 것을 생각하고 논점을 아주 논리 정연하게 표현하는 글쓰기를 배우고 익숙해지지 않으면 좋은 점수를 받을 수 없습니다. 엄청나게 힘든 일이에요. 그런데 가장 큰 문제는 평가를 어떻게 할 것인가, 어떻게 하면 가장 객관적으로 할 수 있을까 기준을 잡는 일입니다. 한국에서는 적용이 불가능해요. 부모들이 당장 들고일어납니다. 왜 재는 최고 점수를 받았는데, 우리 애는 비슷하게 썼는데도 낮은 점수를 받았느냐, 이런 식으로 난리가 날 거예요.

우리나라에서 사지·오지선다형 시험을 치는 이유는 객관성과 변별력을 위해서입니다. 컴퓨터 안에 집어넣어 버리면 점수가 딱 튀어나오니까 아주 간단하잖아요. 누가 뭐라고 할 수가 없잖아요. 쉬운 길을 가는 거죠. 문제는 바로 여기 있어요. 그런 식의 시험 문제를 내기 때문에 우리 학생들이 정답이 있는 사실을 많이 외우는 공부를 하게 되는 겁니다. 교과서부터 다 그런 식으로 되어 있지요.

그러면 스웨덴에서 시험 공부를 어떻게 할까요. 인지적 복합도가 높은 문항을 내기 때문에 평소에 공부하고, 평소에 생각하고, 평소에 책을 읽고, 평소에 비판적으로 보고, 신문들을 보면서 공부하지 않으면 절대 좋은 점수를 받을 수 없다는 얘기예요. 이런 식의 공부를 시켜야 되는데, 스웨덴에서는 왜 그것이 가능하고 한국에서는 왜 가능하지 않은지는 직접 답을 찾아야 합니다.

스웨덴에서도 토론을 했어요. 스웨덴에서도 다른 나라에서 하는 식으로 왜 선다형으로 하면 안 되느냐, 그러나 결론은 언제나 똑같았어요. 선택형 시험은 창의력을 죽이는 공부가 되고, 비판력이 완전히 사라지게 된다는 거예요. 아무리 힘이 들고 돈이 많이 들고 채점하는 데 문제가 있어도 계속해서 서술형, 논술형 시험을 쳐야 된다고 결론을 낸 거죠.

교육 관료들도 상당히 진취적이죠. 지금까지 한 발도 뒤로 물러서지 않고 지켜 내고 있어요. 그래서 매년 엄청난 돈이 들죠. 시험문제 문항을 만드는 데만 해도 비용이 많이 들어요. 그렇게 만든 시험을 교사들이 객관적으로 채점할 수 있도록 기준을 잡아 놓았어요. 어떤 것이 분석이고, 분석이 어떻게 표출되어 있는지, 또 어떻게 종합하고 응용을 했는지, 자기 자신의 논리를 정확하게 표현했는지 아주 상세하게 예를 들어 가면서 설명이 되어 있어요. 선생님들이 이것을 보면서 최대한 평가를 객관적으로 하도록 도와주고 있습니다. 그리고 스웨덴 교사들은

Integrity(줏대)가 있어요. 자기가 좋아하는 아이라 해서 시험 점수를 더 잘 주는 경우는 없어요. 공과 사를 구별할 줄 알아요.

우리가 상대평가에서 절대평가로 넘어가죠. 아주 환영할 일이에요. 그런데 꼭 두 가지가 전제되어야 해요. 상대적 평가에서 절대적 평가로 넘어갈 때 하나는 기준이 정확해야 돼요. 그 기준이 정확하지 않으면 평가하는 데 많은 문제가 발생합니다. 두 번째로는 교사들의 공정한 평가 능력이에요. 정확하게 객관적으로 평가를 해야 해요. 그렇게 하지 않은 평가는 상당히 큰 문제를 일으킬 가능성이 있어요. 그러나 저는 분명히 이야기할게요. 상대평가보다는 절대평가를 꼭 해야 해요. 예를 들어서 강남에 100퍼센트가 다 서울대를 가더라도 절대평가를 해야 하는데, 왜냐하면 그것이 지식을 정확하게 평가하는 것이기 때문이에요.

상대평가는 문제가 상당히 많습니다. 친구가 좋은 성적을 받으면 상대적으로 자신이 좋지 못한 성적을 받을 확률이 커지기 때문이죠. 이런 제도하에서는 학생들 사이에 협력을 이끌어 낼 수 없습니다. 친구들이 똑같이 잘할 수 있고, 아니면 똑같이 못할 수도 있어야 됩니다. 자기 학력에 따라서 평가를 정확하게 해야 하는데, 지금 상대평가를 하니까 여러 문제가 생기고 있어요. 친구가 보여 달라고 해도 보여 주지도 않아요. 왜냐면 친구가 잘 받으면 내가 못 받으니까 협력이라는 공부가 도저히 안 되는 거예요. 이게 굉장히 큰 문제가 있다는 이야기입니다.

무엇이 학력이고 무엇을 평가할 것인가?

Grade	Knowing	Considerating	Doing
MVG (A)	Be in control of almost all contests of the lesson(subject)	Create Evaluate, value Analyse	Act critically, independently and creatively Have very good skills
VG (C)	Have a good general view of the contents of the lesson (subject)	Analyse Apply	Take one's own initiative Have quite good skills
G (E)	Know at least some essential parts of the lesson(subject)	Remember Reproduce Understand Apply at the elementary level	Act as recommended Have basic skills

학력이 무엇입니까? 우리나라에서는 무엇을 배웠고, 배운 것을 얼마나 알고 있는지, 제대로 암기하고 있는지를 대체로 평가를 합니다. 제일 앞에 있는 Knowing, 이 부분이에요. 다 알고 있으면 A 좋은 성적으로 그렇지 않으면 중간쯤 주고 대충 잘 모르고 있으면 C 이런 성적을 주고 있는데 스웨덴에서는 아무리 이 부분을 잘해도 A 성적을 절대 못 받아요.

사고하는 것과 그다음에 행동하는 것까지 일치돼야 해요. 그러니까 분석한다든지, 평가한다든지, 어떤 가치를 매긴다든지, 새로운 것을 생각해 내지 않으면 절대 스웨덴에서는 MVG(A) 성적을 받을 수 없어요. 그러니까 아까 논문 썼던 학생들 있죠. 논문을 가지고 학생의 분석력이라든지, 어떻게 사고를 하는지, 어떻게 새로운 것들을 생각해 내는지를 교사들이 평가하는 거예요. 종합해서 평가해 A 성적을 주는데 그게 참 어려워요. 학생이 아주 비판적으로 생각하고 새로운 것을 생각해 내면서 공부를 하는지 안 하는지, 이런 것들이 각 교육과정에서 보이는지 안 보이는지, 행동 하나하나를 다 평가하는 거예요.

스웨덴 교육에서는 학생들의 비판력을 아주 중시해요. 즉 기가 막히게 비판적으로 보는 애들을 키웁니다. 제 둘째 애가 말을 좀 안 들어요. 심지어 이런 일이 있었어요. 내가 "너는 왜 공부를 열심히 하지 않느냐?"고 질타를 하니 아이가 쳐다보더니 "아버지는 박사 되고 그렇게 열심히 하고 고위 관료 되고 그래도 내가 볼 때 그렇게 행복해 보이지 않는데 뭘 그렇게 공부하라고 합니까?" 기가 막히죠. 그래서 내가 속으로 '세상을 다 꿰뚫고 있구나.' 생각했어요. 잔소리도 그만두었어요.

그러니 말 안 듣는 애들 좀 키우세요. 계속해서 '왜?'라고 질문하는 애로 키우세요. 그런 애들 없으면 한 나라가 곧 망합니다. 지금 누가 경제 십 몇 대에서 경제 5위로 간다 2위로 간다 헛소리 막 신문에서 하고 있는데 이대로 나가다가는 곤두박질 칩니다. 이 정도에서 제 얘기를 마무리할게요.

질의응답

청중 강의 재미있게 잘 들었는데요. Knowing, Considerating, Doing으로 구분한 학력이 스웨덴에서의 학력인가요? 아니면 국제 기준인가요?

강사 표(74쪽)에서 Knowing을 자세히 보면 우리나라에서 어떻게 학력을 매기는지 그걸 알 수 있을 거예요. 우리가 배운 것 중에서 모든 내용을 거의 다 알고 있는 정도면 우리나라에서 A라는 가장 좋은 성적을 받을 거예요. 그 정도에 따라서 C나 E를 주기도 하고요. 그런데 스웨덴에서는 아무리 다 안다고 그래도 이것 가지고는 A 성적을 못 받습니다. 이 표를 스웨덴에서의 지표로만 보지 말고, 한국에서 매기는 성적의 기준을 비교해서 보면 좋겠습니다.

청중 팀스나 피사에서 우리나라 학생들이 상위권을 차지하고 있다면, 국제적인 기준을 충족해서 상위권을 받았다고 봐야 하지 않나요. 우리나라 학생들이 상위권에 든다면 그만큼 학력이 좋아야 하는데, 그렇지 않다면 국제 학력 대회의 기준에 방금 설명한 기준이 포함이 안 된 건지 궁금합니다.

강사 저도 고민 많이 했어요. 저는 피사의 결과를 믿거든요. 그야말로 한국에서 공부하는 식의 지식이나 사실만 가지고 테스트를 하지 않습니다. 응용할 수 있는 능력을 보는 게 피사인데, 한국 애들이 성적이 좋은 건 그것도 외우더라는 거예요. 작문 시험 있죠, 시험 A, 시험 C 이렇게 있을 때, 보통 평소에 공부해 왔던 걸 가지고 하는데, 그것 자체도 한국은 외워서 공부를 해요. 그게 초·중학교까지 엄청나게 열심히 외우고 공부를 하는 거예요. 그게 이제 피사에서 나타나는 거예요.

그와 비슷한 주입식 교육이 사실은 핀란드에서 일어나고 있어요. 그래서 핀란드 교육하고 스웨덴 교육하고 큰 차이가 납니다. 사람들이 잘 모르고 핀란드 교육하고 스웨덴 교육을 두루뭉술하게 이야기하는데 핀란드 교육은 스웨덴 교육보다 훨씬 더 주입식 교육을 많이 시켜요.

핀란드하고 한국하고 상당히 비슷한 면이 있어요. 역사적으로나 지정학적으로 처해 왔던 사실들 때문에 핀란드에서도 한국처럼 교육을 하지 않으면 안 된다는 교육에 대한 절박감이 상당히 강합니다. 그래서 핀란드는 교육을 굉장히 중요시하고, 핀란드에서 교사가 되기 위해서 고등학교 때부터 공부하는 학생들은 상위 10퍼센트에 해당됩니다. 전체적으로 교사의 지위가 스웨덴과 비교할 수 없을 정도로 높아요. 그런 교사들이 들어오니까 소위 한국에서 이야기하는 족집게 교사처럼 제 공부를 많이 시키고 정확한 정답이 있는 공부를 시키는 경향이 강합니다. 그런 식의 공부가 잘 되어 있는 나라가 제가 볼 때는 핀란드하고 아시아 나라들이에요.

일본이 한번 소위 창의 교육 해 가지고 상당히 많이 변하려고 노력을 많이 했는데 그게 잘못되어서 다시 돌아온 경향이 있어요. 조금 있으면 일본도 아마 한국하고 비슷하게 될 겁니다. 그다음으로 중국이 계속해서 그런 공부를 하고 있습니다. 제가 대답할 수 있는 건 분명히 피사는 믿을 만한데 그걸 어떻게 대처해서 공부했느냐면 한국에서 그야말로 창의 교육조차도 그 수준에서 외울 수 있는 공부를 한다는 거예요. 근데 스웨덴의 경우에는 그런 식으로 안 하고 있습니다.

청중 강의 정말 잘 들었는데요. 교사가 서로 함께 협동해서 창의력과 사고와 지식과 행태를 같이 평가할 수 있다는 부분도 상당히 흥미로운데 과연 스웨덴 선생님들은 개별적으로 방과 후에는 어떤 노력을 하시는지 궁금하고, 현재 우리나라 교육 현실에서 교사의 개인 노력, 교사의 희생 이런 부분이 우선되어야 하는지 아니면 정말로 제도가 먼저 바뀌는 것에 조금 더 힘써야 하는지 궁금합니다.

강사 스웨덴에서 교사들하고 얘기해 보면 한국 교사들과 비슷한 얘기를 해요. 죽어난다, 너무 힘들다, 잡무가 너무 많다, 그런 이야기를 많이 해요. 세계적으로 비슷하게 공통적인 것 같아요. 그런데 스웨덴에서 가르치는 시간은 일주일에 16시간일 거예요. 그다음에 수업을 준비하는 시간들이 있고, 일부 교사들은 집에 가져가서 일을 하는 걸 봤어요. 업무 마치면 애들 보고 가정생활 하고 요트 타러 다니고 말 타러 다니고 다 그렇게 해요. 엄청나게 큰 차이가 있습니다. 희생을 하려 해도 모르면 그것도 못합니다. 그렇지 않아요?

어떻게 하면 그야말로 논술형 시험을 잘 낼 것인가? 그런 문제, 그게 쉬운 문제가 아니에요. 논술형 시험을 어떻게 낼 것인가 연구를 해 보니까 적어도 대여섯 개 정도의 요건들이 맞춰져야 해요. 하나는 목표 영역을 잘 대표하는 문항을 냈는가 아닌가입니다. 지엽적인 문항이 아니라 핵심이 되는 문제를 파악하는 문항을 냈느냐인 거예요.

두 번째는 인지적 복합도를 높이는 그런 문항인가 아닌가입니다. 달달 외워서 3~4쪽 쓰는 문항 내면 말짱 도루묵이라는 이야기예요. 그런 식의 대학 시험들 굉장히 많이 경험했죠? 대충 예측해서 답안지 작성해 놨다가 달달 외워 가지고 시험지 한 시간 만에 써내고 가는 시험이면 말짱 헛일이란 얘기입니다.

세 번째가 가장 어려운 문제인데 분석하고, 해석하고, 비교하고, 주장하고, 비판하고, 종합하는 능력을 볼 수 있는 문항을 내야 한다는 것입니다. 이게 엄청나게 힘든 일이에요. 우리는 그런 걸 배우지 못했어요. 우리가 학교 다니면서도 배우지 못했고, 사범대에서도 배우지 못했어요. 교사들이 희생을 하려고 해도 자기가 모르는데 어떻게 희생을 합니까. 이게 전통이 아니라서 그래요. 스웨덴 같은 경우에 그런 학문적 전통, 교육의 전통을 가지고 있는데 우리는 그런 전통이 아니고 어떻게 하면 애들에게 정확한 정답을 주는 공부를 시킬 것인가에만 집중했습니다. 족집게 교사가 가장 좋은 교사잖아요. 그런 식의 교육을 받아 가지고 그런 교사를 계속 길러 냅니다.

네 번째로 학습과 평가의 연계성이 확보되어야 합니다. 공부한 걸 가지고 평가를 해야지 관계가 없는 것을 평가하면 안 됩니다.

다섯 번째는 문항이 명확해야 된다는 것입니다. 학생들이 무엇을 답변해야 될지 모르는 문항은 안 된다는 거예요.

다음으로 어떤 식으로 교사들이 채점하는지 학생들에게 알려야 됩니다. 채점 기준을 모두 공개하면서 연습도 하고 그래야 돼요. 아까 준비하는 과정도 있었지요.

그다음에 채점 신뢰도를 높여야 됩니다. 주관적으로 채점을 하지 않고, 객관적으로 채점을 정확하게 할 수 있는 채점 신뢰도를 높여야 됩니다. 그래서 채점 요강 같은 것도 필요하고 채점도 두세 명이 그룹이 되어서 채점을 하는 것도 만들어야 된다고 이야기를 해요.

국가시험뿐만 아니고 다른 시험도 마찬가지예요. 국립 교육청에서 가능하면 혼자서 채점하지 말고 교사들 두세 명이 서로 토론하고 최종적으로 채점하라고 얘기를 하는데, 이런 식의 시험문제를 내려고 하면 내는 게 그야말로 엄청나게 어렵습니다. 제가 교육연구정보원장으로 와서 제일 먼저 본 게 서술형 시험 문항들이에요. 스웨덴 시험 문제 수준을 절대 못 따라가요. 엄청나게 큰 차이가 나요. 왜 이렇게 큰 차이가 나느냐면 우리는 그런 전통이 이제까지 없었기 때문이에요. 그러니까 교사를 그렇게 나무랄 수도 없어요.

우리는 배울 때 그렇게 배우지도 않았고 사범대 가서도 그런 식으로 공부하지 않았습니다. 그야말로 엄청나게 되기 어려운 교사 됐잖아요. 그야말로 긍지를 가져야 되는데, 그런 교사가 되어도 공부를 안 했기 때문에 이런 문제를 내는 것이 굉장히 힘이 듭니다. 그러니까 희생을 하려고 해도 희생할 수가 없고 알아야 희생을 하죠. 그러니까 전체적으로 학문이 무엇인가, 지식이 무엇인가, 무엇을 가르칠 것인가 그거부터 해서 어떻게 가르칠 것인가, 어떻게 평가할 것인가에 대한 혁신이 일어나야 되는데 말하기는 쉬워도 누가 할 것인지 그것은 진짜 힘든 일이에요.

사회자 어차피 평가 이야기로 들어가니까요. 같이 고민도 하고 말씀도 좀 들었으면 좋겠는데, 사실은 스웨덴이나 유럽 선진국의 교육력과 우리의 교육력에 본질적 차이도 평가를 통해서 표현되는 질 높은 교육으로 볼 때 사회나 가정이나 또는 학교나 우리는 그동안 토론 식의 문화, 비판적 사고 능력들을 같이 공유하거나 좀 창의적 사고를 공유하거나 이런 문화가 아닌 가운데서 학교 역시 사회나 가정의 의식 문화를 반영한 거잖아요.

어쨌든 서구 사회 선진국의 경제를 따라가기 위해서 밀도 높은 지식을 습득해서 모방해야 되는 상황이었으니까, 사실은 지금까지는 어느 정도 성공을 거뒀다는 의미는 있고요. 그것을 부정할 수는 없을 것 같고요. 메가스터디의 손주은 씨는 '우리나라의 주입식 암기 교육이 뭐가 나쁘냐 이게 굉장히 좋은 거다. WBC 대회에서 우리나라 야구 선수들이 2등을 하고 준우승을 하는 것도 밀도 높은 주입식 암기 훈련의 결과다.'라고 하면서 한국의 주입식 교육을 굉장히 예찬을 하더라고요. 물론 사교육 업자니까 그렇게 얘기할 수 있는지 모르겠지만 여하튼 우리가 그것을 벗어나기 위해서 노력을 해야 하는데 사회적으로 가정적으로 성숙하지 않은 가운데서 학교가 이것을 하려고 하는데 좀 쉽지 않은 부분들이 있고, 사회가 그것을 해 나가야지 학교가 움직이겠다고 하는 것도 좀 무책임한 것도 같고, 또 한편에서 교사들이 그 일들을 이야기할 때는 제도가 완비되지 않고 평가 시스템이 이런데 우리가 이것을 어떻게 할 거냐 이렇게 하면서 본인이 선도적인 역할을 하는 부분들에서 교원 단체나 교원 운동 차원에서 그 부분을 상당히 미온적으로 대처를 하죠. 결과적으로 제도나 여건이 안 되는 가운데서 참평가를 하는 것 자체가 너무 고통스러우니까 저희가 시도했던 모든 교사 운동의 흐름들, 시대적 흐름들이 거의 다 실패했던 경험들이 있습니다. 그래서 그러면 어디서 누가 먼저 좀 시작을 해야 할 것이냐 이런 부분에 대해서 어떻게 우리가 좀 자세를 가져야 될지 말씀해 주세요.

강사 제가 볼 때는 서론에서 말씀드린 것처럼 우리 사회가 50년 만에 기적과 같은 일을 일으켰는데, 그게 교육의 힘이라고 이야기를 했지요. 그처럼 지금과 같은 교육 형태로 이 정도는 분명히 올 수 있는데 그다음의 도약을 위해서는 이것 가지고는 안 된다고 생각을 하게 된 것입니다. 바로 문제가 무엇인가? 그 문제를 어떻게 풀 것인가? 모든 계층에서 모든 분야에서 그런 식으로 생각하지 않으면 안 됩니다.

문제가 무엇인가를 알면 많은 사람들은 문제를 풀 수가 있습니다. 중요한 것이 뭐냐 하면 무엇이 문제인가를 아는 겁니다. 이것이 가장 어려운 문제예요. 제가 스웨덴 있으면서 공부 진짜 많이 했다, 진짜 실무 경험도 있다는 자부심도 상당히 많이 가졌었는데, 가끔씩 느껴질 때가 있어요. 내가 또 한발 늦었구나!

무엇이 문제인가 그게 엄청나게 중요해요. 저 밖의 사회를 보세요. 어떤 면에서는 상당히 평온해 보이지만 우리가 모르는 문제가 많습니다. 학문적으로 설정하지 못하는 문제, 경험주의적으로 설정하지 못하는 문제들이 엄청나게 많아요. 똑똑한 사람들이 문제를 푸는 책들을 읽어 볼 때 어떻게 이런 생각을 했는지 깜작 놀라는 경험을 하곤 합니다. 책을 읽을 때 그런 것 못 느꼈습니까? 바로 그거예요. 무엇이 문제인지도 모르면서 이야기를 하면 답답하다는 생각이 많이 들지요. 우리가 어떤 식으로 공부를 해야 하냐면 문제를 가지고 공부를 하고 그 문제를 어떻게 풀 것인가 고민도 해야 합니다.

그것보다 더 큰 심각한 문제는 어느 정도 수준에 올라가면 그야말로 남들보다 한 발짝 더 빨리 파악하는 능력들이 있어야 한다는 거예요. 그 정도 되어야 공부입니다. 그런데 제가 볼 때 우리 교육은 정반대로 그야말로 창의력을 잘라 내는 공부예요. 애들 머리를 터지게 만들어요. 사실을 막 집어넣어 가지고는 안 됩니다. 제가 볼 때 오히려 머리를 비워 줘야 해요. 머리를 비워서 생각하게끔 해 주고 책을 많이 읽게끔 해 가지고 상상력을 펴고 그다음에 호기심을 자아내도록 하는 그런 공부, 영감을 주는 공부를 해야 자기 스스로 생각하고 뭔가 비판적으로 보고 새로운 것을 생각해 냅니다.

계속해서 스웨덴 교육이 잘되어 있다고 이야기를 해서 좀 미안한데, 스웨덴 사람들이 어느 정도 창의적으로 생각하냐, 예를 하나만 들게요. 세계 모든 전투기들 무게중심이 어디 있다고 생각하세요? 무게중심은 앞에 있습니다. 왜냐하면 무게중심이 앞에 있지 않으면 전투기가 불안정해서 빨리 날 수가 없습니다. 그런데 스웨덴 사람들은 그 무게중심을 뒤에 뒀어요. 물리학 전혀 모르는 사람들이에요. 왜 뒤에 두느냐 그게 상당히 중요한데, 말도 안 되는 생각을 왜 하느냐 이게 중요합니다.

물리학에서 배운 대로 무게중심을 앞에다 두고 비행기가 반대로 한 바퀴 돈다고 생각해 보세요. 그리는 원이 얼마나 클 것인지와 무게중심을 뒤에 뒀을 때 얼마나 클 것인지 비교해 보세요. 뒤에서 누가 추격해 올 때 바로 돌아서 쏠 수 있는 전투기가 스웨덴 전투기예요. 그래서 무게중심을 뒤에 둔 거예요. 비행기가 굉장히 불안하지요. 만들어 내는 과정에서 막 흔들려서 추락도 몇 번 했어요.

지금 그 비행기가 미국 비행기하고 프랑스 비행기하고 러시아 비행기하고 들어와서 한국에서 경쟁하고 있어요. 사실은 팔 수 있으리라 생각을 하지는 않습니다. 기술을 제휴해서 스웨덴 사람들이 그 기술을 한국에 팔려고 하는 것이죠. 비행기 자체를 팔려고 여기 오지 않았어요. 왜냐하면 한국 사람들이 미국 비행기 살 거라고 뻔히 다 알고 있어요. 그건 경쟁이 안 돼요. 그리펜이라고 하는 그 비행기가 만들어진 과정을 보면, 얼마나 기발한 사고를 하는지 놀랄 수밖에 없습니다. 우리는 또 한발 늦은 거예요. 어떻게 그런 사고를 하는가, 기가 막히지 않나요?

우리가 배울 때 분명히 안정하게 비행기가 날려면 적어도 무게중심이 앞에 있어야 된다고 해서 그 테두리를 벗어나지 못하는데 그 친구들은 뒤에다 무게중심을 두는 거예요. 그다음에 집을 짓는 데도 기가 막히는 발상의 전환이 있어요. 스웨덴은 아주 추운 나라예요. 가을부터 겨울에는 비도 눈도 많이 와요. 그럼 집을 이렇게 짓다 보면 단열재를 상당히 많이 넣어야 해요. 아니면 추워서 얼어 죽어요. 근데 이렇게 단열재를 많이 넣으려고 하다 보니까 비가 많이 오고 그러면 단열재가 젖잖아요. 그걸 그냥 싸서 집어넣어 버리면 나중에 다 썩어 버려요. 그래서 집을 어떻게 짓겠어요. 지붕부터 지어 버려요. 지붕을 딱 지어 놓고 그 다음 한 단계 올리고 한 단계 올리고 이렇게 해요.

어디서 그런 생각이 나오는가요. 이런 것들을 누구한테 들은 게 아니에요. 신문을 보고 아이디어에 탄복을 했어요. 세계에서 특허가 가장 많은 나라가 스웨덴이라고 누가 얘기하더라고요. 그러니까 창의적인 생각을 가능하게 하는 교육과 경제와 복지사회라는 것이 합리적인 사고로 이끌어 나가기 때문에 스웨덴 사회는 신뢰 위에서 바탕을 둔 사회를 만들어 간 게 아닌가 하는 생각이 많이 듭니다.

전부 다 굉장히 복잡하게 하나로 엮여 있는 거예요. 이런 것들이 하나하나 분석하고, 종합적으로 보지 않으면 보지 못하는 것들인데, 이곳저곳에서 변죽을 울리는 식으로 하면 시간이 굉장히 오래 걸릴 거예요. 될지 안 될지도 잘 모르겠고요. 제가 볼 때에는 한국 교육에 진짜 문제가 많다고 생각하는 지도력 있는 정치가가 나와야 됩니다. 지금 교육부나 정부나 이런 사람들은 한국 교육이 잘되어 있다고 이야기를 할 거예요. 그럼 절대 개혁 못 합니다. 많은 학생들이 희생당하고 힘들어하는데 컴퓨터에서 탁 치면 바로 튀어나오는 정보를 외우고 앉아 있습니다. 그렇지 않아요?

예를 들어 볼게요. 프랑스혁명을 공부한다면 한국 학생들은 언제 일어났는지, 혁명의 주도자들이 누구였는지, 언제 끝났는지, 어떻게 끝났는지 외워서 공부를 합니다. 스웨덴 애들은 왜 혁명이 일어났는가, 역사적 조건, 상황에서 혁명이 일어난 이유와 그 사람들의 이념은 무엇인가, 어떤 식으로 해서 지배 구조와 하부구조가 변해 하위 계층들이 혁명을 통해서 일어났는가, 이런 식으로 공부를 해요. 혁명과 관련되어 있던 사실을 공부하는 것이 아니라 혁명을 통해서 혁명을 분석할 수 있는 방법론을 배우는 거예요. 그렇게 해서 공부를 한번 잘하고 나면 중학생들도 그것을 미국 혁명에 대입해서 미국 혁명을 분석할 수 있게 됩니다. 그러면서 서로 비교할 수가 있게 돼요. 그런 공부를 합니다.

그런 식의 공부를 해야 한다는, 우리 사회가 제2의 도약을 하기 위해서 그렇게 해야 된다고 하는 비전과 신념을 가진 정치 지도자들이 나타나지 않으면 지금과 같이 계속해서 이렇게 나아갈 거예요. 왜냐하면 외우기 식 공부가 엄청나게 강한 전통 속에 있거든요.

사실은 조선 시대부터 쭉 나와 있는 그런 공부 방식이에요. 시 엄청나게 외워서 과거에 가서 딱 써서 급제하는 공부가 똑같이 나와 있어요. 일제강점기에도 계속되었고요. 우리가 계속해서 주입식 암기식 공부를 하는데 이것이 문제가 있으니, 문제 중심으로 공부해 가지고 유기적으로 사회를 변화시켜야 합니다. 그래서 자기가 속해 있는 분야를 개혁해야 합니다.

이렇게 보지 않으면 안 되는데, 이런 비전을 가지고 있는 정치하는 사람들이 얼마나 있습니까. 제가 이번 총선을 보면서 느낀 건 한 명도 없어요. 교육 이야기가 정치화 되지도 않아요. 이렇게 큰 문제가 되어 있고, 학생들이 죽어 나가고 있는데도 교육 개혁해야 한다고, 학생들이 죽어 나가니 우리 당부터 개혁하겠다고 나서는 사람이 아무도 없었어요. 좀 더 빨리 개혁하려고 하면 교육 비전을 가지고 있는 정치인들이 나타나야 된다고 봅니다. 이런 정치가들이 그야말로 사회적으로 공론화하면서 국민들하고 학부모하고 같이 나가면서 합의에 도달할 수 있는 지도력이 있어야 합니다. 그런 식으로 되지 않으면, 내 아이는 최고 좋은 사교육 시켜서 스카이 대학 보내겠다 이런 사람들이 엄청나게 많이 나타날 거예요.

사회자 그러니까 변화를 위해서는 탁월한 정치 세력과 정치 지도자의 변화를 위한 노력이 굉장히 중요하다는 것은 당연한 지적인데, 그러면서도 정치 세력에 좀 가능성 있는 분들이 없다는 것도 문제인데요. 여하튼 교육의 새로운 변화를 위해서 교육계 바깥의 어떤 사회나 정치 환경의 변화가 중요한 것이기는 하지만 우리 교사들 입장에서 볼 때 변화가 있기 전까지는 현재의 체제대로 갈 수밖에 없다라고 생각하면 정치인들이 또 움직이지를 않잖아요.

교사들이, 학부모들이 새로운 어떤 변화를 위해서 요구하고 또 자기 스스로가 삶에서 실천해 나갈 때 정치인들이 그런 것들을 읽어 내면서 의제를 담아야 되니까 교사들이 그런 의미에서 학교 내에서 이런 참평가, 제대로 된 평가, 선진국형 평가를 위해서 제도와 환경은 갖춰지지 않아도 어떤 시도를 할 수 있을까 이게 현실적으로 우리들의 고민일 수 있는 거죠.

강사 교사가 아무리 하려고 해도 지금과 같은 제도에서는 중학교, 고등학교 올라가면 안 됩니다. 왜냐하면 학부모들이 반대를 해요. 창의적 교육시켜서 자기 자식이 서울대 못 가고 연고대 못 가면 말짱 헛일이다 이런 이야기를 하고 있어요.

그러니까 안 된다 이거예요. 학부모들이 동의를 해야 돼요. 이러한 시스템 속에서 우리나라 전체가 잃고 있다, 제가 볼 때 가장 중요한 부분은 정치하는 사람이에요. 지도력 있는 비전을 가지고 있고 지도력 있는 사람들이 어디엔가부터 시작을 해야 합니다. 그렇게 하면서 학부모들하고 교사들하고 같이 나아가는 그런 구조가 되지 않으면 절대 되지 않는다고 생각해요.

사회자 온라인으로 생방송 듣던 교사분 질문이에요. 사실은 질문보다 근본적인 문제인데요. 비슷한 선상에서의 이야기입니다. "아, 너무 좋은 말씀입니다만 교육에 별 투자도 안 하고 대통령 바뀐다고 교육의 내용을 바꾸라고 하고 자본가로서 승자가 신 나게 살아가는 것이 당연한 것으로 여겨지는 사회에서 한 명의 교사로서 어떻게 입시를 넘을 수 있겠습니까?" 이렇게 이야기를 했어요.

강사 그렇죠. 그런 좌절감을 느끼겠지요. 어쩔 수 없는 거죠, 지금 상태에서는. 너무나 당연하죠.

사회자 하나는 좀 가벼운 질문일 수 있고요. 작년 8월에 황선준 박사님 스웨덴 계실 때 한국 방문하면서 저희 사무실 오셨을 때 말씀을 처음 듣고, 그때 충격을 좀 받았던 것이 어떻게 관료가 운동하는 사람들보다 더 에너제틱하고 창의적일 수 있나 이런 우리나라 관료하고는 분위기가 아주 달라서 놀랐습니다. 근데 곧 이어서 한국에 오신다는 소식을 듣고 걱정이 많이 되더라고요. 우리나라 교육청 관료 분위기에, 오셔 가지고 실망하시고 가지신 역량이나 이런 것들을 못 펼치시면 어떻게 하나 이런 염려도 됐었는데 오셔서 어떠셨는지, 오신 이후에 처음 뵙기 때문에 그게 궁금합니다.

또 하나는 제가 궁금증을 가졌던 게 지금 저희가 선행 학습 금지법을 한다고 하니까, 과연 이게 실효성이 있느냐 이렇게 이야기하는 여러 가지 이유 중 하나가 상위권 아이들의 경우에 잘하는 아이들 더 잘하고 싶고 더 많이 하고 싶은 아이들에게 기회를 줘야지 그것마저도 똑같이 하는 건 너무 획일적인 평등주의 아니냐 이렇게 비판하는 사람들이 있습니다. 그렇다면 외국에도 분명히 잘하는 아이들이 있고 이 아이들도 그런 어떤 욕구들이 분명히 있을 텐데 이런 욕구들은 외국에서는 어떻게 충족을 하나 이런 의문을 가졌었는데요.

제가 오늘 강의를 들으면서 해소가 되었던 것이 프랑스혁명의 배경과 조건과 성공 요인과 그 이후에 나타나는 어떤 사회 변화를 공부하고 토론하는 학습에서는 선행이라는 것이 있을 수가 없는 내용이라는 것을 저희가 보게 됩니다. 이런 스웨덴의 시험이 사고력과 비판력을 아주 키우고 그것을 측정하는 시험이라고 했을 때는 결국 공부의 과정 자체도 그렇게 이루어졌을 거라는 생각이 들어요.

그런데 우리나라는 그렇게 할 수가 없는 것이 1년 동안 가르쳐야 할 지식의 양이 있기 때문에 우리는 이렇게 시간 내 가지고 프로젝트 하고 검사 맞고 할 수 없는 구조가 있습니다. 그렇다면 오늘 스웨덴 시험문제와 평가를 주로 들었는데, 평소에 교과서를 어떻게 사용하고 수업은 어떻게 하고 있는지 궁금해집니다. 사실 선행이나 진도라는 개념 자체가 우리하고는 전혀 다른 차원이기 때문에 잘한다 못한다는 식의 요구 자체도 그쪽 나라에서는 상상하기 어려운 질문들이 아닌가 그런 생각이 들어요. 그런 이야기를 좀 듣고 싶습니다.

강사 네 알겠습니다. 제가 하고 싶은 이야기 다 하면서 살고 있습니다. 제가 원해서 하는 일들 하는데, 속도 조절은 생각을 많이 해요. 그 대신에 하고 싶은 이야기를 안 하고 그렇게 살지는 않아요. 교육청에서 우리 실·국장 회의에서도 제가 하고 싶은 이야기 전부 다 하고 그렇게 하고 있어요. 그러니까 상당히 많이 놀라는 것 같아요. 저렇게 진짜 깊이 알고 있나, 한국 교육에 대해서 5~6개월밖에 안 되었는데 어떻게 저렇게 알고 있나, 평가에 대해서 어떻게 저렇게 많이 생각했는가. 자유 토론회에서도 숫자 같은 것들 다 알고 있으니까 기가 막히는 모양이에요. 그러니까 여기 와서 관료화되었다 말 안 하고 그런 것 전혀 없습니다.

사회자 스웨덴의 교육행정 관료 문화라고 할까요. 그리고 한국의 문화에서 차이가 좀 어떻게 느껴지시는지요?

강사 차이가 많이 있어요. 제가 볼 때 스웨덴 관료들은 그야말로 연구자들하고 비슷해요. 계속해서 문제를 가지고 연구를 해요. 평가하고 연구하면서 제도를 개선시키려 하고 공부하는데, 우리나라는 행정 업무를 굉장히 많이 해요. 평가를 한다고 하면 평가단을 구성하고 심사해서 사람들 연수시키고 페이퍼에 작성해 가지고 보관하는 식의 일을 합니다. 그러다 보니까 왜 그런 일을 하는지, 그렇게 하는 것이 진짜 옳은지, 그것이 가장 좋은 방법인지, 이런 부분에 대해서 생각을 많이 안 해요. 그래서 제가 볼 때 평가 부분에서도 한국이 크게 다섯 가지 문제가 있다고 생각해요. 한국이 이렇게 피사 성적이 좋은데 평가를 하는 목적이 뭐냐? 성적을 높이려고 하느냐? 아니면 내가 볼 때는 스트레스는 가장 많이 받고 있고 자신감도 최고로 낮은데 그런 것들을 어떻게 해서 보완하려고 하느냐 이런 걸 고민해야 합니다.

그러니까 평가를 왜 하는지도 정확하지 않습니다.

그다음에 평가를 한다면 외부 평가하고 자체 평가를 꼭 고민해야 합니다. 제가 볼 때에는 근본적으로 자체 평가가 제일 좋아요. 스스로 자기를 돌아보면서 무엇이 잘되고 있는지 못되고 있는지를 동료들하고 아니면 학교 단위에서 평가해 개선하려는 의지가 없으면 아무리 밖에서 해도 안 됩니다. 그러면 우리가 평가를 할 때도 어떻게 할 것인가 이런 고민들을 해야 해요.

그다음에 방법론적인 문제가 있어요. 어떻게 하면 평가를 정확하게 할 것인가 문제입니다. 비교 공정성이라는 이야기가 있는데, 예를 들어서 강남과 성동 학생들 결석률을 비교해서 성동의 학교가 나쁘고 강남의 학교가 좋다는 평가를 하면 정확한 비교라 할 수 없어요. 왜냐하면 여건이 다른데 거기에 오는 학생들이 배경이 다 다른데 정량 평가를 가지고 비교한다는 게 맞지 않다는 이야기에요.

그럼 어떻게 평가를 해야 할까. 정성 평가를 해야 됩니다. 학교가 가지고 있는 효과, 즉 학교가 학생들을 받아서 어떻게 공부를 시켰는가와 같은 것들을 평가를 해야 된다는 거죠.

그다음에 평가를 하고 나서 우리나라에서 후속 조치가 전혀 없다는 얘기를 했죠. 그냥 병만 주고 아무것도 하지 않는다고, 약을 줘야 하지 않느냐고 얘기를 합니다. 그래서 어떻게 해야 되겠느냐, 컨설팅을 한다든지 전문가들을 붙여서 학교에 있는 문제들을 시정하도록, 자체 내에서 노력하도록 불을 지르는 일도 해야 한다고 주장해요. 왜 안 하느냐고 막 토론을 해요.

그런데 관료들은 큰 틀에서 생각을 안 하고 자료와 지표를 가지고만 생각을 해요. 그런 점들이 굉장히 큰 차이가 있어요. 관료들이 무엇을 가지고 일을 하는가 그 차이들이 엄청나게 많을 거예요. 그러면서 여기 와서 다시 관료화되어 가지고 안일하게 앉아 있거나 그러지는 절대 않습니다.

선행 학습 이야기는 한국 같은 실정에서 일어나는 이야기입니다. 몇 학년 몇 학기에 진도가 어디에서 어디까지 나가야 되고 그다음에 어디를 나가야 된다, 이게 되어야 학생들이 현재보다 앞선 공부를 할 때 선행 학습이 되잖아요. 그런데 개념상으로 볼 때 정하기가 굉장히 힘들 거예요. 그다음에 만약에 선행 학습을 금지하는 법을 만들면 법에 어긋나면 벌을 가해야 하잖아요. 그렇지 않으면 법을 만들 필요가 없잖아요. 그렇게 했을 때 어떻게 벌칙을 가할 것인가 문제가 생깁니다. 그다음에 공부 더 하려고 하는 학생들 왜 막으려고 하는가의 문제도 있죠.

그런 문제도 사실은 스웨덴 식으로 공부하면 그야말로 문제 해결이 다 됩니다. 그러니까 공부를 진도를 정해 놓고 하는 것이 아니라 공부를 깊이 들어가고 방법론을 배워서 탄탄한 공부가 되면, 대학을 가거나 책을 읽을 때라든지 그야말로 선행 학습이 되어 있다고 그래도 과언이 아닐 정도로 아주 내공이 쌓여 있어요. 그런 식으로 공부하면 아무런 문제가 없어요. 그런데 이걸 계속해서 외우는 식의 그런 공부를 하니까 선행 학습이라는 개념이 있게 되어 있어요. 어느 순간에는 무슨 단원을 공부해야 된다 이런 식으로 되어 있는데 사실 그 자체가 문제가 있어요. 그 자체를 뜯어고치고 애들한테 자유롭게 생각하고 자유롭게 공부하고, 방법론이나 이런 것들을 가지고 공부를 하면 선행 학습이라는 문제가 없게 되는 거죠.

사회자 스웨덴이나 유럽 같은 경우는 진도라는 개념이 우리나라처럼 이렇게 딱 정해져 있지 않다고 보면 되는가요.

강사 교육과정이 세 가지로 딱 나누어져 있어요. 하나는 그 과목의 목표가 있어요. 또 하나는 그 과목의 중요 내용이 있어요. 세 번째가 시험을 낼 때 어떻게 평가할 것인가가 있어요. 그런데 이게 상당히 구체적이지 않아요. 목표는 창의적인 학생을 길러야 된다 주요 내용에서는 사회 혁명사를 가르쳐야 된다는 식으로 되어 있는 거예요. 그걸 가지고 교사들이 어떻게 가르칠 것인가 그건 교사가 재량에 달려 있다 그런 이야기를 했잖아요.

교재도 스웨덴은 완전히 자유화되어 있어요. 어떠한 교재를 어떻게 쓰던 누가 얘기를 안 해요. 시중에 많이 나와 있는 교재를 사 가지고 해도 되고 그 일부를 사고 자기가 일부를 만들어서 교재를 해도 되고 그게 완전히 자유화되어 있어요. 국정, 검정, 인증 도서도 없습니다. 그런 식으로 공부를 하고 있죠.

사회자 학생들이 동일한 교재를 갖고 쓴다든지 이런 경우도 없나요?

강사 대체로 한 학교에서 교사들이 정해 가지고, 예를 들어 수학 교재가 있고, 교재를 보충해서 쓰는 경우도 있어요. 그런 식으로 교실에서 같은 교재를 쓰죠. 근데 그걸 가지고 진도 숫자 정해 놓고 나가는 것보다는 공부하는 방식이 좀 다르죠.

사회자 다음 토론회 때 좀 모시고 그 구체적인 양상과 선행 학습을 하지 않더라도 소위 말해서 성적 우수 학생이 자기의 필요를 만족시켜 가면서 교육을 받는지는 좀 따져 봐야 될 것 같고요. 그다음에 궁금한 것이 교사들이 자기 성장을 위해서 한국에서는 교사들 스스로 노력하는 것도 있지만 정부에서 일정한 시간을 의무적으로 연수받게 하고 그것을 학점화 해서 승진과 연계하고, 성과급과 연계하는 이런 방식으로 진행하고 있습니다.

그런 방식으로 진행되다 보니까 교사들은 어떻게 해서든 연수를 많이 받아야 됩니다. 연수를 많이 받은 결과가 수업의 질로서 좀 돌아와야 되는데, 따져 보면 박사 학위를 받은 교사가 수업을 제일 잘해야 되지 않습니까. 아이들한테 제일 만족을 줘야 되고, 근데 양상은 그렇지 않고, 그러니까 연수를 많이 받는다고 해서 그것이 반드시 수업의 질로 나타나는 것이 아닙니다. 저희가 좀 조사를 한 바에 따르면 외국의 경우에는 그렇게 의무적으로 교사들에게 연수를 받게 하고 그 이상 일정한 정도의 연수를 받지 못하면 페널티를 준다든지 이런 것이 별로 없는 걸로 저희가 알고 있는데 해외에서 특히 유럽 같은 경우 스웨덴도 포함해서 어떤지요.

강사 연수 내용을 더 자세히 분석해 보세요. 교장 직무 연수, 교감 직무 연수, 그다음에 자격 연수, 전부 교사를 위한 연수예요. 학생을 위한 연수를 해야 돼요. 학생이 어떻게 배우는지 어떻게 하면 학생이 잘 배우도록 하는지, 이런 연수를 해야 되는데 제가 오늘 여기 와서 보니까 그런 연수가 그렇게 많지 않아요. 교사가 그야말로 교감이 되고 승진하기 위해서 필요한 것들 있죠. 자격 연수부터 해서 직무 연수, 계속 이런 연수를 받는데, 그게 학생에게 어떤 도움이 되는가 이런 문제죠.

연수를 받을 때 초점을 정확하게 맞춰야 하는데, 어떻게 잘 가르치는가보다는, 그건 옛날 얘기예요, 학생이 어떻게 잘 배우는가 그걸 공부를 해야 돼요. 그런 시각에서 우리가 가르쳐야 돼요. 그렇지 않으면 학생이 어떻게 배우는가 그걸 사실 모르잖아요. 그런 식의 연수들을 해야 되는데 앞으로 고민 더 많이 해야 해요.

그러니까 직무 연수라든지 자격 연수 무슨 연수 무슨 연수 이래서 승진하고 이러는데 저는 승진 제도 그거 완전히 없애고 싶습니다. 그야말로 승진도 전부 공모제로 하고 싶고요. 교장이 되는 것도 교감이 되는 것도 공모제로 한다면, 지금 승진 때문에 하는 일은 많이 줄 거예요.

예를 들어 관료들이 하는 일 중에서 제가 볼 때는 그야말로 쓸데없는 일들이 많아요. 서류 다 만들어 가지고 승진에 사용하고 있는데 공모제로 가면 다 쓸데없는 일이 됩니다. 그러면서 밤늦게까지 일하고 가정도 파괴되고 애들도 제대로 못 보고 전부 그런 식으로 되어 있어요. 그래 가지고 장학사 되면 세 가지를 포기한다고 그러데요. 가정도 포기하고 건강도 포기하고 친구도 포기하고 그러면서 장학사 한다고 해요. 그런데 그거 자세히 보세요. 만약에 승진 제도가 없고 공모제로 되어 버리면 그에 필요한 많은 자료들 모아서 입력해서 하는 그런 것들 다 필요 없는 것들이거든요. 그런 일들을 우리가 하고 있어요. 그게 하나의 예인데 그뿐만 아니라 여러 분야에서 우리가 하는 일들 사실 필요 없는 일들 굉장히 많을 거예요. 거기에 엄청나게 많은 시간을 투자하면서 그야말로 건강까지 해치면서 일을 하고 있습니다.

사회자 마지막 질문이 될 것 같은데요. OECD에서 조사한 결과에 따르면 OECD 국가 내에 있는 국가별 교사들의 자기 직업에 대한 효능감이라든지 만족도라든지 이런 부분들이 나온 걸 보니까 한국의 교사들은 자기 효능감, 자신감들이 굉장히 떨어져 있고 직업에 대한 만족도도 굉장히 떨어져 있습니다. 다른 나라는 안 그렇다는 이야기인데, 교사들이 제도나 환경이 좀 열악해도 사실 여태까지 한국 교육을 이끌어 왔던 힘은 교사들의 사명감 같은 것이었잖아요.

선생으로서의 사명감, 스승으로서의 자부심이 교육을 끌고 가는 힘이었는데, 지금 한국 교사들이 어렵고 힘들 때 자기를 부추겨 가면서 그래도 내가 힘을 좀 내야지라고 할 수 있는 내적인 어떤 근거나 저력, 에너지 이런 것들이 많이 고갈되어 있다고 봅니다. 스웨덴의 경우에는 교사들이, 예를 들어서 승진이라는 것도 여의치 않을 거고, 승진도 외부적 인센티브도 별로 없을 것 같은데 한국 교사들처럼 그렇게 고갈되면서 하는 건지 아니면 교육자로서 삶을 살아갈 때 자기를 힘 있게 끌고 가는 내적인 힘이 무엇인지, 국가에 감사하는 마음이 힘인지, 어떻습니까?

강사 스웨덴하고 핀란드하고 비교를 하면 스웨덴 같은 경우 그야말로 사범대 들어오는 학생들이 2지망으로 들어오는 학생들이 상당히 있어요. 그러니까 상당히 강한 사명감을 가지고 들어오는 사람들이 핀란드에 비하면 훨씬 적다고 이야기할 수 있어요. 그게 원인이 어디 있냐 하면 스웨덴에서는 교사 일이 참 힘이 들어요. 애들이 아주 비판적이고 말을 안 듣기 때문이에요.

그래서 스웨덴에서 가장 좋은 교사는 딱 이런 교사예요. 어떻게 하면 애들이 공부가 하고 싶어서 공부를 하도록 하는가 이게 가장 좋은 교사예요. 그러니까 여기는 공부를 해야 된다는 게 되어 있잖아요. 거기에 대해서 반발이나 그런 게 없잖아요. 스웨덴에서는 왜 해야 되는데, 예를 들어 지리를 공부하면 왜 북쪽에서 남쪽으로 공부해야 되느냐고 애들이 그래요. 그런 애들을 어떻게 하면 공부가 기가 막히게 재미있다, 이런 식으로 생각하면서 공부하게 하는가 이게 교사들의 가장 큰 문제예요. 제가 볼 때 스웨덴 사람들이 그리 강하지 않아요.

저는 사명감 가지고 참 잘할 것 같은데 꼭 그렇지가 않아요. 스웨덴에서 교사 되는 것도 어려워요. 그런데 아까 승진 이야기 했는데 교장의 책임이 엄청나게 커요. 학교의 학생들의 성적이라든지 사회적 사회생활이라든지 이런 것들도 다 책임져야 되지만 교사들의 봉급까지도 책임을 져야 돼요. 그러면서 교육학적 멘토가 되어야 되고 교장의 책임이 엄청나게 커요. 그러니까 교장이 안 되려고 해요. 그리고 봉급은 좀 많이 받는데 엄청나게 힘들고 그러니까 퇴직하는 교장들이 굉장히 있어요. 몇 년 하지도 못하고……. 교장 되려고 하는 사람들이 그렇게 많지도 않아요.

그러니까 교사는 나도 사람이고 하나의 직장인이다 이렇게 생각하는 사람들이 상당히 많이 있을 거예요. 그 대신 수업할 때나 아까 이야기한 것처럼 수업을 하면서 애들이 공부를 할 수 있는 토대를 만들어 준다, 이렇게 보면 되고 수업 끝나고 나면 집에 와서 가정생활 해야 되고 취미 활동도 해야 되고 연애도 하고 그래야 됩니다. 그렇게 사는 거죠. 아니면 무슨 재미로 삽니까?

사회자 스웨덴에서 교사들끼리 학교 내 모임이라든가 그런 것은 있나요?

강사 그런 것 있지요. 학교 내 모임이라든지 노조도 당연히 있죠.

사회자 질문 중에서 결론적인 이야기라 할 수 있는데요. 지금 우리 교사들이 하고 있지만 어려운 부분들이 있습니다. 결국은 국가나 지도자나 제도가 바뀌어야 하는데, 그런 부분들의 노력을 좀 더 할 수 있는 분이 있다는 소망이 있어야 되는데 그런 부분이 없는 게 좀 안타깝습니다. 이런 상황에서 교사들이 할 수 있는 것에 대해서 말씀해 주시면 좋겠습니다.

강사 그건 제가 대답을 가지고 있지 않고, 여러분들이 가지고 있어요. 여러분들 옆에 있고 그런 사람들 찾아내야 되고, 같이 일을 해야 돼요. 유아독존 식으로 혼자서 다 하는 건 절대 아니니까, 같이 일을 해야 돼요.

사회자 오늘 두 시간 정도 스웨덴 교육에 대해서 말씀도 주시고 또 질의응답 시간도 좀 가졌는데요. 사실 스웨덴 교육은 한편으로 부럽기도 하고 사람 사는 세상 똑같구나 그런 생각도 들면서 우리 것을 소중하게 봐야겠다 생각했습니다. 또 한편으로는 우리가 준비도 안 되었는데 주입식 암기 교육 이거 내려놓고 그다음에 비판적 사고 능력을 기를 수 있는 능력이 우리 가운데 없는 상태인데요. 타잔이 밀림에서 밧줄을 탈 때 밧줄을 잡고 그다음 밧줄이 와야지 지금 잡은 밧줄을 놓잖아요. 그런데 주입식 암기 교육을 놓으면서 다른 걸 좀 잡을 수 있는 기회는 없고 그래서 교사들이 떨어져 죽으면 안 되는데 이런 생각도 듭니다. 그러면서 어떻게 새로운 밧줄을 만들 거냐 그것을 정치가가 만들도록 우리가 요구도 해야겠지만 우리 스스로가 그 밧줄을, 와야 될 밧줄을 어떻게 만들 거냐 그게 우리에게 화두처럼 중요한 문제인 것 같습니다.

사실은 제가 황선준 박사님께 어떻게 시작하는 거냐, 어떻게 하면 되는 거냐 여쭤 봤지만 사실은 황 박사님께 질문할 문제가 아니고 우리 스스로가 어떻게 할 거냐 이 조건 속에서, 이것에 대해서 상당히 고민을 많이 하면서 실천적 길들을 찾으면서 그 길들이 일정한 정도 흐름이 만들어지면 정치가들이 따라오도록 하는 그런 방식의 길들을 우리가 좀 찾아야 되는 것이겠죠. 아까 우리 선생님께서 이런 입시 위주의 냉정한 거대한 구조 속에서 한 교사가 어떻게 입시를 넘어서는 삶을 살 수 있겠는가 이런 하소연을 하셨는데, 그런 교사들이 고립되어 있는 개인일 때는 하소연으로 끝나지만 함께 만나서 길들을 찾아가는 과정에서 반드시 타잔이 밀림을 헤쳐 갈 수 있는 새로운 밧줄이 올 것이고, 그것이 올 때 우리가 지금 붙들었던 것들을 가볍게 놓을 수 있을 것이다 이런 생각을 합니다. 그래서 누구에게 맡기지 않고 우리는 우리 일들을 해 나가야겠다는 생각이 듭니다. 사교육 없는 세상이 오지 않겠습니까? 사교육걱정없는세상이 열심히 일을 하면요. 고생하셨습니다.

교사,
미래 사회의
변화를
내다보다

최영우

최영우

비영리단체 지원과 기금 조성 컨설팅 전문가이며, 한국 최초 비영리 모금 컨설팅 회사인 (주)도움과나눔 대표이다. 국제 앰네스티 한국 지부 재정 자문 위원이기도 하다. 대학과 대학 병원, 문화 예술 단체, 자선 단체, 국제 조직 등 비영리단체의 모금 전략을 컨설팅하는 일을 하고 있다.

유동적 사회와 그 원인

저는 비영리단체에서 모금 컨설팅 일을 하고 있습니다. 비영리단체라고 하면 사교육걱정없는세상, 환경 단체, 자선단체 등을 떠올리실 텐데 사실 그 범주가 굉장히 넓습니다. 저희가 많은 교육기관을 컨설팅 하고 있는데요. 서울대학교도 저희 클라이언트였고요. 경희대학교도 현재 저희 고객이에요. 고려대학교, 많은 의대, 카이스트, 포항공대라든지가 저희 고객이었고요. 심지어는 입학식 때 헬기가 뜨는 미국의 명문 사립 중학교 같은 곳도 저희 고객이었습니다. 그래서 제가 비록 교육 현장에 있지는 않지만 비교적 바깥에서 교육에 대해서 걱정하거나 모색하는 일을 많이 했습니다.

저희가 주로 비영리단체를 컨설팅하는데, 단체들마다 미래에 대한 고민을 치열하게 하고 있었어요. 이 과정을 통해 우리 사회가 앞으로 어떻게 변화할 것인가 여러 가지로 예측해 보게 되는데요. 그중에 하나의 키워드로 제가 생각하는 것이 유동적인 사회입니다. 유동적 사회라고 한다면, 많은 것이 급박하게 바뀐다는 것입니다. 기반이 빨리 변화하기 때문에 안정감의 원천들이 사라진다는 것이죠.

유동적 사회와 원인

- 세계화와 동조화
- 급변하는 산업구조
- 기업은 안전한 방주가 아니다
- 고령화와 개인 생애 주기 변화
- 지리적/문화적 이동의 확대

예를 들어 보면 나이 든 분들은 시티폰을 알 겁니다. 젊은 사람들은 시티폰을 전혀 모르겠지만요. 한때 시티폰이 벤처의 블루칩으로 대단히 뜰 것이라고 생각되었는데, 없어져 버렸어요. 4~5년 전까지 아이나비라고 하는 회사의 네비게이션을 주로 썼는데 SK가 T맵을 만드는 바람에 갑자기 고민이 생겼습니다. 올레 네비라는 것들이 생기면서 갑자기 사라지게 됐어요.

핀란드 교육에 대해서 많이들 말씀하시는데, 요즘 핀란드 사람들은 고민이 많습니다. 노키아라는 회사가 바닥을 기고 있기 때문이죠. 핀란드 사람들은 노키아가 영원할 줄 알았던 거예요. GNP의 상당한 부분을 노키아라는 회사가 담당할 정도이기 때문이에요. 삼성의 핸드폰도 아이폰이 나오면서 심각한 위기를 경험했던 적이 있습니다. 그러니까 사회적인 기술의 변화나 사회적 기반이 변화하는 속도가 우리가 상상하기 어려울 정도로 빠릅니다. 농업시대에는 속도가 빠르지 않았죠. 농업은 많은 것이 안정되어 있고, 그 사회에서 가르쳐야 하는 규범이라든지 그 사회가 예측 가능한 범위 내에서 움직였습니다. 전쟁이 나지 않는 한 사회는 안정적이었어요. 제조업 기반으로 갔던 사회도 마찬가지입니다.

우리가 살아왔던 1960년대, 70년대, 80년대에는 상당히 격동적이었지만 안정적이었습니다. 삼성 들어가면 인생이 피는 거고, 현대 들어가면 인생이 괜찮아지는 거였죠. 하지만 요즘은 어떨까요? 삼성과 성균관대학교가 핸드폰학과를 대학원에 만들었는데, 삼성이 지켜 주니까 그 과를 졸업한 학생들의 진로가 안정감 있을까요? 진로 적성을 위한 주문형 학과가 바람직할까요? 저는 그렇지 않을 것이라고 생각합니다.

제 막내 여동생 남편이 아주 손재주가 좋은 금 세공 기술자였습니다. 이런 친구들은 김연아 목걸이, 귀걸이를 보면 바로 다음날 만들 수가 있을 정도예요. 그만큼 손재주가 좋았죠. 부산에 금 세공 업자들이 모여 있던 동네가 있었습니다. 그리고 종로 3가 인가에도 있는데, 상당히 많이 무너졌습니다. 매제가 이제 그 기술로 먹고살 수가 없다는 것입니다. 이태리는 디자인 원천 기술을 가지고 있고, 금 세공 업자는 베끼는 거니까, 환경이 달라지면 기반이 무너집니다.

저는 일단 밥은 맛있어야 한다고 생각합니다. 그래서 콕 집어서 맛있었던 집으로 가서 식사를 해요. 그런데 아주 급할 때 차를 대고 아무 식당에나 들어갈 수밖에 없습니다. 그 식당의 모습이 이렇습니다. 어떤 할머니가 아이를 안고 어르고 있고, 주방에는 사위로 보이는 사람이 주방 일을 보고 있습니다. 딸은 카운터를 보고 있고요. 손님은 나밖에 없습니다. 밥이 나왔는데 영 맛이 없어요. 이것이 우리의 현실입니다. 자영업자 수십만, 수백만 명이 그냥 호구지책으로 뭔가를 하는데 맛없는 식당을 하면서 삶을 유지하려고 애를 쓰는 것입니다. 잘못하면 사람들의 삶이

나락으로 떨어져 버릴 수 있는 거죠.

유동적 사회라는 것은 굉장히 빠르고 많은 변화가 일어나는 사회인데, 제조업 기반의 사회에서 정보사회, 또 창의 기반 사회로 바뀌면서 그 현상은 더 증폭되고 있습니다. 삼성이 요즘 달라진 게 뭐냐면, 삼성경제연구소에 철학자나 인문학자를 대거 영입하기 시작했다는 것입니다. 옛날에는 경제나 원가 분석만 하면 됐는데, 지금은 상황이 달라진 거예요. 아이폰한테 한 번 당하고 나니까, 스티브 잡스 같은 인간이 뭔 생각을 할지 모르는 거죠. 어디선가 갑자기 괴물이 튀어나와서 뒤통수를 칠지 모르니까 불안한 것입니다. 왜 이런 현상들이 벌어지냐면 산업구조가 명백하게 변했기 때문이에요. 정보산업이나 또는 창의적 산업의 영역이 굉장히 커지고 있고, 세계화라고 하는 흐름 때문에 한 곳에서의 변화가 많은 것에 동시적으로 영향을 미칩니다. 우리가 잠비아나 케냐에 사는 사람들과 같은 핸드폰을 쓸 줄 누가 알았겠어요. 이화여대 앞에 있는 포장마차 아저씨는 칠레의 오징어 가격에 대해서 굉장히 민감합니다. 오징어를 거기에서 많이 가져다 쓰거든요.

며칠 전 제 식탁을 떠올려 볼까요. 뭘 먹었느냐 하면, 올리브유를 프라이팬에 뿌리고, 양파를 잘라서 볶아 접시에 담고, 토마토를 썰어서 볶았습니다. 그러고 나서 커피 한잔을 했는데, 제가 마신 커피는 예가체프라는 것입니다. 에티오피아에서 온 것이죠. 그리고 제가 먹었던 올리브유는 이태리 여행을 가서 사 온 것입니다. 그리고 바질이라는 것을 양파 볶을 때 같이 넣어서 먹었는데, 바질은 수천 년 된, 어디를 통해서 왔는지도 모르겠지만 하여튼 저한테 왔습니다. 지금 이 방 안에 있는 여러 가지 소품들이나 많은 것을 봤을 때 국적을 따져 보면, 여러분이 상상하지 못할 정도로 글로벌한 환경 속에서 우리가 살고 있는 것입니다. 그리고 그것이 증폭됩니다.

그리스의 문제 때문에 오늘 주가가 1900선 아래로 떨어졌습니다. 세계화가 되면서 문제도 동조화가 됩니다. 한 곳의 영향이 동시적으로 영향을 미친 거죠. 산업구조가 급변하고 있고, 이제 기업도 더 이상 안전한 방주가 아닙니다. 옛날에는 대기업 들어가면 괜찮았는데, 지금은 한 사업부 자체가 없어질 수 있습니다. 제 동서가 IT 회사에서 일하고 있는데, 굉장히 큰 대기업이에요. 그런데 최근에 정부가 정부의 큰 입찰에는 대기업이 못 들어오게 만들었습니다. 그러니깐 이제 삼성, LG, SK 같은 회사는 거기에 못 들어가는 거예요. 그 회사들에서 한 부서를 그냥 정리해야 되는 일도 생기고 있습니다. 그런 변화들이 막 생기고 있는 중이에요.

그다음에 고령화가 가져오는 변화가 심각합니다. 어떤 책에서는 '실버 쇼크'라고 표현했습니다. 교사는 몇 년에 정년퇴직을 하나요? 62세죠. 퇴직하고 나서도 한 20년 동안은 벌어먹고 살아야 합니다. 노동을 하고 살아야 한다는 것이죠. 그럼 뭘 할 수 있을까요. 학습지 교사, 작가, 아니면 무슨 일이 가능할까요. 우리는 80세까지 노동을 강요받는 사회에서 살고 있습니다. 뭔가를 해야 합니다. 그러면 평생 가져야 할 직업이 여러 개일 가능성이 높습니다. 저만 해도 직업이 많이 바뀌었습니다. 경제 연구소 연구원, 조그마한 신문의 편집장, 기독교 단체의 간사, 해비타트의 사무국장을 거쳐서 컨설팅 회사의 대표를 하니, 벌써 다섯 번째 직업이 바뀌었습니다. 교사들이 가르치는 학생들의 직업도 많이 바뀔 것입니다.

의사, 변호사, 교사, 교수가 현재 인기 있는 직업인가요? 현재 지방대학 교수들은 파리 목숨 아닌가요? 많은 대학이 문을 닫아야 하는데, 그렇지 않나요? 저는 후배가 지방대학의 교수로 간다고 한다면 뜯어말릴 겁니다. 고등학교 선생님들한테 가서 학생들 좀 보내 달라고 빌어야 하잖아요. 로스쿨을 나온 친구들도 직장 구하기가 굉장히 어렵습니다. 연봉 2천만 원만 주면, 자존심 다 버리고 취직하겠다는 로스쿨 나온 친구들이 많습니다.

미국에서는 '차를 운전하고 가다가 야생동물이 나오면 서는데, 변호사가 앞에 있으면 치고 간다.'는 농담이 있습니다. 이 이야기는 변호사회에서 들으면 문제가 될 만한 것이죠. 그만큼 미국에 변호사가 흔하다는 겁니다. 변호사가 앰뷸런스를 따라다닌다고까지 합니다. 의료 분쟁을 대리해 줄 수 있다고요. 혹시 이혼할 거면 나한테 연락해 달라고 장례식이나 결혼식장 가서 명함을 돌린다고 합니다. 변호사가 영업을 해야 하는 상황입니다. 무엇을 위해서일까요? 생존을 위해서입니다.

사람들이 잘 알지 못하지만 지금 도산하는 병원들이 많습니다. 소위 멘붕 사태를 맞고 있는 의사들이 많습니다. 개원을 했는데, 장사가 안 되고, 빚도 못 갚아 굉장히 고통스러워하는 거죠. 요즘은 대학 병원의 의사 되기가 하늘의 별 따기입니다. 옛날에는 모두 개원을 하고 싶어 했습니다. 그만큼 장사가 잘돼서, 오히려 대학 병원 의사들을 불쌍하다고 여겼죠. 그런데 요즘은 대학 병원 의사로 남는 것 자체가 너무나도 어려운 일이 되었습니다.

고령화가 가져오는 심각한 문제가 있습니다. 선진국과 후진국을 비교해 보면, 큰 차이가 바로 노인들의 품위입니다. 퇴직하고

난 다음에 자기의 삶을 잘 살고 있느냐, 아니면 우리처럼 할 일이 없어서 그저 멍하니 있느냐로 비교됩니다.

그다음에 지리적, 문화적 이동이 확대되고 있다는 것입니다. 우리나라에도 자기 삶의 자리를 버리고 외국에서 노동하기 위해서 온 사람들이 많이 있습니다. 또 굉장히 많은 사람들이 교포가 되어서 나가 있습니다. 아버지나 직장을 따라서 자기 삶의 자리를 외국으로 이동해야 하는 사람들이 아주 많습니다. 내가 지리와 문화를 바꾸고 살아야 할 가능성도 굉장히 많아진 거죠. 매우 불안하고 유동적인 사회입니다.

이것이 어디에 영향을 미치냐면, 일단 직업에 영향을 심각하게 미치게 됩니다. 지금 이제 우리나라 대학생들이 가장 선호하는 직업은 공기업이에요. 아주 목숨을 겁니다. 그런데 공기업의 기반이 언제 어떻게 무너질지 누가 알겠어요. 공기업에서 근무하던 사람들이 나와서 자기 삶을 개척할 수 있는 사람들이 있을까요? 퇴직하고 나서 가장 사기를 많이 당한 사람들이 은행권에서 나온 사람들이에요. IMF 때 은행에서 명예퇴직하고 나온 사람들은 일단 치킨집을 했다가 한 번 털립니다. 그다음에 친구가 찾아와서 같이 사업하자고 하여 또 털립니다. 은행이 굉장히 보수적인 곳이에요. 예전에는 은행 들어가면 흰머리가 될 때까지 근무했었는데 지금은 다르죠.

우리 학생들이 큰 틀에서 많은 수의 직업을 가져야 할 가능성이 많아졌습니다. 제가 우려하는 것은 너무 빨리 진로 적성검사를 해서 일찍 진로를 결정해야 한다고 강요하는 사회적 분위기입니다. 그런데 그 직업의 수명이 5년짜리이면 어떡할 거죠. 모든 노력을 다해서 뭔가를 했는데 말이죠.

산청에 있는 민들레학교를 간 적이 있습니다. 그 대안학교 교장 선생님과 같이 이야기를 하는데, 자기는 아이들이 예능계로 직업을 선택하면 일단 막는다고 합니다. 허락을 안 해 준다고 해요. 우리나라에서 실용음악을 하려는 아이들이 몇 명이나 될까요? 그 많은 아이들 중에 몇 명이나 실용음악을 하여 먹고살 수 있겠어요.

우리나라에서 애니메이션 작가가 되겠다고 꿈꾸는 중·고등학생들이 얼마나 되고, 그중에서 몇 명이 애니메이션 작가가 될 수 있을까요. 최근에 어떤 대학에서 애니메이션 공모전을 했는데, 중·고등학생 20만 명이 응모를 했다고 해요. 우리나라에 그쪽으로 몇 개나 자리가 있을까요? 진로 적성의 거품이 얼마나 심각한지, 얼마나 허황된 생각을 갖고 있는지 심각한 상황이에요. 그리고 그것을 또 빨리 결정해야 한다고 해요. 저는 어른들이 참 무책임하다고 생각합니다. 저 자신이 20대 후반이 될 때까지 어떻게 살 줄 몰랐는데, 지금 학교에서는 중학교 때부터 빨리 결정하면 할수록 좋다고 이야기합니다. 아이들이 적성에 맞다고 결정했던 부분이, 수명이 5년짜리밖에 안 될 수 있어요. 우리가 뭔 큰 착각을 하고 있고, 사회를 잘못 이끌어 가는 부분이 있습니다.

직장도 마찬가지예요. 직장을 많이 옮겨 다닐 수밖에 없고, 전혀 다른 형태의 일을 하게 될 가능성도 있습니다. 그런 상태에서는 경쟁력이 뭘까요. 사람의 경쟁력을 구성하고 있는 요소가 뭘까요. 농업 사회에서는 체력이 경제력이고, 아주 잘 세팅되어 있는 제조업 기반의 사회에서는 근면 성실이 경쟁력입니다. 그리고 기술 개발이 많이 될 때는 기술에 대한 능력들이 경쟁력이 되겠죠. 우리나라에서 원자력공학과 졸업생을 굉장히 많이 배출을 했습니다. 최근에 더 많이 늘려야 한다고 지방에 많이 만들었습니다. 그런데 원전을 없애야 할지도 모릅니다. 그럼 이들을 어떡하나요? 정말 심각한 문제입니다.

제가 모 공대의 원자력공학과 교수님과 이야기했는데, 자기네들은 천당과 지옥을 왔다 갔다 한다고 합니다. 두바이인가, 아랍에미리트인가, 거기에 원전을 수주했다고 했을 때는 쾌재를 불렀다고 합니다. 그런데 이번에 후쿠시마에 원전이 터지면서 원자력공학과 출신들이 어떻게 될지 모르는 상황이 됐습니다.

1970~80년대에 건축학과에서 너무 많은 사람들을 생산했습니다. 그런데 그 사람들의 삶의 질이 굉장히 낮습니다. 보기에는 굉장히 멋있을 것 같죠. 실장님이라고 불리면서 건축 설계하는데, 일단 원두커피 마셔야 하고, 담배를 피워야 하고, 또 밤이어야 합니다. 그리고 퇴근 안 하냐고 질문을 하면 멋있게 좀 더 하다 간다고 대답을 합니다. 그런데 시다를 몇 년이나 해야 해요. 굉장히 열악하고 취약합니다.

또 다른 심각한 문제는 사회복지 영역입니다. 사회복지학과가 우리나라에 너무 많이 생겼습니다. 너무 많은 인력들이 배출되고 있어요. 그들이 모두 제대로 된 자리들을 얻을 수 있을까요? 굉장히 불안합니다. 그래서 사회복지학과는 사회복지를 위해서 존재하는 게 아니라 사회복지학과 교수들의 복지를 위해서 존재한다고까지 말하기도 합니다.

전문가의 함정을 벗어난 사람이어야

지금 이것처럼 유동적 사회가 됐을 때 어떤 사람이 경쟁력 있는 사람일까요. 어떤 아이들이 '너는 잘 살아갈 수 있겠다.'라고 믿을 수 있는 사람들이 될까요. 말 잘 듣는 아이? 체력이 강한 아이? 성실한 아이? 잘 모르겠지만 뭔가 좀 다를 것 같습니다. 그럼 교육기관은 어떤가요? 그곳 경쟁력의 기준도 많이 달라질 수밖에 없고, 교육기관이 만들어 내고 있는 교육의 질도 많은 변화가 필요할 거라는 게 저의 객관적인 생각이에요. 저는 교육은 잘 모릅니다. 하지만 어떤 사람들이 안정감을 가질까, 이 유동적 사회에서 안정감을 가지고 살아가는 사람들은 어떤 사람들일 거냐는 관점에서 보면 답이 보이지 않을까요. 조금 엉뚱한 이야기를 하고 싶습니다. 전문가의 함정을 벗어난 사람들이어야 한다는 것입니다.

위 사진이 제가 아내를 위해서 만든 가구예요. 버려진 나무로 만들었어요. 의자는 어떤 사람이 버린 침대, 버려진 책장을 제가 사포질을 해서 싹 닦아 내고 디자인해서 만든 거예요. 팔걸이에는 커피 잔 하나를 둘 수 있어요. 오른쪽이 우리 집 거실이고, 제 책상이에요. 제가 디자인한 것입니다. 의자 역시 제가 디자인

한 거예요. 이 의자는 굉장히 특이한 의자예요. 버려진 교회 간판으로 만들었어요. 대한예수교장로회라고 씌어 있는 간판을 누가 버렸더라고요. 이게 그냥 버려지면 썩을 텐데, 제가 주워 와서 대패로 한 3천 번은 깎았습니다. 대한예수교장로회 다 벗겨내고, 대패 자국이 있는 것을 그대로 놔두고 의자를 만들었는데, 앉을 때마다 기분이 매우 좋습니다. 뭔가 스토리가 있는 곳에 앉는 것 같죠. 여기에 앉았을 때 만지면 느낌이 팍 옵니다.

왜 제가 전문가의 함정을 벗어나야 한다고 이야기했냐면, 사람들이 일상에서 할 수 있는 수많은 것들을 전문가에 의존해야 한다는 산업구조가 주는 묘한 메시지가 사람들을 무기력하게 만들고 있어요. 일단 가구는 보루네오에 가야 하지 않나요. 요즘은 까사미아에 가나요? 저도 까사미아에 가긴 갑니다. 가는데 보려고 가는 것이에요. 제 취미가 가끔씩 가구점에 가서 가구들을 보는데, 제가 가면 업자인 줄 압니다. 그래서 점원들이 따라붙어요. 사진을 찍어서 카피 제품 만들까 봐요. 제가 볼 때 까사미아 가구들은 2~3년 전에 파리의 브렝땅 백화점 같은 곳의 가구점에 나왔던 거예요. 저의 가구는 장르가 있습니다. 미니멀리즘이라고 하는 장르죠. 전문가의 속임과 전문가가 사람들을 소외시킨 그 속임에서 벗어난 사람들이 경쟁력 있어요.

저는 사교육걱정없는세상의 여러 가지 구호를 보며 여기에 시인이 있다고 느꼈습니다. '교사, 입시를 넘다' 이것은 굉장히 시적인 표현이에요. 그러니깐 이것도 피알 커뮤니케이션 회사라고 하는 전문가 집단의 틀을 넘어선 것입니다. 자기 언어를 만들어 낼 수 있으니까 말이죠. 난 그렇게 생각해요.

사진 뒤쪽의 책꽂이는 어떤가요? 멋있지 않나요? 이것도 제가 만든 책꽂이예요. 사이즈가 다 다르고 구성 재료가 달라요. 보통 사람들은 일반적으로 빨간 벽돌을 쓰는데, 저는 검정색 벽돌을 썼어요. 일반적인 벽돌과는 사이즈가 전혀 다른 검정색 벽돌을 썼어요. 그리고 나무의 두께가 다르죠. 매우 두꺼운 나무를 사용했어요. 집 안의 분위기가 안정되어 보입니다. 제가 우리 직원들 결혼할 때 가구를 하나씩 만들어 줍니다. 제가 가구를 하나씩 만들면서 어떤 개인적 한계가 돌파된다는 느낌을 받아요. 제가 다음 아이템으로 생각하고 있는 것은 더치커피를 내리는 기구입니다. 그다음 아이템은 아내를 위한 아일랜드 식탁입니다.

1년 전부터 커피 볶는 것을 시도했어요. 이게 1년 전 모습이에요. 그런데 커피를 심각하게 볶아야 하나요? 일찍 커피를 마시기 시작했던 에티오피아 원주민들은 어디다 볶았을까요? 요즘 같은 로스팅 기계는 아니겠지요? 그냥 장작 때서 볶았겠죠. 그럼 가장 클래식하고 전통적인 로스팅 기법은 무엇인가요? 프라이팬이잖아요. 저는 1년째 프라이팬에 커피를 볶아서 직접 갈아서 내려서 마시는데, 이것을 전문적인 용어로 팬로스팅이라고 합니다.

아내가 커피를 굉장히 좋아하는데 시중에 파는 로스팅된 커피가 너무 비싸요. 그래서 제가 직접 볶아 먹기 시작했습니다. 1만 5천 원 정도면 1킬로그램을 사요. 돌아가면서 좋은 생두를 사서 하는데, 요즘에는 몇 개를 섞어 봅니다. 이것은 또 저한테 음료수에 대한 의존성을 현저하게 떨어뜨립니다. 외국에 출장 갈 때는 꼭 가져갑니다. 융 드립을 할 수 있는 것을 챙겨 가죠.

전문가의 함정을 벗어나야 하는 거예요. 이것이 아이들에게 매우 중요한 겁니다. 일상에서 자기를 둘러싸고 있는 것에 대한 어떤 의존성에서 벗어나게 만들어 주는 부분이에요. 직접 요리를 할 수 있게 만들어 준다든지, 음악도 마찬가지예요. 음악에 접근하게 만들고 무언가 쓰고, 뭘 만들고, 3차, 4차 여러 가지 전문가들에게 의존하는 것이 아니라 자기가 직접 해 볼 수 있는 그런 부분 굉장히 중요해요.

단순성의 힘을 가져라

제가 사실 새에 관심이 많아요. 제가 보여 드리는 것이 무슨

새인지 아십니까? 유럽이나 영국의 소설에는 이름 모르는 새와 같은 표현은 전혀 없습니다. 새 이름이 정확히 나오죠. 우리나라에는 이름 모를 새, 이런 표현이 많아요. 오른쪽 사진의 새는 흰죽지입니다. 겨울에 한강에 거의 쫙 깔려 있는 새예요. 지금은 다 날아갔어요. 왼쪽 사진은 뭘까요? 곤줄매기라고 하는 새인데요. 서울에서도 가끔 볼 수 있는 새이지요.

제 회사 뒤에 망원정이라고 하는 정자가 있어 숲에 새들이 많이 날아옵니다. 요즘 많이 오는 새는 박새예요. 하얀색 새인데, 소리가 아주 예쁜 새입니다. 지금 우리 사무실 바로 옆에 뽕나무가 있는데, 뽕나무에 오디가 조금 열렸어요. 바로 오디 때문에 오는 것 같아요. 그것을 보면서 새들이 참 경쟁력 있는 존재라는 생각이 들었어요.

어떻게 알았는지, 오디가 익을 때는 새들이 날아오죠, 어디에 뭐가 있는지 다 알아요. 새들이 굉장히 지혜롭습니다. 그런데 오늘 먹을 만큼만 먹죠. 새들이 어디에 저장해 놓고 먹지는 않으니까요. 하지만 내일은 또 다른 먹을 것을 찾을 수 있죠. 굉장히 단순하지만 경쟁력 있게 살아갑니다. 얼마나 행복할까, 그런 생각을 했어요.

성경에 보면 예수님이 '공중에 나는 새를 보라.'고 했어요. 새들이 뭐도 안 하고 뭐도 안 하는데 풍족하게 살아갑니다. 저는 새를 보면서 인간보다 훨씬 더 삶의 지혜가 있는 존재들이란 생각을 했습니다. 우리 아이들 중에서 엄마의 품을 벗어나기까지 몇 십 년 걸리는 경우도 많아요. 캥거루족이라고 하나요? 자기 세계를 만들어 가는 그 단순함이 없는 아이들이 굉장히 많아요. 전문가들에게 둘러싸여 속고 있는 거예요, 너무나 복잡한 이런 상황들 속에서 단순하게 자기 삶을 챙기지 못하는 거죠. 단순한 사람이 안정감을 갖습니다.

사랑의 힘을 아는 학습하는 사람

사랑의 힘을 아는 사람, 그리고 학습하는 사람이 저는 경쟁력 있는 사람이라고 생각합니다. 다시 정리를 해 보면, 전문가의 속임을 벗어나서 뭔가 자기 세계를 돌파할 수 있는 능력을 가지고 있고, 단순함의 힘을 가지고 있고, 사랑의 힘을 알고 학습하는 사람, 배울 수 있는 사람이 경쟁력 있는 사람이에요.

대학을 졸업하고 10~20년 지나고 나면 대학에서 배운 것 중에서 남아서 쓰이는 지식은 약 3퍼센트에 불과합니다. 새로 배워야 하기 때문이죠. 5년 뒤에 내가 유의미한 인간이 되려면 계속 의미 있는 학습을 해야 합니다. 물리적으로 쏟아져 나온 그 수많은 정보들을 다 따라갈 수 없기 때문이에요. 금년에 한국에서 책이 몇 권이 출판될까요? 몇 십만 부? 전 세계적으로는 수천만 부가 나오겠죠. 그런데 어떤 사람들은 그렇게 쏟아져 들어오는 정보들 속에서도 뭔가 그 사람의 세계가 살아 있는 것 같고, 어떤 사람들은 무엇을 많이 주워 읽어서 만날 때마다 새로운 이야기를 하는데도 굉장히 진부해요. 그런 사람들이 있죠. 어떻게 학습을 하고 어떻게 가져갈 것이냐의 문제입니다.

교육에 대한 다른 색깔의 물음 하나-주체

제가 교육에 대한 다른 색깔의 물음 세 가지를 여러분께 던지고 싶어요. 첫 번째 물음은 교육에 대한 근본적인 도발이에요. 지금 한국의 교육을 고민하는 수많은 사람이 집중하는 문제는 교육의 방식과 커리큘럼에 대한 것입니다. 그런데 이것으로는 교육에 대한 문제가 해결되지 않는다고 직관적으로 느꼈어요. 교육의 주체 문제를 해결해야 합니다. 이것을 선생님들과 같이 상의해 보고 싶어요.

저도 교육학을 조금 공부했습니다. 대학교 때 여섯 과목 수강했어요. 교육철학, 교육과정, 교육심리학, 교육 통계 그리고 김정환 선생님 과목을 두 개 들었습니다. 그리고 서울대학교 교육학과 이홍우 교수의 《앎, 삶》 이런 책을 대학 다닐 때 탐독했었습니다. 교육행정 고시도 2년 동안 공부했었고요. 그리고 지금 많은 교육기관들을 컨설팅하고 있습니다. 그런데 한국의 교육이 빠져 있는 오류 중 하나가 교육의 방식과 커리큘럼에 대한 프레임에만 매몰되어 있다는 것이에요. 교육의 주체에 대한 질문이 제기되어야 하는 거예요.

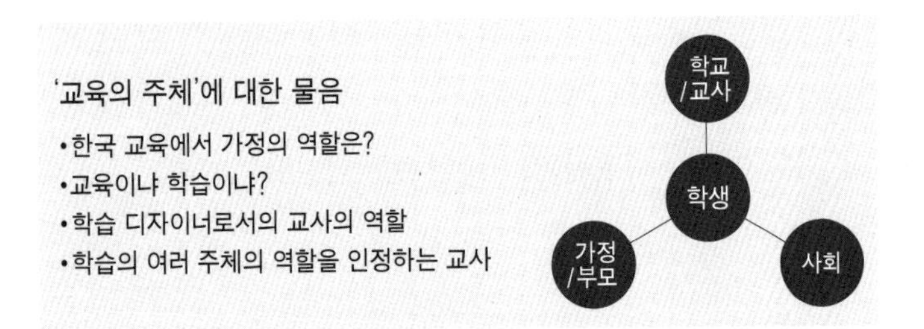

가장 큰 문제는 교육에서 가정의 역할입니다. 저는 고등학교 1학년 아들과 중학교 1학년 딸이 있어요. 어제가 스승의 날이어서 선생님과 통화를 했습니다. 고등학생인 아들의 숙려 기간 신청이 어떻게 됐는지 상의를 한 거예요. 우리 아이가 자퇴서를 냈습니다. 중학교 2학년 말부터 학교를 계속 다니는 것이 맞을지 다른 길을 찾는 것이 맞을지 아이는 심각하게 고민을 했습니다. 중학교는 잘 마쳤는데, 고등학교에 들어가서 무단결석을 몇 번 했어요. 자기는 굉장히 애를 쓰는데, 학교에 가면 7시간을 참고 견뎌야 한다며 굉장히 괴로워하는 거예요. 그래서 그러면 학교를 그만두는 것에 대하여 진지하게 생각해 보고 일단 신청해 보자, 선생님 만나서 상담하고 숙려 기간을 갖기로 한 상태예요.

반대로 우리 딸은 학교를 무척 좋아합니다. 아주 행복해해요. 초등학교 때부터 그랬어요. 아침에도 일찍 일어나서 다 준비하고 엄마를 깨우고, 심지어는 엄마가 자고 있어도 학교를 가요. 학교를 왜 그렇게 빨리 가는지 모르겠어요. 친구들과 20분 전에 만나서 가나 봐요. 아주 다른 아이들이에요. 그러면 아이가 학교를 다니고 있을 때는 아이의 학습과 교육에 대해서 부모 역할이 없나요? 전 세계에서 우리나라만 교육에서 부모들의 역할을 부정적으로 배제시킨 나라예요. 더구나 산업화 과정을 통해 가정에서 아버지의 자리가 없는 나라가 됐어요. 우리나라와 일본만 그렇습니다.

교육에서 아버지의 역할이라고 하는 것은 절대적으로 중요한데, 초등학교, 중학교, 고등학교 선생님들이 아버지가 교육에 효과적으로 개입할 수 있는 방안에 대해 연구해 본 적이 있나요? 우리 선생님들이 내 학생들이 가정에서 부모들의 도움을 더 잘 받고, 학습을 잘 디자인해 갈 수 있도록, 여러분이 학부모들한테 어떻게 도움을 주어야겠다고 고민해 본 적이 있나요? 이것은 너무 심각한 과잉 책임이라고 생각해요. 교사들이 져서는 안 되는 책임까지 교사들이 떠맡고 있기 때문에 지금 우울한 거예요.

우리 선생님들 상담이 필요하고 위로가 필요해요. 정말 필요합니다. 한국 교육이 학생들의 교육과정에서 가정과 부모의 역할을 재발견하지 않으면, 교육의 돌파구를 만들어 낼 수 없겠다고 생각해요. 그래서 사교육걱정없는세상에서도 그 부분에 대해 공부하고 연구하면 좋겠다는 생각이 듭니다. 그래서 저는 많은 대안학교를 지지하지만, 중학교 과정에 기숙을 하는 대안학교는 일단 좋은 학교의 범주에서 제외합니다. 중학교 과정에 기숙을 한다는 것은 너무 현저하게 아이들한테 부모의 영향력을 배제한다는 것이고, 가혹합니다. 중학생이 부모를 떠나서 기숙학교에서 생활하면서 적응도 하겠고, 나름대로 질서를 만들 거예요. 그리고 익숙해질 것입니다. 그러나 나중에 그 아이들에게 어떤 심리적인 영향이나 어떤 인성에 문제가 발생할지는 아무도 몰라요.

저는 미국 유명한 명문 사립학교들을 많이 방문했었습니다. 소위 말해 보딩 스쿨이라고 하는 기숙학교입니다. 라틴어 수업도 있습니다. 중학교에 라틴어 교실이 따로 있을 정도예요. 그런데 고등학교부터는 기숙학교가 많지만, 중학교는 기숙학교가 거의 없어요. 중학교 기숙학교를 주니어 보딩 스쿨이라고 하는데, 미국 전역에 여섯 개밖에 안 됩니다. 이 주니어 보딩 스쿨에 한국 학생들이 많이 다닙니다. 우리나라에서 많이 유학을 보내는 것이죠. 부모들을 만나서 이야기를 해 보면, 어떤 심리가 있냐 하면 "솔직히 우리 애들을 버린 거잖아."라고들 합니다. 미안한 마음이 있는 것입니다.

제가 민족사관고등학교를 컨설팅 했었습니다. 이돈희 교장 선생님이 계실 때인데, 교장 선생님이 중학교 과정을 만들면 어떨까 하고 저한테 물어봤어요. 저는 그건 아이들한테 너무 가혹한 것 같다고 답했습니다. 민사고가 장사가 잘되니깐 중학교 만들어도 미어질 거 아니에요. 시설도 충분하고, 캠퍼스도 넓긴 하지만, 교육적 측면을 고려해서 중학교를 안 만들기로 결정했습니다. 그런데 통일교가 이 교육과정에 치고 들어오고 싶어서 중학교 과정으로 '청심'을 만든 거죠. 나는 거기에 아이들을 보내는 사람들은 조금 심각한 오류를 범하고 있는 분들이라고 생각합니다. 아이가 공부를 잘할지는 모르겠어요. 그러나 10년, 20년 뒤에도 그 아이가 좋은 아이가 될 수 있을지는 잘 모르겠습니다.

우리 아이가 많이 반항을 하기도 해요. 그렇지만 나는 지금 우리 아이와의 우정을 즐겨요. 며칠 전에 우리 아이와 함께 〈바베트의 만찬〉이라는 영화를 밤늦게 봤습니다. 아이가 영화를 내려받아서 같이 봤어요. 영화가 다 끝나고 나니까 12시 반이더라고요. 그런데 얘가 영화가 끝나고 나더니 '아!' 하는 거예요. 아주 주옥 같은 대사들이 많아요. '죽고 나서 천국에 가져갈 수 있는 것은 남에게 준 것밖에 없다.'라든가, '예술가들의 마음속 울림은 사람을 위로하는 힘을 가지고 있다.'라는 대사들을 들으면서 아이가 감탄을 하는 거예요.

나는 아이가 쳐 주는 음악도 무척 좋고, 가끔씩 대화하고 논쟁하는 것도 즐거운 거예요. 그런데 의외로 우리 아이가 많이 하는 말이 뭐냐 하면, "아빠가 옛날에 그런 말을 했잖아."예요. 내가 흘려 가면서 했던 말인데, 애한테는 아주 심각하게 입력이 되고, 그것을 아빠와의 대화 소재로 이야기하는 거예요. 참 많이 해요.

저는 나쁜 아버지라도 있는 게 좋다고 생각해요. 함부로 가난한 아버지라고 의미가 없다고 이야기한다면, 정말 인생을 모르고 사람을 모르는 거예요. 가난하고 배운 것이 없고 심지어는 아프고 무기력한 사람일지라도 존재 자체가 의미가 있는 거예요. 그런데 우리가 교육에서 부모의 자리를 소외시켜 버렸어요. 한국 교육의 심각한 패착입니다. 공교육이 부모를 소외시켰고, 사교육도 부모를 소외시켰어요. 그래서 저는 한국 공교육이 부모를 교육의 세팅 속으로 다시 끌어들이는 노력을 진지하게 연구하고 방법을 찾아야 한다고 생각합니다. 그리고 부모와 함께 상의해야 하고 고민해야 하고 교육 커리큘럼에 대해서 알려 줘야 하고, 같이 논의하는 구조를 가져야 합니다. 대안학교들은 적극적으로 하고 있는 곳들이 많아요.

다음으로 교육이란 말이 맞나요, 학습이란 말이 맞나요? 교육 학습이 맞습니까, 학습 교육이 맞습니까, 뭐가 맞나요? 에듀케이션이 맞나요, 러닝이 맞나요? 아이들이 지금 하고 있는 게 교육을 당하고 있는 건가요, 배우고 있는 건가요, 자기가 학습하고 있는 건가요, 뭔가요? 누가 주체입니까? 저는 정답이 없어요. 분명히 배운다고 이야기할 때는, 학습한다고 이야기할 때는 아이들의 자기 주도적인 에너지는 분명히 있긴 한 것 같아요. 그것만 다 의지할 수는 없어요. 그러나 분명히 거기에 어떤 진실한 면이 있어요.

그런데 실제로 보면, 아이들은 학습을 하고, 선생님은 그 아이들의 학습을 도와주는 사람들이에요. 물론 학생보다 선생님들이 압도적으로 많은 지식을 갖고 있으면 아이들이 그 지식을 습득하는 데 더 도움이 되겠죠. 그러나 설사 선생님이 학생보다 더 나은 지식을 안 가지고 있을지라도 아이의 학습을 도와줄 수 있습니다. 조력자로서요.

저는 웬만한 똑똑한 사람들을 만나도 별로 열등감을 안 느낍니다. 그 사람을 존경하는 순간, 그 사람의 지식이 내 것이 되기 때문이에요. 내가 전 세계 누구보다도 음악을 잘해야 됩니까? 음악을 하는 사람을 진정으로 사랑하고 존경하면 그 사람의 음악이 내 것이 되는 게 아닌가요. 우리 회사에서 제가 파워포인트를 제일 잘 만들겠어요? 그래도 나는 대표로서 살아가는 데 별 지장이 없어요. 나보다 직원들이 훨씬 더 잘 만들면 그것을 내가 즐기면 되잖아요. 대표는 회사에서 영어를 제일 잘해야 합니까? 전혀 아니에요. 수학을 제일 잘해야 하나요? 그렇지 않아요. 그러면 선생님은 그 한 반에 있는 아이들보다 아이큐가 항상 높아야 되나요? 그건 아니라고 생각해요. 아이가 학습할 수 있도록 동기 부여를 하고 멘토가 되어 줄 수 있으면 되는 거예요. 민사고 같은 경우에는 총명한 아이들이 많으니깐, 아이들이 선생님을 배려해 줘요. 내가 이 질문하면 저 선생님이 곤란해질 수 있으니까 약간 강도를 낮춰서 물어보기도 하죠.

우리 아이가 수업 시간에 선생님들과 부딪치나 봐요. 우리 아이가 지금까지는 사회진화론을 믿고 있어요. 이번에 사회과 수업을 하는데, 역사 선생님과 논쟁이 붙은 거예요. 결국 선생님이 "너, 인생 그렇게 살지 마라."라는 식으로 이야기했나 봐요. 힘들어했어요. 그런데 다니는 교회에 번역하는 선생님이 계시는데, 홍종락 선생님이라고 전문 번역가예요. 며칠 전에 우리 아이가 이 선생님하고 새벽 다섯 시까지 이야기했다고 해요. 아주 이상한 주제들에 대해서 이야기했나 본데, UFO 허구성에 관한 이야기, 안락사의 윤리성에 대한 문제 같은 것들을 얘기했나 봐요. 어느 날 나하고 차를 타고 가면서 우리 아이가 하는 얘기가, 홍종락 선생님이 제일 좋은 것 같더래요. 왜냐하면 '일단 권위적이지 않다. 그다음에 열린 자세로 대화를 한다. 또 아는 게 좀 많다.'라고 이야기해요.

저는 고등학교 때부터 영어를 굉장히 열심히 공부했습니다. 저한테 영어를 가르쳐 줬던, 자극을 줬던 선생님은 교생 선생님이었어요. 서울대 나온 선생님도 아니고, 부산대 나온 선생님도 아니었고, 고신대학교 나온 선생님인데, 전도사님이었던 거 같아요. 잠깐 한 달간 교생 실습을 나왔어요. 아이들을 따로 모아서 동화책을 같은 것을 읽어 주었어요. 그때 아이들에게 따뜻했고, 선생님이 뭔가를 전해 주고 싶어 하는구나 하는 느낌을 받았어요. 지금도 기억나요. 무엇을 같이 읽었는지. 《립 밴 윙클Rip Van Winkle》이라는 책을 같이 읽었어요.

저는 중학교, 고등학교를 통틀어서 교과과정이 생각나는 게 하나도 없어요. 그런데 교생 선생님과 같이 했던 책은 기억이 나요. 장면도 기억이 나고요. 뭔가를 굴렸는데 핀이 깨지는 그런 장면이었어요. 그 사람이 영어에 불을 지폈어요.

교사는 학습에 대한 디자이너죠. 그리고 학습에 대한 조력자죠. 그것이 오늘날 직장에서는 멘토라고 하는 것으로 연결돼요. 예를 들어 볼게요. 한 50세 되는 직장의 부장급은 굉장히 위기를 느껴요. 새로 들어오는 직원들은 영어를 잘해요. 해외 연수는 다 갔다 와서, 회화가 잘되죠. 파워포인트 아주 매끈하게 하고,

전략 페이퍼를 많이 해 봐서 똑똑한 소리들을 많이 해요. 그러니까 부장급이 위압감을 느끼는 거예요. 그런데 어떤 사람들만 살아남느냐 하면 자기 부하들의 가치를 인정해 주고, 거기에 조금만 더 부가가치를 높여 줄 수 있다고 생각하는 사람들은 살아남고, 밑에 있는 애들을 시기하거나 경쟁하려고 하는 사람들은 죽는 거예요. 도태되는 거예요. 그러니깐 일단 부장급 정도면 포기를 해야 해요. 파워포인트 잘 만드는 일 같은 것은 포기를 해야 해요. 그래야 오래 살아남을 수 있어요. '이것도 못해, 이렇게 해야지.'라고 하기보다는, '정말 잘하네.' 하고 '내가 뭐 도와줄 거 없어.' 이래야 살아남을 수 있죠.

교육 현장에서 물론 어려움이 있겠지만, 교사는 아이들의 학습을 자극하는 존재이고, 아이들의 학습 능력을 믿어 주는 부분에서 교사들의 또 다른 가능성이 있을 거라고 생각합니다.

교사가 학생에게 개입할 때 직접 개입하는 방법과 교사가 가정을 통해서 학생에게 개입하는 방식이 있어요. 또 사회를 통해서 학생에게 개입하는 방식이 있습니다. 교사가 사회를 통해서 학생에게 개입하는 방식은 아이들이 이 세상에서 좋은 멘토나 많은 좋은 경험들에 수업 현장이나 수업 외 현장에서 노출될 수 있도록 준비해 주고, 그것에 대해서 길을 열어 주는 과정을 통해서 선생님의 가치가 올라갈 수 있어요. 그러려면 선생님이 바깥에 있는 수많은 사람에 대해서 알아야 하는 거예요.

우리 아이가 중3 때부터 심리 상담을 받고 있어요. 이제는 아이가 많이 극복해 왔어요. 지금은 음악에 관심이 많아요. 분명 나와 아이가 합의하고 있는 것은 음악을 직업으로 삼을 것 같지 않다는 거예요. 왜냐하면 음악을 직업으로 삼는다는 것이 얼마나 힘든 일인지 잘 알기 때문이죠. 나는 이 아이가 전문가의 속임을 벗어날 수 있는 정도로 음악을 즐기는 아이가 됐으면 좋겠어요. 그런데 아이가 절대음감을 가지고 있어요. 식당에서 음악이 나오면 그걸 그대로 악보에 적을 수 있어요. 우리 집에서는 쉽습니다. 제 아내도 절대음감이에요. 우리 아이가 엄마한테 굉장히 적대적인데, 요즘에 들어서야 마음을 열기 시작했어요. 상담하는 사람한테 엄마에 대해서 좋은 말을 많이 하기 시작했어요. "내 음악적 재능은 엄마한테서 받은 것 같아."라며 상당히 마음을 열었어요.

제가 아이를 위해서 도와줄 수 있는 부분은 친구들이나 네트워크를 통해서 일산에서 좋은 음악 학원을 찾는 거였습니다. 원장 선생님과 상의를 해서 다음 주부터 세계적인지는 모르겠지만 국내에서 꽤 유명한 클래식 기타리스트 음악가의 사사를 받게 되었어요. 이분은 한국예술종합학교 선생님인데, 일반 취미로 하는 아이들은 가르치지 않는다고 해요. 그것은 제가 사회를 통해서 우리 아이에게 길을 만들어 주는 거죠. 아빠 친구를 소개해주고, 만나게 하고, 대화하게 하고 그러면서 여유를 갖는 거죠.

여러분 반에 있는 아이들 중에서 제가 볼 때 한 30퍼센트는 심리적으로 임계치에 있는 아이들일 가능성이 높다고 봐요. 특별히 말을 안 듣는 아이들이라고 생각하는 아이들 상당수는 실제로는 아픈 거예요. 우리나라의 청소년들 중에서 제가 볼 때는 30~40퍼센트 정도는 심리적으로 질병이 있고, 아이들은 전문적 치료를 받아야 돼요. 그런데 부모도 그 역할을 모르고 있고, 학교도 모르고 있어요. 우리 아이가 학교의 상담 교사와 만났는데, 나한테 와서 하는 이야기가 "아빠, 급이 안 돼." 그러는 거예요. 그 상담 교사를 통해서는 아무런 도움을 못 받을 것 같다는 거예요. 불행한 일이죠. "뭔가를 도와주고 싶어 하는 것 같은데, 아빠 도움이 될 거 같지 않아." 그렇게 이야기하며 마음을 딱 닫아 버릴 만큼 그런 어려움이 있었어요.

우리 아이들 중에서 30~40퍼센트가 소아 우울증에 있거나 분노 조절에 어려움이 있거나 학습 장애가 있거나 심각하게 정서적인 어려움을 갖고 있는데 이때 교사들이 해야 할 역할은 무엇이겠습니까? 사회와 이 아이들을 연결시키는 일, 영화 〈완득이〉에서 선생님 같은 역할이에요.

적어도 〈완득이〉의 선생님은 그 아이와 관계가 형성되어 있었어요. 아이가 자기 길을 갈 수 있도록 뭔가 도움을 주는 그런 일을 했어요. 부모와 아이의 상태에 대해서 좀 진지하게 이야기를 더 해야 하고, 그것이 1년에 한 차례 정도 가정 상담 수준이 아니라 아이와 부모와 교사가 아이들의 학습 상황과 여러 가지 것들을 좀 진지하게 논의할 수 있는 그런 구조를 실제로 만들어야 된다고 생각해요. 저는 공교육에서 그것을 해야 한다고 생각하고, 할 수 있다고 생각해요. 그리고 사회의 많은 자산을 수업 현장과 잠재적 교육과정으로 끌어들일 수 있도록, 히든 커리큘럼으로 끌어들일 수 있도록 그렇게 해야 합니다.

교육의 주체에 대한 물음에 대해서 조금 더 심각하게 생각을 해야 합니다. 가정을 믿어야 해요. 부모들의 역할에 대해서 믿음을 가져야 하고, 두 번째는 아이들의 학습 능력에 대해 믿음을 가져야 해요. 그리고 사회는 각박하지 않습니다. 우리 교사들이 처하고 있는 환경 상황들에 대해서, 교사들의 어려움과 처지에 대해서 이해하고 있는 많은 사람이 있습니다. 기꺼이 도와주고 싫어 하는 많은 사람이 있어요. 수학 교사가 전 세계에서 수학을 제일 잘해야 하는 것은 아니잖아요. 수학 수업 시간에 서울대 수학과 교수님을 초청해서 특강 한 번 시킬 수도 있는 거죠.

못 하나요? 왜 못 하나요, 하면 돼죠. 아니 뭐 서울대학교가 화정중학교보다 더 높다고 생각하나요? 아닌 거 같아요. 학년이 낮으면 낮을수록 더 고수들이 와서 할 수 있는 부분들이 있어야 하거든요.

대학에서는 어떤 것을 하냐면, 포항공대나 카이스트 같은 데 다니는 학생들은 욕구가 굉장히 강하잖아요. 그래서 필즈상(수학의 노벨상)을 받았던 사람이 와서 일주일만 아이들과 같이 있으면, 웬만한 교수들이 한 1년 동안 아이들을 가르친 것보다 훨씬 더 아이들에게 변화가 일어나는 것을 알 수 있어요. 그것을 선생님들이 해 줄 수 있다는 거예요. 한 반에 한 번 정도만이라도 아이들이 제대로 된, 껍데기를 벗어난, 뭔가 본질을 경험한 것 같은 교육적 경험을 할 수 있도록 해 준다면 말이죠.

제가 커피를 배우는 선생님이 있어요. 따로 학원비를 내고 배우는 것이 아니라 우리 회사에서 많이 사 먹는 커피집이에요. 우리 회사 앞에 PP커피라는 커피집이 있는데 이 사장님이 필리핀에 커피 플랜테이션을 갖고 있어요. 그리고 대학에서 가르치는 분이신데, 조그마한 테이블 3개밖에 없는 커피 가게를 운영하고 있어요. 밑에는 커피 교실이에요. 그리고 사실은 이천에 공장을 갖고 있어요. 커피를 볶아서 명품 커피숍에만 납품해 줘요. 이 분은 진짜 커피 고수예요. 제가 가끔씩 그분한테 가서 배웁니다. 처음에 이분한테 "어떻게 볶을까요?"라고 물었더니, "아, 프라이팬에 볶으신다고요? 음, 그러면 막 볶아요."라고 말하는 거예요.

이게 바로 고수가 해 줄 수 있는 말이죠. 내 두려움을 완전히 없애 줬잖아요.

그분이 처음 나한테 알려 준 것은 이거예요. "커피를 볶을 때 해야 되는 것은 커피는 열을 머금으면 부풀어 오르면서 커피 안에 있는 좋은 성분들이 활성화되기 시작하면서 타닥타닥 터지는 거예요. 그게 1차 퍼핑인데, 타닥타닥 터지고 나면 연기가 나지만 그냥 계속 볶으세요. 그러면 소리가 없어지고, 조금 더 볶으면 또 터지기 시작하는데, 그게 2차 퍼핑이에요. 그때 불을 끄고, 식히고 드세요." 끝. 1분도 안 걸렸어요. 몇 개월 뒤 다시 갔어요. "지난번에 해 준 것처럼 잘 볶아 먹고 있습니다. 내릴 때 어떻게 내려야 돼요?"라고 물었더니, 이분이 "물을 가지고 한 번 커피 간 것에 몇 방울 떨어뜨리면 빵처럼 부풀어 오르는데, 커피가 머금고 있을 때까지 기다리세요. 공기가 빠질 때 푹 가라앉을 때 물을 쭉 붓고 그냥 드세요." 두 번 레슨을 받았어요. 상당히 진도가 빠르게 나가고 있어요. 포인트 레슨이란 게 있죠. 정말 고수들을 만났을 때, 눈이 번쩍 뜨이면서 뭔가 확 일어나는 것이 있어요.

우리 선생님들은 그 모든 걸 다 가질 수 없어요. 그러나 우리 선생님들이 부모들 속에 있는 것, 아이들 속에 있는 것, 사회 속에 있는 진실한 교육적 가치나 가능성들을 발견하고 존경하는 순간, 그것을 인정하고 존중하는 순간 교육적인 돌파가 일어나는 거예요. 내가 제일 똑똑해야 할 이유는 없어요. 오늘날 사회에서 경쟁력은 지혜를 가진 사람, 지식을 가진 사람 앞에서 겸손할 수 있느냐, 교만하느냐예요. 겸손할 수 있는 사람은 모든 사람의 친구가 되고, 그 사람의 세계 속으로 들어가요. 그러나 샘을 내는 사람들은 안 돼요. 그것이 제가 생각하는 교육의 주체에 대한 물음이에요. 다시 정리하면, 가정을 믿어라! 아이들을 믿어라! 사회를 믿어라! 그리고 교사의 힘, 네트워킹 능력을 믿어라!

교육에 대한 다른 색깔의 물음 둘-지식

두 번째 물음은 '지식의 양과 속도에 대한 물음에서 지식의 구조와 본질의 이해에 대한 물음으로'라고 잡았습니다. 실제로는 선행 학습이라고 하는 거는 속도의 문제죠. 깊이의 문제가 아니고 속도의 문제잖아요. 우리 집은 두 파로 나눠집니다. 식성도 아주 다양하고, 음악적 취향과 성격도 아주 다양합니다. 우리 아들은 바삭거리는 크루아상에 치즈를 얹어서 먹는데 소금을 쳐서 먹어야 해요. 그러니까 솔티드 치즈를 바른 크루아상에 우유, 아빠가 내려 준 신맛 나는 커피를 좋아하지요.

내가 커피를 내려 주면 아들 녀석이 하는 말이, "아빠, 레몬의 신맛은 혀 전체에서 퍼지는 신맛인데, 아빠의 커피는 오묘하게도 혀의 양쪽 끝으로만 신맛이 느껴져." 그러니 커피를 끓여 줄 만하죠? 그런데 우리 딸은 일단 밀가루, 빵은 입에도 잘 안 댑니다. 매일 아침에 김치볶음밥을 엄마한테 해 달라고 하는 아이예요. 전혀 다른 성격을 갖고 있어요. 음악적 취향도 굉장히 달라요. 딸은 지금은 계속해서 아이돌 음악을 듣고 있고, 아들은 클래식에 관심이 많아요.

저는 초등학교 5학년 때부터 음치예요. 부산 사상초등학교 5학년 4반이었어요. 초등학교 5학년 어느 날, 수업 시간에 "우리들 마음에~" 그 노래를 부르는데, 선생님께서 "야, 1, 2분단만 부르고 3, 4분단 너희는 조용해." "우리들 마음에~" "야, 뒤에는 부르지 말고 앞에 앉은 애들만 불러 봐. 1분단 너희는 부르지 말고 2분단 앞에만 불러봐. 최영우! 너 한 번 불러 봐." 그래서 제가 불렀는데, "최영우, 너는 이제부터 부르지 마. 합창 대회에 나가야 하는데 너는 부르지 마." 그래서 제가 삐쳤죠. 애들은 다 노래 부르는데 입을 딱 다물고 있었어요. 그러니깐 선생님께서 "최영우, 입은 뻥긋뻥긋해야지." 그렇게 말했어요.

옛날에는 그렇게도 했나 봐요. 그다음부터 저는 악보나 음악을 이해하는 것에서 완전히 마음을 닫아 버렸고, 시도도 안 했어요. 중학교 때 음악 선생님 별명이 뱀 대가리였는데, 노래 못 부르면 막 때리고 그랬거든요. 음악 수업을 가곡집으로 해서 가곡을 굉장히 많이 배웠어요. 그런데 뭐 잘 못 부르면 패고 그래서 음악과 굉장히 안 친했어요.

왜 이런 이야기를 하냐면, 제가 알고 보니까 음악의 가장 기초적인 원리 자체를 이해하지 못했던 거예요. 며칠 전 집에 들어갔는데, 우리 아이가 'falling slowly'라는 곡을 피아노로 반주를 만들었다는 거예요. 옛날에 우쿨렐레로 연주해 줬는데, 화음을 만들었다는 거죠. 그래서 나한테 들어 보라고 했어요. 제가 우리 아이와 음악 이론의 기초에 대해 토론을 했습니다. '화음이란 건 뭘까, 멜로디라는 건 뭘까?'

화음은 뭐냐 하면, 멜로디를 싸는 옷과 같은 거라고 이해했어요. C코드다 G코드다 하면, 그것이 멜로디와 어울리는 음들로 구성되어 있는 반주잖아요. 그러니깐 반주를 만들 수 있는 것이죠. 쉽죠. 알면 쉬울 것 같아요. 그런데 나는 무엇까지 몰랐느냐

하면, 한 마디 안에 그런 화음의 조화 속에서 음이 움직임이 구성될 것이라는 생각도 못 했어요. 제가 말이 되는 이야기를 하고 있는지 모르겠는데요.

음악에 대한 아주 기초적인 것, 음이 무엇이다, 화음이 무엇이다, 그것의 높이가 무엇이고, 길이가 무엇인지 이해를 하고 있는 아이와 그것을 모르고 뱀 대가리한테 맞으면서 배우는 아이와 나중에 그 음악에서 즐길 수 있고 올라갈 수 있는 수준의 차이는 굉장히 큰 거예요. 재즈 피아노를 배워도 어느 단계, 어떤 한계를 넘어서지 못해요. 자기가 음을 만들어 내거나 돌파해 나가는 것들을 하지 못해요. 왜냐하면 그 깊이 속에 들어가지 못하고 깨작거리다 끝나는 거예요. 그것은 아무리 많이 하더라도 마찬가지예요.

그래서 제가 여러분이 꼭 공부했으면 하는 것이 있어요. 삼학제라고 하는 고전의 커리큘럼이 있는데, 여러분이 공부하면 좋을 것 같아요. 삼학제는 문법과 논리학과 수사학 세 가지로 구성되어 있는데, 두 개의 그림을 보면서 설명할게요.

왼쪽은 누구의 그림인가요? 피카소 그림이에요. 그러면 오른

쪽은 누구 그림일까요? 두 그림의 차이를 아시겠어요? 제가 중학교 때 피카소의 그림이 부산에 온 적이 있었어요. 부산 시민회관에서 피카소 전시회를 했었는데, 피카소의 데생 능력이 탁월하다는 느낌을 받은 것이 가장 기억이 나요. 사진 같은 연필 데생이 많아요. 피카소는 추상화를 그리기 전 정말 극사실화를 방불할 만큼 데생 능력이 뛰어났어요. 똑같이 그리고, 사진같이 그려 낼 수 있었어요. 모두 피카소의 그림이에요. 굉장히 정밀하다고 느끼지 않나요? 왼쪽 것을 그린 사람이 오른쪽 그림도 그렸어요.

모든 학문의 영역에는 구조가 있어요. 지식의 어떤 구조와 본질이 있는데, 그 구조와 본질은 암기하거나 이해하거나 터득해야 돼요. 그 영역을 그래머grammar라고 이야기하죠. 문법이라고 이야기해요. 음악에도 문법이 있고, 음식에도 문법이 있어요. 제가 커피를 볶으면서 그런 생각을 했어요. 맛이 나는 여러 구조가 있구나, 뜨거워지면서 맛이 생성되는 것이 있고, 세월이 가면서 맛이 나는 것도 있고, 섞이면서 맛이 나는 것도 있고, 가열이 되면서 맛이 나는 것도 있고, 압착하면서 맛이 나는 것도 있구나, 압착하면서 맛이 나는 건 뭘까요? 기름. 세월이 가면서 맛이 나는 것은 김치, 젓갈 등이에요. 음식에도 어떤 문법이 있어요.

저는 언어 공부를 굉장히 좋아해요. 요즘은 시간이 없어서 잘 못 하는데, 저는 히브리어, 그리스어 이런 것들을 공부합니다. 제가 대학생들한테 강의하러 가서 성경책을 보여 주고 완전 기를 죽여 놓았어요. 1984년도에 샀던 그리스어 성경책이에요. 그리스어 성경책인데, 제가 일상적으로 보는 책이에요. 항상 가지고 다니면, 심리적으로 편하고 마음이 좋아요. 가방에 항상 넣어 두고 다니면서 약속이 30분 정도 펑크가 났을 때 들춰 보며 생각해 보곤 하는 항상 떨어지지 않는 책이에요.

그리스어와 히브리어의 문법을 공부하면서 깨친 게 무엇이냐 하면, 도대체 문법이나 언어의 핵심이 무엇일까 하고 고민을 많이 했는데, 언어에서 가장 중요한 것은 명사와 동사라는 거예요. 그것밖에 없다는 점이죠. 철학적으로 명사는 존재론에 관련된 것이고, 동사는 행위와 관련된 것이에요. 존재론에 관련된 부분이 명사인데, 문법 중에서 가장 중요한 명사와 동사를 이해하면 언어를 다 이해하게 돼요. 명사에 딸려 있는 것이 관사와 형용사 이런 것들이고, 동사에 딸려 있는 것은 부사죠. 관사, 형용사, 부사는 없어도 말이 됩니다.

제가 우리 아이한테 영어를 설명해 주면서 "아들아, 원래 언어라고 하는 것은 사람의 존재와 행동을 통해서 서로 소통하는 건데, 언어를 이해할 때 일단 명사와 동사를 이해하면 다 해결되는 거야. 그래서 영어 문법은 세 시간 만에 설명할 수 있어. 명사와 동사의 구조를 이해하면 그다음에 알 수 있어."라고 말했어요. 히브리어 문법은 제가 선생님께 세 시간 만에 설명해 줄 수 있어요. 그다음부터 금방 히브리어를 공부할 수 있습니다. 그만큼 사실은 단순한 거예요. 그런데 우리가 영어 문법책을 아이들한테 처음에 전달할 때는 그림이 너무 많게, 너무 많은 개념들을 복잡한 상태로 설명해 주는 거예요. 그러니까 아이들이 ing, to 부정사 하다가 집어던지는 거죠. 그래서 애들한테 "야, 말을 하려면 내가 누군지 알아야 하고, 내가 뭐 하는지 알아야 할 거 아냐." 이 두 가지만 설명해 주면 말이 되는데, 언어를 그렇게 쉽게 이야기해 줄 수 있어야 해요.

음악도 마찬가지예요. 음악도 언어잖아요. 모든 학문에는 그 학문의 핵심적 구조가 있단 말이에요. 구조를 이해한 사람만 아이들한테 쉽게 설명해 줄 수 있는 거예요. 무엇처럼? '커피 어떻게 볶아요? 막 볶아요.' 선생님들이 헤매고 있으면, 선생님들이 자기 교과에 대해 헤매고 있으면, 그걸 아이들한테 정확하게 전달해서 아이들한테 그것을 가지고 놀고, 생활하고, 생각할 수 있도록 만들어 줄 수 없을 거 아니에요. 그러니까 학습에서나 교육에서 가장 중요한 부분은, 모든 학문 영역의 구조에 대한 본질적 이해에 선생님들이 들어가는 거예요.

그것을 깨달은 사람을 만나면 시원해져요. 정말 음식을 잘하는 사람들을 만나면 내 영혼이 각성되는 것 같아요. 정말 정성이 가득한 음식을 먹어 봤습니까? 막 미쳐요. 예를 들면, 한 분야에서 몇 십 년 정도 했던 분한테 한마디 말씀을 들었다면, 그 말씀을 듣고 뿅 가는 거죠. 아이들한테 왜 기쁨이 없냐 하면, 그 아이들에게는 학문의 영역이라고 이야기하는 것이 세상을 이해하는 핵심적 문법인데, 그 문법을 안 가르쳐 주는 거예요. 그러니까 정보를 많이 들어도 복잡해요. 그것으로 세상을 이해할 수 없는 거예요.

수학에 문법이 있어요. 그 문법을 알려 줘야 해요. 과학에 그래머가 있어요. 그것은 아이들의 영혼을 각성시키고, 아이들을 행복하게 만들고 자극시켜요. 왜 그러냐 하면, 아이들 속에는 지식에 대한 욕구가 있고 본능이 있어요. 제가 해비타트를 하면서 사람들을 건축 현장에 막 풀어 놓으면, 사람들이 망치 들고 좋아 죽으려 해요. 사람한테는 건축의 본능이 있어요. 선생님한테 헬멧 씌워 주고, 건축 현장 가서 망치 들려 주면 미쳐요. 지금 얌

전한 것 같아 보여도 막 두드려요.

아이들이 가장 많이 노는 것이 만드는 놀이예요. 레고나, 모래나 이런 노작하는 걸 하지 않나요? 아이들한테는 그런 구조가 있어요. 그런데 어느 순간 아이들을 바보로 만드는 거예요. 아이들이 자기 모래성을 만들 때, 놀이를 할 때는 자기가 지배하는 세계와 규칙을 이해하는 상태에서, 통합된 상태에서 가는 거예요. 그런데 학문의 세계나 지식의 세계로 들어왔는데, 주소도 안 가르쳐 주고, 본질도 안 가르쳐 준 상태에서 정보를 그냥 마구 부으니까 어떻게 돼요? 들어오긴 하는데 아이들이 혼란스러워요.

우리 아이가 친구들에게 국사를 가르쳐 줬어요. 공부를 잘 못하는 아이들한테 국사를 가르쳐 주면서 하는 말이, "아빠, 진짜 쟤는 설명해 줘도 몰라. 어떻게 설명해 줄 수 있을까?"라고 해요. 그러더니 자기가 방법을 찾아냈어요. 우리 아이는 FIFA 월드컵 게임을 한때 많이 했었는데, 상대방의 패턴을 금방 파악하고, 운동을 넓게 본다고 해요. 축구를 하면서 추세를 보는 아이들이 있어요. 운동장 전체를 보고, 그다음에 부분 전술을 하는 아이들이 있고, 그냥 들어가서 들입다 공만 쫓아다니는 애들이 있고요. 아이가 국사를 가르쳐 주면서 시대적 배경이나 흐름에 대해서 쭉 보면서 '이랬기 때문에 이런 일이 벌어진 것 같아.'라고 설명을 해 주니까, 그 아이들이 다 이해하게 되더라는 거예요. 그 문법이 있는 거예요. 어떤 구조와 문법이 있는데, 우리 선생님들이 그것에 대한 깨달음이 없기 때문에 가르치는 것이 재미가 없고, 아이들이 배울 때 재미가 없는 거예요.

뭘 해야 하나요? 상담 선생님 같으면 여하튼 상담의 원리를,

문리가 트인다고 이야기하듯이 그 본질 속에 확 들어갈 수 있어야 해요. 문법이 있고, 문법은 암기의 영역이에요. 그 본질, 그 향, 제일 좋은 음식은 재료가 좋은 음식을 벗어날 수 없어요. 제일 신선한 재료, 제일 좋은 재료로 만드는 음식은 대충 만들어도 맛있어요. 그렇죠. 그러면 음식을 배우려면 제일 먼저 뭘 배워야 하나요. 재료를 이해하는, 음식의 재료를 이해하는 그 감을 익혀야 하잖아요. 어떤 사람이 말을 잘하는 줄 아나요? 할 말이 있는 사람이에요. 할 말이 있는 사람이 말을 잘하지, 화술이 뭐 중요한가요. 좋은 음식은 재료가 빵빵해야 해요.

수업 시간에 가르칠 때, 가르침 속에서 뭔가 애들한테 해방감을 주겠다는 어떤 깨달음, 희열이 있어야 하는 거예요. 있을 수 있어요. 그래서 선생님들이 평생을 가르치는 기쁨 속에서 있어야 하기 때문에, 교사로서 자기가 맡은 과목과 아이들과의 만남, 부모들과의 만남, 사회를 동원해서 교육시키는 이 부분에 대해서 그 문법에 대한 깨달음이 있어야 하는 거예요. 그것을 깨달은 사람들은 삶이 행복해요. 행복하지 않을 수가 없어요. 그게 문법입니다. 그거는 비껴갈 수가 없어요. 눈치로 안 돼요. 그것을 그대로 받아들여야 하고, 이해하고, 암기해야 돼요.

그다음 논리 이야기예요. 각각의 변수들 사이에 관계가 어떻게 되는지를 추론하고 이해할 수 있는 힘을 말합니다. 그것이 논리적 사고예요. 이것과 이것이 어떤 관계가 있을까, 제가 교육에 대해서 접근할 때 교육의 주체에 대한 이야기를 했잖아요, 그것이 저한테 있어서는 논리적 사고예요. '이 부분은 매우 중요한데, 간과하고 있는 것 같다.'고 이해하는 것이 논리적 사고입니다. 아이들한테 논리적 사고가 형성되어야 하는데, 이 논리적 사고는 지금 중학생, 고등학생 때 활발하게 활성화되어야 할 때입니다.

배우기 위한 논술이 아니라, 고민하고 반항할 수 있는 논술이 필요해요. 대학생들이 순종적이라고 하면, 그만큼 불행한 사회가 없습니다. 중학생, 고등학생은 기본적으로 반항적이어야 정상이에요. 왜냐하면, 성인으로서 부모의 품을 벗어나려 하는 생리적 욕구가 있는 거예요. 그것은 신이 그렇게 만든 거예요. 아이들이 부모의 품을 벗어나야지 자기가 단독자로서 살아갈 수 있기 때문에 부모의 품을 벗어나려는 심리적 기제가 작동하는 거예요. 아이들한테 비판적 사고, 변수와 변수를 연결시킬 수 있는 사고들을 가르쳐야 하는 것이죠.

대충 사는 선생님들은 논리에서 폭력적인 성향을 나타냅니다. 아이들의 논리적 추론이나 그것을 깊이 따라가기가 귀찮은 거죠. 머리를 쓰기가 귀찮은 거예요. 그래서 그냥 "다 그런 거야!"라고 소리치고 말아 버려요. 그런데 그렇게 하면, 아이들 속에 문법을 가지고 세상을 보고 파악하는 힘이 사라져 버려요. 눌려 버려요. 그것이 칼 끝처럼 살아 있어야 해요. 아이들이 예리한 질문을 할 수 있어야 해요.

세 번째는 수사학이에요. 수사학은 다른 사람을 배려하면서 자기가 알고 있는 것을 표현할 수 있는 능력이에요. 아이들이 여기까지 가야 돼요. 커뮤니케이션을 잘 못하는 아이들은 세상을 살아가기가 굉장히 어려워져요.

직원이 1천 명 되는 회사에 인터뷰를 간 적이 있어요. 그 회사에서는 명문 공과대학 출신 학생 두 명을 직원으로 채용하고 있었죠. 그 회사 분이 자기들이 그 학생들을 받아들였을 때 굉장히 흥분했었다고 해요. 우리 회사도 명문 공대 수준의 회사가 됐다고 말이죠. 그런데 일주일 만에 실망으로 돌아섰다는 거예요. 그 학생들이 논문을 읽어 내는 능력은 탁월하고, 리서치 능력도 탁월한데 옆에 있는 부서 사람과 대화를 못하더래요. 그리고 사업 계획을 세우라고 했는데, 사업 계획은 다양한 사람들과 만나서 협의를 해야 하는데 그것을 못하더라는 거예요. 실험실형 인간만 만든 거예요. 의사소통을 못하는 거죠. 자기가 아는 바를 정확히 전달할 능력이 없어요.

문법과 논리학과 수사학, 이 세 가지가 수천 년 동안 교육의 핵심 커리큘럼이었는데, 근대 교육에 들어서면서 이 커리큘럼의 힘이 사라져 버렸어요. 그래서 실제로는 이 문법과 논리학에서 단순함을 가르쳐 주는 그 힘이 없어져 버렸기 때문에 아이들이 흐느적거리는 거예요.

일단 검도를 배우려면 무엇을 해야 하나요? 검도를 배우려면 장작을 3년간 패야 해요. 바로 그 자세가 검도의 기본 자세예요. 그런데 우리 교육에서 너무 내용이 많고 그것을 너무 속도에 맞지 않게 아이들한테 주입시키고 있기 때문에, 질서 있게 아이들 속에 세계가 형성되어 나가는 그 기능이 없는 거예요. 실제로 지식은 아이들을 강화시키고 세워 주는 힘이 있는데, 그 힘을 교육 현장에서 발휘하지 못하는 거예요. 선생님들은 할 수 있어요. 어떤 선생님들이 할 수 있느냐 하면, 그 분야에서 본질을 꿰뚫어 보는 선생님들은 그것을 가지고 아이들을 해방시켜 줄 수가 있어요. 한국의 교육 체계 전체가 바뀌기 전에 선생님들이 분명히 할 수 있어요.

교육의 궁극적 물음이 되어야 할 사랑

마지막에 굉장히 전문적이지 않은 이야기를 해 볼게요. 저는 교육 현장에 사랑이라는 말이 실질적인 의미로서 훨씬 더 많이 살아 움직여야 된다고 생각해요. 그리고 이것이 훨씬 더 실질적인 힘으로써 교육 현장에서 작동해야 한다고 생각해요. 사랑받는다는 느낌이 도덕성 발달과 지적 발달에 미치는 영향에 대한 연구가 얼마나 되어 있는지 저는 잘 모르겠어요. 그런데 저는 이것은 절대적이라고 생각해요.

윤리성 발달 이론을 쓴 콜버그라는 사람이 있어요. 약 25년 전에 교육학을 공부할 때 경험을 더듬어 보면 콜버그가 도덕성 발달 이론을 이야기했다고 기억합니다. 사랑을 깊이 받았던 아이들이 무엇을 해도 되고, 무엇을 하지 않아도 되는지 윤리적 판단 기준이 훨씬 발달합니다. 그리고 지적으로도 활성화됩니다. 그런데 우리 교육 현장에서 아이들이 내가 사랑을 받고 있다고 하는 그 인식과 느낌들이 현저하게 떨어져 있어요. 집에서도 마찬가지예요. 그것은 아이들한테 심리적으로 대단히 억누르는 효과가 있고, 또 하나는 아이들의 윤리성 발달을 심각하게 저해합니다. 이것을 우리가 어떻게 뒤집을 것이냐가 문제예요.

여러분 중에 종교를 안 가지고 계신 분들도 많이 있겠지만, 제가 성서의 로마서라고 하는 부분에서 교육에 관한 중요한 깨달음을 주는 구절이 있어, 그 부분을 여러분과 같이 이야기하고 싶습니다. 로마서 12장 1절과 2절에 이렇게 표현되어 있어요. '너희는 이 세대를 본받지 말고 오직 마음을 새롭게 함으로 변화를 받아 하나님의 선하시고 기뻐하시고 온전하신 뜻이 무엇인지 분별하도록 하라.'라고 나와 있어요. 그리스어로는 무엇이라고 되어 있냐 하면, '누스'라고 하는 표현이 나와요. '누스'가 우리의 지적인 생각을 이야기하는 거예요. 그리고 거기에 도덕에 대한 이야기가 나와요. 윤리적 판단력을 발휘하라는 부분이 있죠. 그것이 로마서 12장의 요청이에요.

로마서 1장에는 아주 비참한 상황이 있습니다. '하나님이 사람들이 그 마음에 상실한 마음대로 내어 버려 두사' 그들이 죄를 짓게 그냥 허용해 줬다는 이야기예요. 그때도 '누스'라고 하는 표현이 나와요. 마음이 굳어져서 이 세상에 대해 비판적이고 염세적이고 그다음에 반항적이고 굉장히 꼬아서 바라보는 상태예요. 그래서 자기 몸을 학대하고 남을 허물어뜨리는 그런 상태로 그냥 그대로 있었다는 거예요. 1장과 12장 사이에 무슨 변화가 생겼을까, 다 '누스'예요. 지적인 생각, 사람의 의지적 마인드예요.

우리가 지금 학교에서 아이들의 지적인 것에 대해서 끊임없이 어떤 자극을 주려고 하는데, 로마서 5장에 보면 굉장히 재미있는 표현이 나와요. 그리스어에 '카르디야'라고 하는 표현이 있는데, 우리말로 '마음'이라고 번역되어 있어요. 그 원어의 깊은 의미로 보면, 무의식적인 심층 심리를 이야기하는 거예요. 우리가 뱀을 보면, 깜짝 놀라잖아요. 아름다운 꽃을 보거나 아름다운 음식이 있을 때는 행복해지잖아요. 음악을 들을 때도 즐겁고요. 그런 것들 저 밑바닥에 있는 무의식의 심리 상태 그것을 '카르디야'라고 이야기해요. 로마서 5장에 어떤 표현이 나오냐 하면 '하나님의 사랑이 우리의 카르디야에 철철 넘치게 부은 바 되어서'라는 표현이 나와요. 그러니까 로마서 12장에 '너희의 마음을 새롭게 함으로 변화를 받아라.'라고 하는 것이 나오기 전에 압도적인 사랑의 세례가 있는 거예요. 그렇기 때문에 그것이 우리에게는 지성적 힘으로 나타나고, 윤리적 힘으로 나타납니다.

사회적으로 사랑을 표현하지 않는 사람이 사회에 대해서 윤리를 이야기하기가 어려워요. 제가 기독교윤리실천운동본부를 봤을 때 작명이 잘못되었다고 판단한 적이 있었어요. 왜냐하면 기독교 윤리는 기독교 내부에는 통하는 말이에요. 그 윤리를 사회에 강요할 수는 없어요. 기독교에서 사회에 대해서 이야기할 때는 사랑을 실천하거나, 정의의 편에 서거나 하는 이 두 가지는 사회에 접촉하는 거예요. 비윤리적으로 살고 있는 비종교인한테 "너 윤리적으로 살아라."라고 하는 말이 대단히 무의미한 말이에요. 그것이 정의의 영역이 아니라면 무의미합니다.

예를 들면 성매매라든지, 이런 구조화된 악에 대한 문제를 건드리는 것이 아니라면 말이죠. 아이들이 사랑받았다고 하는 느낌이 없는데, 교육 현장에서 그 아이들한테 바르게 살라고 하는 윤리를 강요할 수 있겠어요. 부모가 그것을 강요할 수 있나요? 초등학교 때부터 고등학교를 졸업할 때까지 우리는 아이들에게 폭력을 휘두르고 있어요. 사교육으로, 선행 학습으로, 우열반으로, 열등반으로, 게다가 수업 시간에 모욕 등 여러 가지로 아이들한테 열등감을 주고 있는 거죠. 그것은 내가 가치 없는 인간이라고 하는 굉장히 강력한 메시지를 아이들한테 보내고 있는 거예요.

저는 교육 현장에서 사랑이 회복되어야 한다고 생각해요. 가장 근본적으로, 본질적으로 말이죠. 교사가 아이들한테 "나 너 사랑해." 학교가 아이들한테 "우리가 여러분을 사랑합니다.", 부모가 아이들에게 "내가 너희를 사랑한다." 그리고 교사가 부모님들한테 "우리가 부모님들의 처지를 이해합니다."라고 말해야 해요. 사랑이 없는 상황에 있는 아이들에게 지적인 욕구라는 것은 굉장히 무의미해요. 우리 아이들의 몇 십 퍼센트가 우울증에 빠져 있다고 했죠? 우울증을 다른 말로 하면 의욕의 상실을 이야기해요. 하고 싶고, 해야 하고, 의미 있는 것이 없는 것이에요. 왜 그렇죠? 우리가 클리닉을 많이 하면 되나요? 사랑을 안 한 거예요. 사랑을 보여 주지 않은 거죠. 이것을 우리가 어떻게 역전시켜야 할지 정말 선생님들이 답을 찾았으면 좋겠습니다.

그다음에 학습의 동기로서 사랑이에요. 제가 어제 한 대학생을 만났는데, 이 대학생은 고대 기계공학과 학생인데, 산발한 머리에 야구 모자를 딱 썼어요. 그 남자애를 굉장히 매력적으로 느꼈습니다. 강의가 다 끝나고 애프터 미팅을 하는데, 내 자리에 앉아서 이야기하고 싶어 했어요. 그 친구가 "선배님, 제가 3학년인데, 저는 요즘 적정 기술에 관심이 많습니다."라고 이야기해요. 적정 기술은 여러 가지 기계나 화학이라든지 에너지가 많이 들어가는 것이 아니라, 사람들이 주변에서 만들어 쓸 수 있는 기술을 이야기해요.

그런데 이 친구가 뭘 했었냐 하면, 행려병자들이 겨울에 얼어 죽지 않도록 옷을 만들었어요. 어떤 적정 기술로 만들어 냈느냐면, 뽁뽁이라는 포장지를 고대기로 지져서 옷을 만드는 법을 개발한 거예요. 그래서 이 친구와 같이 이야기를 하면서 "난 너의 삶이 참 멋있어 보인다. 너는 앞으로 좋은 비즈니스맨이 될 거 같다."라고 이야기했어요. "결국 사람을 끝까지 의욕을 주고 창의를 만들어 내고, 뭔가 활력을 만들어 내게 하는 힘은 세상과 사람에 대한 사랑이다." 그렇게 이야기하니까 그 친구 눈에서 눈물이 맺혀요. 나는 그 친구가 아주 건강해 보였습니다.

아이들 중에서 '내가 다른 사람을 사랑해야지, 내가 세상에 뭔가 좋은 것을 줘야지.'라는 느낌을 갖고 있는 사람들의 학습 동기는 누구도 꺾을 수 없어요. 아이들이 공부 못한다고 고민할 필요가 없어요. 아이들이 세상을 사랑하게 만들면 되는 거예요. 왜 식당 아줌마들이 불행한지 알아요? 음식을 통해서 사람을 사랑할 결심이 없기 때문이에요. 그렇게 호구지책으로 음식점을 하기 때문에 맛이 없는 식사를 내놓는 거예요. 자신도 불행해지고요. 제가 아는 어떤 식당 주인은 정말 가난했어요. 그런데 아이들이 사골국을 좋아했어요. 집이 다 망한 상태라 칼국수 집을 지하 창고, 허름한 차고 같은 데서 시작했어요. 남으면 자기 애들을 먹일 거라 생각하고 칼국수 집을 시작한 거죠. 남으면 자기 애들 먹일 기니까 얼마나 열심히 민들었겠어요? 그래서 대박이 난 집이 있습니다. 연희동에 있는 신촌 칼국수 집이에요. 제 아는 후배의 집입니다.

아까 제가 말씀드렸던 금 세공을 하는 제 매제가 부산에 고깃집을 냈어요. 사실 이 친구가 맛있는 것을 무지 좋아하지요. 어느 날, "형님, 내 만든 고기 시식 한번 하시죠?" 하며, 재료를 다 가지고 왔어요. 이 친구가 만든 된장과 소스와 양념에 잰 고기와 돼지 껍데기 등을 다 가져와서 가족 열다섯 명이 먹었는데 맛이 무지 좋았어요. 그것을 먹어 보고 "야, 이제 됐다."라고 했어요. 자기 한계를 깼기 때문이에요. 내가 이 맛으로 사람을 행복하게 만들어 줄 수 있다고 생각한 거죠. 그러면 됐지 않나요. 그러면 세상을 살아갈 힘이 있잖아요.

어떻게 하면 교육 현장에서 아이들한테 사랑을 심어 줄 수 있을까요. 세상을 사랑하는 법을 알려 줄 수 있을까요. 학습에 대한 동기로서의 사랑입니다. 이것은 지속됩니다. 돈을 따라가는 기술 개발은 사람을 억누르게 하기도 하고, 사람을 파괴시키기도 하지만 사람을 사랑하기 때문에 무언가를 만들어 내는 것은 굉장히 경쟁력이 있어요. 그것은 참 어렵습니다. 따라잡기도 어렵고, 뒤집기도 어렵고, 무너뜨리기도 어렵습니다.

마지막으로 소비사회에서 사랑의 기술을 어떻게 가르칠 것인가를 소개할게요. 여러분 에리히 프롬의 《사랑의 기술》이라는 책이 있습니다. 오늘날을 지배하고 있는 가치 체계는 소비사회예요. 지금 이 강의도 소비하는 것이죠. 나는 소비당하고 있는 것은 아닌데, 여러분은 소비하고 있는 거예요. 많은 사람이 종교를 대하는 것 자체도 소비하듯 해요. 그렇지 않나요? 설교를 컨슈밍하고 있어요. 그러니까 설교가 어디가 더 좋으면 거기로 확 몰려갑니다. 마치 은행에서 이자율이 조금이라도 높다고 하면 그쪽으로 몰려가는 것처럼. 그러니까 종교도 소비적 행위예요. 우리 사회를 지배하고 있는 것이 소비입니다.

소비한다는 것은 무엇을 소비해 버리면 없어지는 거예요. 컴퓨터게임같이 리셋해 버리면 날아가고 없어져 버리는 것이죠. 그런데 사용하는 것은 다릅니다. 이 컵은 내가 소비할 수가 없어요. 이 컵은 내가 사용하는 거예요. 이 컵은 내가 먹고 집어 던지면 안 됩니다. 누군가가 또 쓸 것이기 때문이죠. 이 스크린 역시 소비하는 게 아니라 내가 사용하는 거예요. 사용한다고 하는 것 속에는 남에 대한 배려가 있습니다. 우리가 아이들한테 소비사회가 주고 있는 남을 존중하지 않는 개인주의적인 모습을 어떻게 극복하고, 힘이 들더라도 남을 받아들이고 용납하고 견뎌 주고 같이 가는 사랑을 가르칠 것이냐 하는 부분이 저는 초등학교 때부터 중학교 때, 고등학교 때 교육 현장에서 극복해야 할 가장 중요한 물음이라고 생각합니다. 그리고 그 중심에는 선생님들이 있습니다.

선생님들이 애들이 믿든지 말든지 내가 너희들을 사랑한다고 가슴속에 있는 말로 한번 이야기해 보면, 아이들이 장난스럽게 받아들일지는 모르지만, 깊이 받아들일 거예요. '내가 너희를 사랑한다.' 우리 아이가 지금 상당히 고민하고 있어요. 아이가 학교는 정말 맘에 안 드는데, 친구들이 좋은 거예요. 아이가 자퇴 신청을 내고 나오는 날, 친구들이 이름을 막 적어 줬대요. 여학생들도 핸드폰 번호 막 적어 줬대요. 그런데 선생님과 상담을 하는데, 선생님이 우리 아이한테 "나는 네가 우리 수업 시간에 같이 있었으면 좋겠어."라고 하더래요. 아이가 의외의 반응을 보였어요. "진짜요, 선생님?" 이렇게 물었다는 거예요. 그런 것들을 바랐다는 것이죠. 아이들이 선생님한테 반항할 수 있어요. 안 그런 척할 수 있어요. 그러나 선생님이 너희들을 정말 사랑한다고 말하고 그것이 아이들한테 와 닿는 순간, 아이들은 굉장히 달라질 거예요.

정리하겠습니다. 교육의 주체에 대한 물음, 지식의 구조에 대한 물음, 사랑에 대한 물음, 이 세 가지의 다른 교육에 대한 물음과 질문들을 현장에서 여러분들이 적용했으면 좋겠습니다.

질의응답

청중 저는 진로 학교 강의는 못 들었지만,《행복한 진로 학교》 책자를 통해서 최영우 대표님의 글을 읽었습니다. 책 내용을 보면 인문학적 소양에 대해서 강조를 하셨는데, 제가 요즘 읽고 있는 책이《리딩으로 리드하라》입니다. 혹시 그 부분에 대해서 오늘 강의 주제와 관련해서 교사들에게 해 주시고 싶으신 말씀이 더 없을까요? 강의를 들어 보니까 울림이 있고, 깊이가 있습니다. 그런데 이런 것이 인문학적인 소양에서 오신 게 아닐까 하는 생각을 했습니다.

강사 저는 대단히 중요하다고 생각합니다. 그런데 요즘은 인문학도 하나의 패션처럼 사람들한테 가볍게 다가갈까 좀 걱정스러운 마음입니다. 현장에 있으면서 앞으로 20~30년 동안 인문, 사회와 관련된 에너지가 많이 투입될 것이라는 직관적인 판단은 있습니다. 그렇기 때문에 우리 아이들에게 인문학을 한다고 이야기한다는 것은 아까 말씀드린 것처럼 전문가의 장벽을 깨뜨리는 걸 의미해요. 송인수 선생님이 인문학을 하시는 분으로 시를 쓰시지 않나요. 윤지희 선생님이 물꽂이를 합니다. 물꽂이가 뭔지 알고 있나요? 식물을 증식시키는 방법인데, 그냥 물에 꽂아 두면 된다고 해요. 대단한 깨달음이지 않나요. 두 분 운동의 힘은 무엇이냐 하면 어떤 경계를 넘어서 버린 한 번의 경험이 있다는 거예요. 그것은 아이들한테 어떤 장식이라든지 폼 내는 걸로 하는 것이 아니라 자기 삶을 다시 본질로 계속해서 가게 하는 힘입니다.

요즘 제가 많이 생각하는 것은 그거예요. 과거에 저는 까칠한 사람이었어요. 까칠하다는 것은 뭐냐면, 굉장히 판단을 빨리 하는 사람이라는 거죠. 컨설턴트의 직업적인 본능이에요. 어떤 단체를 만나면, '문 닫아라, 미션이 다한 거 같다, 그만하라, 이 단체는 한 3년 하면 되겠다.'는 등 굉장히 빨리 판단을 내렸습니다. 의사들이 감기 진단을 내리는 데 시간이 오래 안 걸리지잖아요. 요즘에는 조금 다르게 생각합니다.

아도르노라고 하는 철학자가 있는데, 저한테 굉장히 충격적인 이야기로 다가왔어요. 제2차 세계대전이 끝나고 난 다음에, 왜 독일 사람들이 나치에 굴복했을까를 설명하는 철학자 두 명 있었는데, 한 명은 한나 아렌트라고 하는 사람이에요. 이 사람은 독일인이 이성을 사용하지 않았다고 이야기했고, 아도르노는 너무 이성을 많이 사용했다고 이야기합니다.

제가 아도르노의 생각도 상당히 깊이가 있는 것 같아서 요즘 주목하고 있는데, 아도르노의 개념은 독일 사람들이 니체나 헤겔이나 이런 사람들의 이성적 사고에 몰입되어 있었기 때문에 히틀러가 제시했던 이성의 프레임에 빠져 버렸다는 겁니다. 작은 것의 힘, 작은 것의 무서움, 그 이야기를 들을 수 있는 사람이 아니면, 이성이 억압적이고 폭력적으로 작용될 수 있다는 거예요. 독일 병사들이 유대인을 학살할 때 유대인 소녀의 눈망울을 보면서 인간으로서 이 아이는 죽이면 안 된다고 하는 그 외침에 대해서 나치즘 때문에 무시해 버렸던 거예요. 폭력적인 그 현상, 그 이성으로 작은 것, 조그만 것을 억눌렀던 그것이 그런 불행을 가져왔다고 이야기합니다.

실제로 우리는 이성에 쉽게 속을 가능성이 있어요. 이 시대정신에도 속을 가능성이 있어요. 그래서 우리가 무엇을 많이 봐야 하냐면 자연을 접하는 경험들이 많아야 하고, 작은 것들의 소리에 귀 기울여야 해요. 아이 한 명 한 명을 그냥 스테레오타입으로 규정하고, '이 아이는 INTJ야, 얘는 ENTP야, 얘는 사업가형이야.'라고 너무 쉽게 카테고리로 매깁니다. 그런데 모든 한 사람 한 사람의 삶이 우주이잖아요. 한 명의 우주잖아요. 그러면 그 아이의 삶은 그 아이가 대변하고 있는 세계가 있기 때문에 우리가 함부로 규정하기가 어려운 부분이거든요. 그래서 교육 현장에서 작은 아이들의 소리를 무겁게 들어야 할 필요가 있습니다. 그것이 이제 선생님들한테 얼마나 고통스러울까, 그 짐을 다 짊어지고 가는 게 얼마나 고통스러울까 생각하지만, 저는 또 어떻게 생각하느냐 하면, 그 짐을 안 짊어지고 가려고 하기 때문에 더 힘들다고 생각해요.

내가 그 짐을 지겠다고 용기를 가지고 결심을 하면, 오히려 숙명으로 받아들입니다. 내가 아이들을 사랑해야 한다, 얘들 삶 속에서 얘들을 구제해야 한다고 생각을 해 버리면 내가 부서지고 깨지더라도 하게 되면 그다음부터는 에너지가 불타오르는데, 결심이 없는 거예요. 내가 해도 될까, 괜히 피 볼까, 괜히 인생이 피곤해지지 않을까 하고 생각하기 때문에 그렇게 되는 겁니다. 그런데 교사에게 주는 특권이 있잖아요. 그 수많은 우주들을 끌어안고 있잖아요. 그런데 저는 우리 아이가 중학교 때 방황하는 걸 보면서 많이 배웠죠. 함부로 아이 삶을 규정할 수 없고, 아이의 인생이 있고, 귀 기울여 들어야 하는 부분들이 있다고 생각합니다.

그래서 제가 생각하는 인문학이라는 것은 어떤 텍스트라든지, 음악이나, 이런 것들을 대할 때에 내가 변할 수 있는 것입니다. 〈바베트의 만찬〉을 보고 나면 무지 행복하죠. 〈바베트의 만찬〉을 보기 전의 나와 보고 난 다음에 내가 다른 것 같아요. 어떤 음악을 들었을 때 또 다른 것 같고요. 그것은 뭘까라고 생각했을 때 모든 사람 영혼 속에는 무거움이 있다고 생각해요. 어떤 아이들에게도 무거움이 있는 거죠. 그것에 대한 깨달음이 교육 현장에 있지 않을까. 교사들에게 제일 중요한 부분은 사랑에 대한 결심과 두려움을 이기는 것이라고 생각합니다. 그 속에 들어가 버리면 할 수 있을 거예요.

청중 규정적이고 단시한적인 진로 교육의 한계에 대해 말씀하셨는데, 그러면 현실적으로 교사들이 진로 교육을 할 때 어떻게 하면 좋을지, 진로 교육은 무용하니까 차라리 그 시간에 인문학적인 소양이라도 조금 길러 주는 것이 좋겠는지, 아니면 교사에게 진로 교육 시간이 주어진다면 어쨌든 교육은 해야 하니까 그런 진로 교육 시간은 어떤 식으로 활용했으면 좋겠다는 이야기를 해 주면 좋겠습니다.

강사 제가 교육학적으로는 설명을 잘 못 하겠고요. 우리 분야에서 쓰는 전문 용어인데, 뭔가를 매칭시킬 때 시리얼 매칭이라는 게 있고 그룹 매칭이라고 하는 그런 개념을 쓰는데, 그룹 매칭은 어떤 영역을 일치시키는 것을 이야기하고, 시리얼 매칭은 송곳과 송곳 끝 날이 만나는 것처럼, 점과 점이 만나는 그런 개념입니다. 저는 진로 적성 교육에서 그 아이의 전반적인 경향성에 대한 부분에 대해서 "너는 이런 경향을 가지고 있으니까 이런 가능성이 있어."라고 이야기해 주는 그런 영역의 진로 교육은 필요하고 또 권장해야 한다고 생각합니다. 그런데 "너는 교사를 해야 해. 너는 의사를 해야 해" 이런 것은 굉장히 위험하다고 생각해요.

그렇게 이야기하는 부분들은 시리얼 매칭이고, 그룹 매칭은 그림으로 보면 유화죠. 크게 터치를 하는 것 같은 거죠. 그것은 안전할 거라고 생각합니다. 그런데 또 하나 문제가 무엇이냐면 많은 지식 가운데 본질적인 지식은 전이가 가능한 지식인데 또 전이가 불가능한 지식이 있거든요. 어릴 때 전이가 가능한 지식을 많이 쌓도록 하는 것이 아이들한테 훨씬 더 장기적으로 도움이 되는 거겠죠. 전이가 가능한 지식이란 것은 내가 이것을 하더라도 다른 일을 할 때도 여기에서 했던 것들을 그대로 쓸 수 있는 그런 힘이거든요. 그것은 아까 말씀드린 것처럼 문법과 논리학과 수사학이라고 하는 그 분야의 기초가 탄탄하면 무엇을 하든 잘할 수 있어요.

그렇지만 저는 아이들에게 성향은 있다고 생각합니다. 저는 아주 애를 쓰면 따질 수는 있지만, 꼼꼼한 걸 잘 못 따집니다. 저는 꿈을 꿀 때도 흑백으로 꿈을 꿀 수 없고 항상 컬러로 꿉니다. 그다음에 사람을 기억할 때 이름을 기억 못 합니다. 잘 못 하고, 그 사람과 만났던 온도와 색깔을 기억해요. 전체적인 분위기를 기억하는 거죠. 그렇기 때문에 저한테 그 사람의 이름을 기억하고 아주 구체적인 것을 챙기는 부분은 제가 과도한 에너지를 써야 하기 때문에 힘이 들어요. 저는 성향상 문제가 많은 조직을 보면 즐거워요. 왜냐하면 그림으로 그려지고 느낌이 오기 때문에요.

우리 회사의 부대표라든지 많은 직원이 저와 성향이 전혀 다른데요. 굉장히 치밀하고 분석적이고, 꽃병을 보더라도 저는 아이스크림이 생각나는데, 이 친구는 빨간 꽃 네 송이, 파란 꽃 세 송이 이렇게 봅니다. 그럼 그것에 대해서는 우리가 인정을 해야죠. 그 사람의 에너지가 어디로 많이 흐르고 있고, 그런 것들을 발견하고 자기를 이해하는 부분까지 가는 것은 좋은 진로 교육이라고 생각해요. 시리얼 매칭의 폐해를 피하면 되고, "너는 다양한 많은 가능성을 갖고 있으니까 넓은 지식을 쌓아 가라."라고 이야기해 주는 거죠. 저는 인문학을 꼭 공부해야 한다기보다는 지식의 구조와 생각의 힘, 표현하는 능력, 수사학이라고 이야기했던 의사소통하는 능력, 발표하는 능력, 그런 부분들을 더 강하게 가면 무엇을 하든지 어렵지 않을 것이라고 생각해요. 지금 진로 교육을 했을 때, 제가 봤을 때는 경제학에서 주가의 흐름을 맞추는 거라든지 성장률을 예측하는 것처럼 비슷하게 무책임한 것이라고 생각합니다.

사회자 제가 한두 가지 추가적인 질문을 드리겠는데요. 오늘 강의 내용과 조금 다를 수 있는데, 결국은 맞닿는 부분이기도 합니다. 저희 이번 교사 등대지기 학교 전체 화두가 '교사, 입시를 넘다'이거든요. 제가 앞으로 최영우 대표님 강의를 필두로 해서 마지막 강의까지 이 화두를 강사분들에게 질문을 던졌으면 좋겠다고 생각했습니다. 그러니까 어떻게 넘느냐의 문제는 강사분들이 생각하는 바에 따라 다 다를 수 있겠죠. 어떻게 넘을 수 있다고 보시는지요?

강사 답을 정확하게는 잘 못 하겠고요. 그냥 제가 느꼈던 한 상황을 이야기해 드리겠습니다. 제가 연세대 음대를 컨설팅 할 뻔했어요. 거기에서 컨설팅을 요청했었는데, 상황이 잘 안 돼서 도움을 주지는 못했어요. 그렇지만 제가 음악교육에 대해 한 번 엿볼 수 있는 상황이 있었습니다. 제가 충격을 받은 게 무엇이냐면 예를 들면 연대 음대를 졸업한 100명이 있으면, 실제로 음악 활동으로 계속해서 자기 삶을 꾸려 나가고 있는 사람은 몇 명이나 될 것 같아요? 100명 중에서 한두 명입니다. 상당히 많은 경우는 열등감에 사로잡혀 살아요. 그 사람들은 음악가 한 명이 무대에 설 때 좌절하고 분노 속에서 살아요. 그래서 제가 연대 음대 학장님께 음대 교육의 엘리트주의와 상관없이 메인스트림에 들어가지 못하는 대다수 사람들의 교육적 의미는 도대체 뭐냐, 이 부분에 대해서 우리가 이해하지 못하면 한국에서의 음악교육이라고 하는 것에 대해서 우리가 어떤 가치를 부여할지 잘 모르겠다고 했어요.

저는 '입시를 넘다'라고 하는 부분은 대학을 바꿔야 한다고 생각합니다. 아주 솔직히 이야기해서 우리가 박지성 예를 들고, 김연아, 박세리, 최경주 예를 드는 것이 무책임하다고 생각해요. 우리가 그렇게 부추기는 수많은 아이 중에서 몇 명이 그 대열에 들어갈 수 있겠어요. 그리고 음악 좋아하는 아이들한테 "적성으로 한번 해 봐, 하고 싶은 걸 해."라고 하는 것이 얼마나 무책임한가요. 뻔히 알잖아요. 제가 실용음악 학원들도 컨설팅 해 봤는데, 그 아이들의 삶을 다 어떻게 할 수 있을까 생각을 하면 하면 솔직히 끔찍해요.

무슨 말을 하고 싶은 거냐 하면, 대학을 바꿔 내야 된다는 거예요. 대학을 더 직업 전문적인 학교로 바꾸는 것이 아니라 대학을 더 벙벙한 교육을 시키는 곳으로 바꿔 내야 합니다. 대학에서 너무 공부 잘하면 안 돼요. 직업교육은 학교가 시키는 것이 아니라 회사가 해야 하는 거예요. 그것을 기업들이 대학한테 자기들의 비용을 떠넘기려고 하는 형태이기 때문에 대학 교육이 제대로 안 된다고 이야기하는데, 저는 솔직히 이야기해서 교대도 보면서 공부를 너무 시켜서 교사들을 다 망치고 있다고 생각합니다. 애들이 입시 공부 때문에 철학 공부를 할 시간이 없어요. 청주교대를 컨설팅 하면서 제가 받았던 느낌이 임용 고시 때문에 아이들이 찌들어 있고, 3~4학년 들어가면서 각박해지기 시작하고, 너무 경쟁적이 되고, 여유가 없고, 책을 안 읽습니다. 청주교대 도서관 관장과 이야기를 한 적이 있는데, 아이들이 어떤 책을 읽는지 질문하니까, 참 대답하기 어려워하더라고요.

입시를 넘는다는 것은 저는 고등학교 선생님들만 가지고 해결할 수 있는 문제는 분명히 아니라고 생각을 합니다. 그래서 대학을 분명히 바꿔 내야지만, 입시를 넘는 부분에서 책임감 있게 그것을 이야기할 수 있고, 물론 직업학교가 많이 생기는 것은 저는 필요하다고 생각해요. 너무 대학이 유교 전통 때문에 인문 쪽이 강조가 되어 있는 상황이기 때문에 그 비율을 좀 조절하는 것은 필요하다고 생각하지만, 대학이라고 하는 것 자체의 지식은 상당히 전이 가능하고 이전성이 있는 그런 지식이어야지, 당장 실용적으로 써먹을 수 있는 지식을 중심으로 강조한다는 것은 저는 패착이라고 생각합니다.

사회자 아마 여기 수강하시는 선생님들도 '교사, 입시를 넘다'와 관련하여 자기 현재 상태에서 어떻게 넘을 것인가에 대해서 끊임없이 고민을 하면서 마지막까지 같이 가야겠다는 생각이 듭니다. 시간도 많이 됐지만, 한두 가지 더 질문을 드리면, 앞부분에서 강의하시는 분들에게 질문을 미처 드리지 못한 상태에서 처음 드리는 질문인데, 최영우 대표님께서는 하시는 일들을 통해서도 그렇고, 사람으로서 살아가는 부분에서 우리 모두가 생의 결정적인 시기에 어려움을 직면하게 됩니다.

제 아들도 첫째 아들이 과학을 좋아한다는 이유로 자기의 흥미를 따라서 과학 중점 학교에 뺑뺑이를 돌려서 들어갔지만, 실제로 들어가기 전에 한 부분에 대해서 걱정한 것은 이 아이가 수학을 못한다는 거였어요. 아주 심각하게 못합니다. 과연 과학 중점 학교에 들어가서 수학을 피하면서 과학을 공부할 수 있을까 생각을 하고 말리려고 하다가 말리지 않았어요. 그래서 아니나 다를까 지금 아이가 고민을 하고 있고, 심각한 괴로움을 겪고 있는데요. 그래서 오늘 주신 말씀들을 생각하면서 이 아이에게 할 수 있는 이야기들이 있겠다. "네가 지금같이 겪는 어려움들을 인생에서 수없이 겪게 될 텐데, 이 고비를 어떻게 넘기느냐가 굉장히 중요하다."라고 이야기하면서 대화를 해야겠다는 생각도 듭니다.

어쨌든 그럴 때 인생에서 결정적인 어려움들이나 또는 어떤 일들을 치고 나가는 힘, 이런 부분들을 어디서 끌어올리는지, 어려움들에 직면할 때 무엇을 딛고 일어서는지, 왜냐하면 우리 교사들이 사실은 이렇게 해야 한다 저렇게 해야 한다 하지만 우리가 또 그렇게 못 하고 살아가는 부분들이 있잖아요. 그 부분들에 대해서 많은 이야기를 하지 않아도 좋으니까 좀 힘의 원천이라고 해야 하나 그런 부분들에 대해 말씀 부탁드립니다.

강사 굉장히 무거운 질문인데요. 솔직히 이야기하겠습니다. 저는 굉장히 내성적이고 열등감이 아주 심각했던 사람이에요. 너무나 가난한 집에서 자랐기 때문에 열등감이 아주 강했던 아이였어요. 그런데 지금 가만히 생각해 보니까 저한테 가장 좋은 영향을 미쳤던 분은 외할머니였던 것 같아요. 제가 어머니와 떨어져서 4년을 살았는데, 초등학교 전에 외할머니 밑에서 4년간 살았어요. 거의 전폭적 무조건적 신적 사랑을 저한테 주었던 것 같아요. 무조건 손자가 최고고, 제일 예쁘고, 무조건 맛있는 것 있으면 주고, 똑똑하다 칭찬하고 그랬던 것 같아요. 그러니깐 그 깊은 열등감 속에서도 어떤 사람에게서 수용되었다는 그 느낌은 저한테 굉장히 컸고, 그것이 긍정적인 생각을 형성시켜 주었다라고 생각되고요.

머리가 커서 저한테 많은 영향을 미친 것은 역사관에 대한 것 같아요. 도대체 이 세상을 움직이고 있는 힘의 원천들이 무엇이고, 그것은 나와는 어떤 관계에 있는지에 대해서 조금 일관된 생각들을 갖고 있습니다. 또 하나는 본질을 이해하고 싶어 하는 단순성이에요. 제가 비즈니스를 하지만, 비영리단체가 뭐다라고 하는 나의 이론이 있고, 그것을 단체들을 컨설팅 하면서 대입을 했을 때 그 단체들이 힘을 얻고 하는 것을 보면서 내가 어떤 우주와 또는 역사와 조화를 이루면서 살아가고 있다는 느낌을 가지죠.

사람이 가장 힘을 얻을 때가 뭐냐 하면 내 존재의 지점을 확인할 때인 것 같아요. 내가 어떤 의미가 있는 사람이고, 누군가에게 어떤 의미가 있는 사람이라고 하는 부분이고요. 또 하나는 굉장히 다른 이야기인데 나이가 들면 어떤 열등감이나 어떤 초조함이 생기는가 하면은, 내가 뭔가 이루어야 하는데 하는 그런 생각이 들어요. 그런데 저는 그런 생각을 포기한 지 오래됐어요. 사람이 평생 얼마나 많은 일을 할 수 있을까 생각해 봤는데 별로 할 일이 많지가 않아요. 그냥 아내를 사랑하는 것, 아이 둘을 잘 키우는 것, 나한테 주어진 회사의 직원들과 좋은 회사를 만들어 가는 것, 내가 만나는 사람들한테 최선을 다해서 뭔가를 같이 나눌 수 있는 것, 그것을 하면 절대자를 만났을 때 나한테 뭐라 그러지는 않겠다는 생각을 하는 거예요.

제한된 사람들의 일상 속에 영혼이 있다고 생각합니다. 그리고 그 사람들의 세계는 온 우주와 연결되어 있다고 생각해요. 내가 평생 몇몇 아이들과 씨름을 해야 하지만, 그것은 그 사람을 통해서 온 세계와 연결되어 있는 것이죠. 온 우주와 그 사람이 연결되어 있는 것이고요. 농부가 농사짓는 것을 통해서 온 우주와 합일되지 않다면 그 인생이 굉장히 불행한 거잖아요. 농부를 만들어 낸 신은 정말 나쁜 신이잖아요. 고등어를 파는 아주머니가 그 고등어를 구워 주며 사람들한테 행복을 주는 것을 통해서 온 우주와 만날 수 없다면 그 삶은 열등하고 나쁜 삶이죠.

그래서 욕심을 버리는 것은 뭐냐 하면 내 작은 삶 속에 온 우주가 담겨 있다고 하는 것을 이해할 때예요. 그리고 나는 우리 아들을 통해서 세계를 만나고, 우리 아내를 통해서 세계를 만나야 하는 거예요. 뭐 거창하게 이야기하면 일상에서 영혼을 만나는 것이죠. 사실 사람이라고 하는 것이 눈만 감으면 어떤 신비한 세계로 연결되는 아주 신비한 존재예요. 그런데 그것과 나는 솔직히 이야기하면 내 일상과 어떤 신비한 세계의 구분이 별로 없는 것 같아요.

제가 주접을 떠는 것 같지만 제 페이스북에 우리 집 이야기나 제 일상 이야기를 쓰는 것은 내가 이야기할 수 있는 유일한 표현의 수단이라고 생각하기 때문이에요. 내가 아주 추상적인 개념을 이야기하는 것은 때로는 무책임한 거예요. 내가 모르는 이야기를 하는 거예요. 그렇죠. 그래서 지금은 일상성이 굉장히 중요해요. 그래서 선생님들은 행복해야 돼요. 아이들한테 영향을 미치려면 선생님들이 행복해야 합니다. 정말로 선생님들의 삶이 매력적이어야 해요. 찌들려 있으면 안 돼요. 행복해지세요. 행복해질 거예요.

점수, 등수 중심 진학 지도를 벗어나라

고병헌

고병헌

성공회대학교 교양학부 교수이고, 평생학습사회연구소 소장으로 일하고 있다. 대안교육, 평생교육, 사회적 약자를 위한 인문학 등의 영역에서 강연도 하고, 여러 가지 프로그램을 기획하고 진행하고 있다.

노동을 하지 않으면 삶은 부패한다.
그러나 영혼 없는 노동을 하면 삶은 질식되어 죽어 간다.[1]

_알베르 카뮈Albert Camus

당신이 생각하는 진로의 뜻은

모든 갈등은 비교에서 시작됩니다. 부모가 자녀의 언행에 힘들어하는 것은 바로 이런 비교에서 시작하는 경우가 대부분입니다. 자녀의 어떤 행동거지도, 많은 부모들이 자기 마음속에 세워진 '표준적인 기준'에 맞춰 비교하며 해석하곤 하지요. 자녀의 행동 하나하나는 그 자체만 보면 아무런 문제가 될 것이 없는 것들이 태반인데, 부모가 사회적으로 학습된(혹은 세뇌된) '기준'의 잣대를 들이대기 시작하면서, 자녀 자신은 그 존재 자체를 도저히 상상할 수 없었을 그 '기준점'으로부터 내 자녀 언행의 지점까지의 '일탈逸脫 거리'가 부모를 불안하게 만드는 것입니다.

한마디로, 부모가 자기가 '표준'을 세우고, 자기가 '비교'하고, 그 결과 자기 스스로가 아직 일어나지 않은 일을 당겨서 불안해합니다. 자녀는 전혀 의도하지 않았던 의미까지 덧씌워서 말이지요. 즉, 실제로 그것이 일어날 확률이 그리 높지 않은 '미래의 걱정과 불안'을 앞당겨서 자신을 괴롭히는, 일종의 '자학自虐'으로 볼 수 있겠습니다. 그리고 정도의 차이는 있겠습니다만, 이런 비교지심은 학교에서 교사와 학생 사이에서도 흔히 경험된다는 것을 우리 모두는 직간접적인 경험을 통해서 잘 알고 있습니다.

그런데 이보다 더 심각한 상황은, 교사나 부모 자신은 분명히 '올바른' 기준점을 가지고 있다고 강하게 믿고 있지만, 실제로는 그런 표준의 깃발을 가지고 있지도 않으면서 자녀나 학생에게 매우 변덕스러운 잣대를 들이댈 때입니다. 이때는 부모나 교사 자신이 먼저 치유를 받아야 하고, 심할 경우에는 치료도 받아야 할 사람이기 때문에 부모와 자녀 간, 교사와 학생 사이의 대화나 갈등 해결이 난망한 것은 물론, 교사나 부모의 존재 그 자체가 종종 자녀나 학생에게 '폭력'으로 경험될 수 있다는 사실에는 주목할 필요가 있습니다.

지금까지 드린 말씀을 그림으로 표현해 봤습니다.

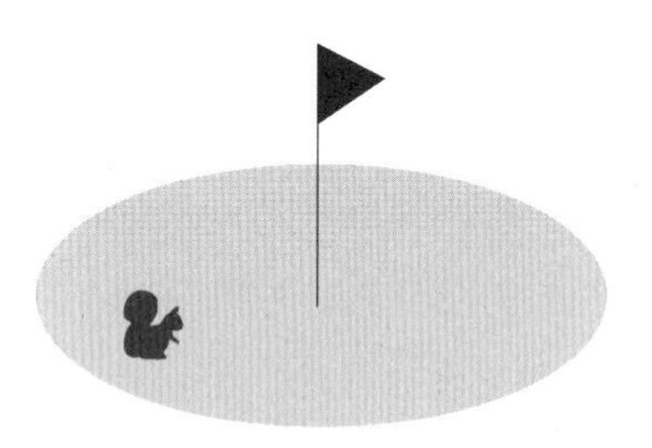

이 그림에서 다람쥐를 내 자녀나 학생으로, 그리고 서 있는 깃발이 부모나 교사로서의 나의 신념, 혹은 믿음, 경험, 생각이라고 상상해 보십시오. 부모나 교사로서 나는 무엇보다도 내 자신이 세운 표준 깃발과 자녀나 학생이 서 있는 지점의 간극, 혹은 '어긋남'에 대해서 힘들어하고 괴로워하면서 갈등하기 시작한다는 말씀을 앞에서 드렸습니다. 제가 말씀드리고 싶은 핵심은 이런 간극, 혹은 어긋남을 생각하고 성찰하면서 자신을 성장시키

는 계기로 삼을 수 있는 용기가 부모나 교사에게 무엇보다도 절실하다는 사실입니다.

모범적인 생활을 했던 교사나 부모일수록 학생, 자녀의 '어긋남'에 대해서 견디기 힘들 것인데, 이때 변해야 할 주체는 자녀나 학생보다도 어쩌면 부모나 교사이어야 할 때가 대부분이라는 사실에 실로 진지하게 주목할 필요가 있다는 것입니다. 부모나 교사 안에 견고하게 똬리를 틀고 있는 '표준' 깃발과 자녀, 학생의 언행이 위치하고 있는 지점 사이의 거리를 '비교'하면서 발생하는 '갈등'은 그 '어긋남'의 간극을 부모나 교사가 성찰과 사유의 계기로 삼으면서 자신의 삶을 바꿀 수 있을 때 해결의 실마리를 찾을 수 있다는 사실에 주목하시길 진심으로 바랍니다.

여기서 한 가지 더 생각해 볼 문제가 있습니다. 이 그림에서 깃발을 이번에는 자녀나 학생의 꿈, 혹은 미래의 목표라고 생각해 봅시다. 이 경우 부모나 교사 대부분은 자녀나 학생에게 목표(깃발)에 이르는 과정에 온 힘을 다 쏟으라고 다그칠 것입니다. 문제는 이처럼 '과정'에서 탈진해 버린 사람은 막상 깃발이 세워진 지점에 어떻게든 도달하더라도 깃발을 붙잡고는 남은 힘이 없어 그 깃발을 들어 올리지 못하는 수가 있다는 사실입니다.

처음 시작은 좋은 의사가 되어 생명을 살리고 싶은 꿈에서, 법관이 되어 사회정의를 실현하고픈 바람에서 시작했지만 그런 미래의 삶, 혹은 '일'을 위한 준비 과정인 학창 시절에 삶의 에너지가 완전히 소진해서 바닥났기 때문에 훌륭한 의사나 신뢰받는 좋은 법조인이 되는 데 갖다 쓸 힘이 남아 있지 않다는 말이지요. 실로 이것이 우리 사회가 오랫동안 반복해서 경험하는 현상이며, 우리가 우리 사회에 대해서 희망을 쉽게 갖지 못하게 만드는 핵심 이유이기도 합니다. 자, 그러면 이런 상황에서, 최근 우리 교육계에서 매우 뜨거운 관심 주제인 진로 교육, 혹은 진학 지도는 어떤 뜻을 담아야 할까요? 이에 답하기 위해서는 무엇보다도 먼저 진학과 진로의 개념적 차이에 주목해야 합니다. 현재 진학 제도가 문제가 있다는 데에 모두 공감할 것입니다. 그래서 진학 제도의 문제에 대한 해법을 찾는다고 해서 진학 제도라는 틀을 벗어나는 건 아닙니다. 그러니까 진학 제도를 이야기하는 것과 진로를 이야기하는 것은 범주가 다른 겁니다. 진학과 진로는 서로 다른 개념이라는 말입니다.

그러면 진로 교육이라고 할 때, 진로進路의 뜻이 뭘까요? 우리가 쓰는 말, 용어, 언어에는 개념이라는 것이 들어 있습니다. 주변에서 부모와 자녀가, 교사와 학생이 대화를 하면서 "도대체 몇 번을 말해야 알겠니?"라고 답답해하는 경우를 종종 목격하실 것입니다. 같은 언어를 쓰고 있지만, 같은 용어를 주고받지만, 그 말 속에 들어가 있는 개념이 다르기 때문에 이런 일이 벌어지는 것이지요. 같은 말을 주고받는 것이 의사소통이 아닙니다. 진로 교육도 마찬가지지요.

'진로'라는 용어 속에는 '직장 구하기'라는 개념이 들어갈 수도 있고, '삶을 살아가는 길'이라는 개념이 담길 수도 있는데, 불안에 휩싸이지 않고 합리적인 판단을 할 수 있는 상태의 사람이라면 진로라는 용어 속에는 어떤 개념이 들어가야 하는 게 교육적으로 맞을까요? 삶을 살아가는 길이어야 합니다. 그리고 한 번뿐인 삶을 어떻게 살아야 하는지를 성찰하고, 그런 삶을 살아가는 데 필요한 힘을 길러 주는 것이 진로 교육이라고 한다면, 이런 진로 교육에서 가장 중요한 교재는 아마도 교사나 부모의 삶이 되겠지요.

일을 한다는 것은 삶을 영위하는 하나의 방편이자 자신의 존재 이유를 실현하는 길일 수 있을 때 그 의미가 있기 때문이지요. 그래서 청소년기까지는 일을 가르치는 것과 삶을 살아가는 법을 가르치는 것이 그 본질에서 크게 다르지 않아야 하며, 이런 이유에서 삶의 교육이 청소년 진로 교육의 기본이자 시작이 되어야 한다고 생각합니다.

사실 이렇듯 일을 가르치는 것인지, 삶을 교육하는 것인지 구별이 필요 없는 삶이 최근까지 우리 사회에 많이 있었어요. 제 이야기의 결론 중에서 한 가지를 미리 말씀드리면 그것이 일하는 방식이든, 삶의 방식이든, 혹은 가족끼리, 이웃끼리 서로 관계 맺는 방식이든, 어쩌면 옛것이라고 해서 무시했던 것이지만 앞으로는 그 방식으로 생각하고, 관계 맺고, 살아가야만 할는지 모른다는 것입니다. 그래서 오래된 미래라고 하죠. 영어로 Ancient Future라고 해요. 고대의 미래. 시간으로 보면 고대와 미래는 서로 대척점에 있는데 한 단어로 아름다운 조화를 이루는 거예요.

우리가 앞으로 살아야 될 삶의 전형이 어쩌면 옛것이라고 해서 무시했던 곳에 있을 수 있다는 '문명사적 성찰'을 담고 있는 말입니다. 아마 앞으로 여러분 자녀나 학생들이 이런 일을 찾아나가야 하지 않을까 싶고, 진로 교육은 바로 이런 일 찾기를 도울 수 있어야 한다고 믿습니다.

대안적 진로 교육의 의미와 방향

그러면 '직장 구하기'로 치우친 느낌을 주는 현행 진로 교육의 문제점을 극복할 수 있는 대안은 무엇일까요? 이와 관련하여, 잠깐 두 가지 신문 기사 내용을 함께 보시겠습니다.

> …… 취업 경쟁이 치열해지면서 대학에 입학하기도 전에 공인회계사 등 자격증 시험을 준비하는 고등학생이 늘고 있다. 대학에서 학과 수업을 듣기 전 '선행 학습'을 위해 학원에 등록하는 경우도 있지만, 이른바 '스펙' 확보 차원에서 취업 준비를 일찍 시작하는 이들이 대부분이다. …… 이제 막 성인이 된 이들이 자격증 시험에만 매달리는 것에 대한 우려의 시선도 있다. 부모의 지나친 관심이 오히려 미래에 대한 자녀의 진지한 고민을 차단한다는 것이다.
>
> 한겨레, 2011년 1월 6일 자

> 젊은 구직자들이 더 나은 일자리를 얻기 위해 갖가지 '스펙'을 쌓기 위해 안간힘을 쏟고 있지만, 실제 직장 생활에는 스펙이 별 도움이 되지 않는 것으로 나타났다. 그 가운데서도 가장 쓸모없는 것은 '공인 영어 점수'로 조사됐다. …… 응답자의 65.2%가 '입사 전에 쌓은 스펙이 업무에 도움이 안 된다.'고 대답했다. 가장 많은 41.3%(복수 응답)가 쓸모없는 스펙으로 토플 등 공인 영어 점수를 꼽았다. '봉사 활동 경험'(35.9%), '한자 능력 취득'(29.5%), '피시PC 관련 자격증'(29.4%), '아르바이트 경험'(26.7%) 등이 뒤를 이었다. 업무에 도움이 안 된다고 생각하는 이유로는 '취업을 위한 서류상 스펙이기 때문'(46.3%)이라는 대답이 가장 많았다. 취업 준

비를 위해 쌓는 스펙의 대다수가 업무 능력과는 무관하다는 뜻이다. 하지만 직장인들의 77.5%는 업무에 필요하다고 느끼는 또 다른 스펙을 쌓기 위해 여전히 노력하고 있는 것으로 나타났다. '이직'(35.5%), '더 높은 연봉'(21.1%), '고용 불안'(6.8%), '승진'(6.4%) 등이 주된 이유로 꼽혔고, '자기 만족을 위해서'라는 응답자도 16.4%나 됐다.

한겨레, 2010년 6월 22일 자

요즘 그 강도가 조금 약해진 것 같기는 하지만(순전히 제 바람 때문에 그렇게 느끼고 있는지 모르겠습니다만), 한동안 우리 사회에서는 소위 '스펙 쌓기' 광풍이 휘몰아쳤지요. 어떤 자격이 왜 필요한 것인지에 대해서는 질문하지 않은 채, 아니 그 이전에 내가 도대체 어떤 일을 하고 싶은 것인지 생각해 볼 기회조차 거의 박탈당한 채, '미친' 수준의 '스펙 쌓기' 열풍이 우리 청년들의 혼과 기력을 밑바닥까지 쭉쭉 소리 내며 빨아내고 있었지요.

지금 여러분과 함께 읽은 신문 기사 중에서 아래 것을 보면, 직장인 세 명 중에서 두 명꼴로 소위 '스펙'이 입사한 뒤에는 별 도움이 되질 않는다고 고백하고 있는데도 말입니다. 그리고 첫 번째 기사 내용을 보시면 아시겠지만, 이런 '미친' 열풍이 고등학생들의 머리까지도 점점 빠른 속도로 뜨겁게 데워 간다는 사실에도 주목할 필요가 있겠습니다. 사실 그동안 한국 사회의 미친 교육 열풍에서 보면 그리 놀랄 일도 아니지만, 아무튼 직업교육이니, 직업 체험이니, 특히 진로 교육이니 하는 이름으로 초등 교육 단계로까지 불어 댈 것은 이제 시간문제이겠지요.

문제는 최근 진로 교육에 관한 관심이 부쩍 높아지기는 했지만, 진로 교육에 대한 우리 사회의 이해 수준은 진로 지도의 효시로 평가받는, 1907년에 미국 보스턴 시에서 파슨스F. Parsons가 시작한 '직업 상담'에서 크게 벗어나지 못하고 있다는 사실입니다. 물론 1950년대에 들어서면서부터는 직업 선택을 '일회적인 행위가 아니라 일련의 결정들, 전 생애에 걸쳐 계속적으로 이루어지는 과정'이라는 생애 발달적 측면에서 이해하려는 경향이 생겨났고, 그 결과 1980년대 말에 와서는 직업이나 직업 발달, 직업 지도, 직업 상담 등과 같은 용어들이 진로, 진로 발달, 진로 지도, 진로 상담 등으로 완전히 대체되는 변화가 있었지만 말입니다.[2] 그러나 그것이 직업 지도나 직업 상담이라는 이름으로 행해지든, 아니면 진로 지도나 진로 상담이라는 바뀐 명칭을 사용하든, 우리 교육 현장에서의 진로 교육이라는 것이 여전히 '직장이나 직업 찾기'의 틀에서 벗어나지 못한 채, 진로 교육이라는 것이 궁극적으로 '삶의 교육'이어야 한다는 인식에는 아직 도달하지 못한 것은 분명합니다. 그러면 이렇게 말하는 근거는 무엇이며, 이 이전에 진로 교육이 궁극적으로 '삶의 교육'이어야 하는 이유는 무엇일까요?

앞에서 언급한, 진로 지도의 효시 파슨스가 쓴 용어에 함축된 개념을 예로 들어 생각해 봅시다. 그의 대표적인 책이 《직업 선택》인데요, 영어로는 'Choosing a Vocation'으로 되어 있습니다. 그런데 '직업vocation'[3]을 '선택choose'한다? 'vocation'을 'choose' 한다는 것이 과연 말이 되는 걸까요? 제 질문의 핵심은 이 두 단어가 개념적으로 같이 쓰일 수 있는 것일까 하는 것입니다. 도대체 왜 이런 질문을 하는 것인지 그 이유를 설명하기 위해서 좀 생뚱맞기는 하지만 '봉사'와 '자원봉사'의 개념적 차이를 먼저 살펴봐야 할 것 같습니다.

여기 이 표를 보시지요. 우리는 '봉사service'와 '자원봉사voluntary service'라는 말을 일상에서 흔히 혼용해서 쓰고 있는데, 사실 얼핏 보면 아무런 개념 차이가 없는 것 같지요? 그런데 이 두 개념의 차이를 성공회 김홍일 신부가 다음과 같이 설명한 적이 있는데, 참 인상적이었습니다.

	자원봉사	봉사
어원	스스로 원해서 하는 봉사 활동	종교에서 예배를 의미하는 'service'에서 유래
만나는 사람	고객client	이웃
동기	자기가 하고 싶어서自願	소명vocation에 부응하여

그런데 사실 이런 생각은 기독교에서는 매우 기본적이고 보편적이어야 하지 않았을까 싶은데요. 제 스승이신 김정환 선생님께서 번역하신 페스탈로치의 《숨은 이의 저녁 노을Die Abendstunde eines Einsiedlers》을 보면, 페스탈로치 자신이 간행한 주간 잡지 〈스위스 주보Ein Schweizer Blatt〉에 기고한 '종교에 대하여'라는 글에 다음과 같은 대목이 나옵니다.

> 인간이여! 그러므로, 하느님에 대한 봉사는 그대 자신을 지켜 주는 보루이며 그대를 위험에서 막아 주는 방파제다. 오! 인간이여, 하느님에 대한 예배는 그대 자신에 대한 예배다.

이 인용문의 두 번째 문장의 원문은 "Dein Gottesdienst, Mensch! ist dein eigener Dienst."인데, 여기서 'Dienst'란 단어는 영어로 'service'의 뜻 그대로를 의미합니다. 즉, '예배'와 '봉

사'의 의미를 모두 함축한다는 말인데요, 그래서 저 문장의 뜻을 페스탈로치 연구가인 김정환 선생님께서는 "하느님에 대한 가장 올바른 '예배'는 이 삶의 과정 자체가 하느님과 이웃에 대한 '봉사'이어야 한다."로 해석하고 있습니다. 그리고 여기서 "하느님과 이웃에 대한 '봉사'"의 삶을 살라는 '부르심'을 우리는 소명vocation이라 하지요. 즉, 이 소명(召命, vocation)은 '신의 부르심神命에 따른 생활'을 뜻하는 종교적 어원의 개념으로서, '신의 부르심'은 '받들고 따라야follow'할 성질의 것이지 선택 사항choose이 아닙니다. 따라서 제 생각에 파슨스의 책 제목은 'Choosing a Job'으로 표현했어야 하며, 굳이 'vocation'이라는 용어를 사용하고자 한다면 'choose' 대신 'follow'를 써서 'Following a Vocation'으로 했어야 하지 않았을까 싶네요. 내가 어떤 신앙을 새롭게 갖게 되었을 때를 영어로 "I began to follow……."라고 표현하듯이 말이지요. 아무튼 '소명vocation'에서 종교적 색채를 빼면, 예를 들어 '하느님의 부르심' 대신, 자기의 한 번뿐인 삶에 대한 진지한 성찰에서 비롯한 '내면의 요구'로 바꿔 생각하면, 이 개념은 진로 교육에 매우 의미 있는 시사점을 준다고 저는 믿습니다.

'vocation'(소명으로서의 일)과 'job'(직장, 직업으로서의 일). 우리 교육에서 관심을 갖기 시작한 진로 교육에는 대체로 'job'에 대한 관심만 있을 뿐, 어떤 '일work'이 자아실현에 도움이 될 수 있는지에 대한 고민은 크게 생략됐다는 것이 제가 보는 문제의 핵심입니다. 진로 교육進路教育의 본질적 의미는 말 그대로 한 번뿐인 자신의 삶을 의미 있게 실현해야 한다는 내면의 '요구, 혹은 부르심'路을 따를進 수 있는 의지와 힘을 지원教育하는 것이어야 한다고 믿기 때문입니다.

'일'을 한다는 것은 자기 삶의 궁극적 의미를 실현하는 길이요, 과정일 수 있어야 하는데도, 많은 직장인들이 자신이 하는 일로부터 '소외疏外'를 겪고 있는 것이 우리 현실 아닙니까! 그리고 이런 '일로부터의 소외'는 대부분 자기 '삶으로부터의 소외'로 이어지는 불행을 낳게 되지요. 남들이 부러워할 정도의 연봉을 받는 '일'을 하는 직장인들 중에서 적지 않은 사람들이 행복을 느끼기는커녕 오히려 정신적으로 소진된 삶을 사는 이유가 바로 여기에 있다고 저는 봅니다.

물론 사람들 대부분은 좀 더 나은 삶을 위해서 일하고 있다고 말할 것이며, 실제로도 그렇게 스스로 믿고 있겠지요. 그런데 정말 중요한 것은 어떤 삶인가가 아닐까요? 내가 성찰을 통해서 스스로 '선택한' 삶인지, 아니면 내가 아닌, 다른 사람이 세워 놓은 '깃발'에 의해서 '주입된, 혹은 세뇌된' 생활 방식인지를 분별할 수 있는 것이 중요하지 않을까요?

흔히 한 아이가 성장하는 데 가정과 학교, 사회라는 세 교육 마당이 필요하다고 표현하기도 하고, 이 세 교육 마당을 통틀어 '마을'이라고 할 때, 한 아이를 키우는 데 마을 전체가 필요하다고 말하기도 합니다. 그런데 우리 사회에서는 가정교육도, 학교교육도 무력화 된 지 오래며, 마을이라는 개념이 살아 있는 곳도 많지 않지요? 그래서 한 아이가 성장하면서 '어떻게 살 것인가?'처럼 실존적으로 매우 중요한 문제에 대해서 가정이나 학교가 아닌, '상업화된' 사회의 영향을 과도하게 받게 되는데, 이때 사회의 이런 영향력을 '잠복적潛伏的 교육과정'hidden curriculum[4]이라고 하고, 성공회대학교 신영복 교수님의 표현으로는 '문맥文脈'

이라고 말할 수 있겠습니다.

그러면 우리 사회의 잠복적 교육과정은, 우리 사회가 깔아 놓은 문맥은 우리한테 어떻게 살라 하고 있을까요? 일반적으로 그 사회의 공중파에서 유통되는 광고 선전 내용을 보면 그 사회의 문맥, 혹은 잠복적 교육과정을 읽을 수 있는데, 우리 사회의 잠복적 교육과정이 가르치는 삶은 "2등은 기억하지 않는다.", "당신이 사는 곳이 당신의 품격을 말한다." 등등 한마디로 "부자 되세요!"가 아닐까 싶네요. 그래서 주변 사람들은 엄두도 낼 수 없는 가장 '비싼' 생활을 가능하게 해 줄 수 있는가 하는 것이 '좋은' 직장인지 아닌지를 가르는 기준이 되었고, 그런 '좋은' 직장에 진입하는 데 유리하게 이름값을 하는 대학에 거의 모든 학생들과 그 부모들이 목숨을 걸다시피 하게 된 상황에서의 진로 교육이라는 것이 결국 "경쟁력 있는 직장을 구하기 위해서는 어릴 때부터 '스펙 쌓기'를 열심히 해야 한다."는 결론으로 귀결되는 것은 그리 놀랄 만한 일이 아니지 않겠습니까. 사실 이런 맥락에서

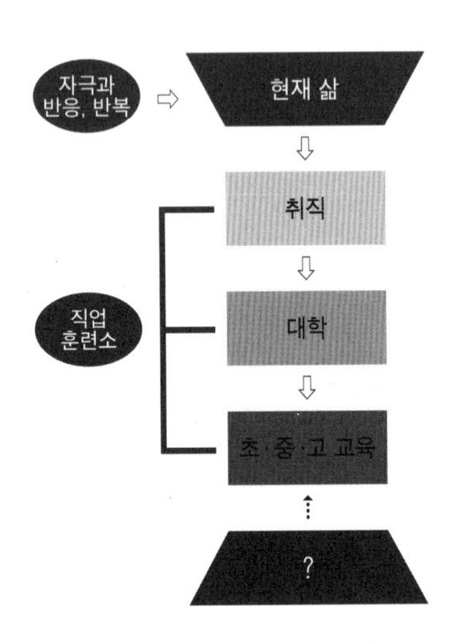

보면, 거의 폭력적 수준의 물질적·정신적 허영을 가능하게 하는 직업군에 학생들을 진입시키는 것을 거의 유일한 목적으로 삼고 있는 듯한 제도 교육은 이미 하나의 커다란 '직업훈련소'에 다름 아니라고 할 수 있겠습니다.

지금까지 말씀드린 내용을 시각적으로 정리한 것이 바로 이 슬라이드입니다. 이 슬라이드에서 '현재 삶'이라는 사각형에 앞에서 함께 보셨던 다람쥐와 깃발 슬라이드에서의 깃발을 넣어 보시면 이 그림이 말씀드리고자 하는 것을 좀 더 쉽게 추측하실 수 있으시리라 믿습니다. 우리 사회에서 현재 모델이 되고 있는 생활을 '현재 삶'(깃발)이라고 할 때, 그런 생활이 가능하기 위해서는 최소한 이런저런 직장에 다녀야 하고, 그런 직장에 들어가려면 최소한 이런저런 대학 정도는 나와야 하며, 그런 대학에 들어가려면 초·중·고등학교 때에는 잔말 말고 시키는 대로 학교 공부나 해야 하는 우리 아이들의 인생 경로를 설명한 그림인데요, 이 그림에서 의문부호는 그 누구도 왜 이런 식으로 공부를 해야 하는지, 왜 이렇게 살아야 하는지, 왜 그런 '현재 삶'이 좋은 삶의 모델이어야 하는지, 그런 삶이 과연 행복을 가져다주는지 등에 대해서 아무런 설명을 해 주지도 않고, 해 줄 수 있는 능력도 없다는 현실을 표현한 것입니다.

그러면 어떻게 해야 할까요? 이렇듯 자기가 하는 일로부터 소외되는 직장 생활이 아닌, 자아실현을 위한 진로 교육이 되기 위해서는 무엇보다도 '일'과 '삶'이 유기적으로 통합될 수 있도록 도와줘야 합니다. 그리고 이를 위해선 '스펙specification'이 아니라 '삶의 이야기story'를 풍요롭게 해 주는 진로 교육이어야 합니다. 김정태의 《스토리가 스펙을 이긴다》라는 책에 있는 한 구절을 읽어 드리겠습니다.

> 스펙은 다른 사람과 비교하게 하지만, 스토리는 나를 점검하게 한다. 마찬가지로 스펙이 나를 우월하게 만들어 줄지는 모르지만, 스토리는 나를 돋보이게 한다. 스펙은 쉽게 잊히지만, 스토리는 기억된다. 스펙은 이력을 관리하지만, 스토리는 역량을 관리한다. 스펙은 상대를 배제하지만, 스토리는 상대를 포섭한다. 스펙에게 실패는 감추고만 싶은 기억이지만, 스토리에게 실패는 자랑하고픈 경험이다. 스토리는 기회를 부르고, 마침내 스토리가 스펙을 이긴다.

한마디로, 진로 교육은 삶에 대한 성찰을 핵심 내용으로 삼아야 하며, 이런 관점은 보편 교육 단계의 학생들을 대상으로 한 교육에서, 특히 초등학생처럼 나이가 어린 학생들을 대상으로 한 진로 교육일수록 훨씬 중요합니다. 참으로, 진로 교육의 시작은 삶에 대한 성찰이어야 합니다. 바로 이 '삶에 대한 성찰'이 한편으로는 삶의 본질적 주제들, 예를 들어 인간을 인간답게 만드는 요소가 무엇인가, 좋은 삶은 어떤 삶인가, 행복의 내용은 어떤 모습인가, 성공했다는 것은 기준은 무엇일까, 돈을 번다는 것의 의미는 무엇인가 등과 같은 실존적 질문들에 대한 사회적 문맥에서의 기존 '해석들'을 비판적으로 지양할 수 있는 힘을 줍니다. 그리고 또 한편으로는 자기가 진정 바라는, 의미 있고 아름다운 삶의 의미를 실현하는 데 실질적인 도움을 줄 수 있는 '일'을 찾을 수 있는 의지와 안목을 제공하는데, 이런 이유에서 대안적 진로 교육의 방향은 바로 '사유하는 능력'의 함양이어야 한다고 생각합니다.

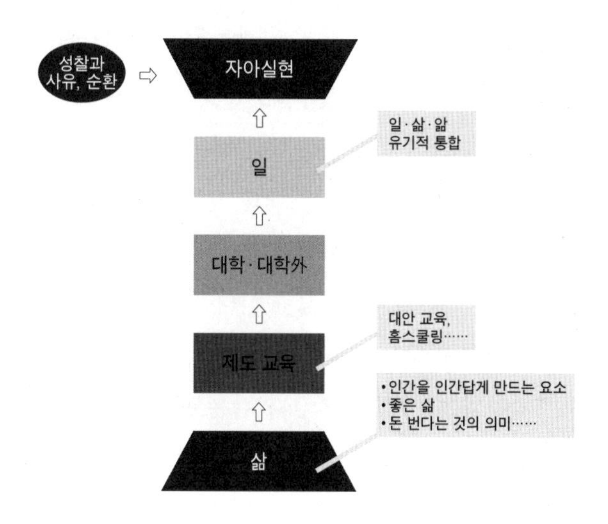

이 그림을 설명하면, 앞서 말씀드린 대로 대안적 진로 교육은 삶에 대한 성찰에서부터 시작해야 합니다. 즉, 인간을 인간답게 만드는 요소가 무엇인지, 좋은 삶이 어떤 내용으로 구성되어야 하는 것인지, 돈을 번다는 것의 의미는 무엇인지……. 특히 일을 한다는 것의 의미는 무엇인지(이 질문에 대해서는 바로 다음에 말씀드리도록 하겠습니다.) 등의 질문들에 대한 성찰이 모든 진로 교육의 기초이자 시작이 되어야 합니다. 왜냐하면 학령기에 접어든 자녀나 학생이 어떤 학습 경로를 택할지는 바로 이런 삶에 대한 실존적 질문에 어떤 답을 가지느냐에 크게 영향을 받기 때문입니다. 대학 또한 앎의 한 경로이지, 유일한 경로가 아니기 때문에 어떤 일을 통해서 자신의 자아실현을 할 것인지에 따라서 대학이 필요할 수도, 그렇지 않을 수도 있게 됩니다. 아무튼 어떤 경로를 택하든 인문 공부는 진로 교육의 중심 내용일 수밖에 없겠구나 하는 생각을 갖게 되었습니다. 일과 앎과 삶이 서로 유기적 관계를 맺으면서 일이 삶을 해방시키고 실현시키는 과정일 수 있기 위해서는 인간의 실존과 사회에 대한 성찰이 기본이 될 수밖에 없을 것이라는 깨달음 때문이지요.

이처럼 진로 교육의 시작이요, 핵심 내용이 '사유하는 능력'을 길러서 사회적 문맥이 심어 놓은 생활 방식에 대한 허영적虛榮的 동경으로부터의 해방이라고 한다면, 진로 교육의 성패를 가름하는 가장 핵심적인 요소는 당연히 교사나 부모일 수밖에 없지 않겠습니까! 지금 조건에서 이렇게 의미 있게, 이렇게 행복하게 사는 것이 가능하다는 사실을, 지금과 같은 광폭한 물질주의 사회에서도 검소한 소비력만으로도 아름다운 풍요를 향유할 수 있는 삶이 이렇게 가능할 수 있다는 사실을 자녀들 앞에서, 학생들 앞에서 교사, 부모 자신의 삶을 통해서 교육하는 것이야말로 가장 효과적일 뿐만 아니라 가장 현실적인 진로 교육 방법론이라 믿습니다.

일을 한다는 것의 의미에 대하여

그럼 방금 전에 언급했던, 일을 한다는 것의 의미에 대해서 생각해 봤으면 좋겠습니다. 서울 경성고등학교 과학 교사이면서 상담 교사인 신규진 선생님은 최근 '진로와 직업' 교과목 신설, 직업 체험관 신설과 확충, 진로 진학 전문 교사 양성 등 교육 당국 주도의 진로 교육 강화 방향이 주로 '직업의 세계에 대한 정보 제공과 체험'이라고 진단하면서, 사실 이보다 앞서 선행되어야 할 것이 '직업 가치관의 정립'이라고 역설했는데, 그 내용을 함께 읽어 보겠습니다.

인터넷 기사에 나타난 일본 아이들의 꿈은 소박하고 비권력적이다. 그에 반해 한국 아이들의 꿈은 화려하고 권력적이다.

장래의 꿈이 좀 화려하고 권력적이면 어떠냐고 혹자는 말할는지 모르겠다. 아무렴 어떻겠는가. 문제는 한국 아이들의 꿈이 지나치게 환상적이라는 데에 있다. 연예인도 그렇고, 판검사나 의사도 그렇다. 소수만이 가질 수 있는 직업을 다수가 희망하고 있으니 환상이 아닐 수 없다. 일본 아이들이 되고 싶다는 운전기사만 해도 그렇다. 운전기사를 꿈꾸는 한국 아이들은 별로 없다. 대신 비행기 조종사를 꿈꾼다. 우리나라 항공기 조종사는 5천 명 남짓이고, 택시, 버스, 승합차, 트럭 등의 운전기사는 약 130만 명이다. 희망과 현실이 너무 다르다. 물론 항공기 조종사가 되고 싶은 꿈을 꾸지 말라는 법은 없다. 그러나 그것이 택시 운전보다 더 고상하고 훌륭한 일이라는 인식은 문제가 아닐 수 없다.

'그래도 꿈은 원대해야 한다'고 강변하는 사람들에게 묻고 싶다. 어떤 꿈이 원대한 것이냐고 말이다. 권력과 명예, 돈을 좇는 것이 원대한 꿈인가? 장래 희망이 대통령이라는 비현실적인 희망을 어릴 때부터 꾸게 해서는 안 된다. 국회의원이 되겠다는 꿈도 꾸게 해서는 안 된다. 권력을 가진 자가 되게 하려는 꿈은 부모의 대리만족적인 욕구에 지나지 않는다. 그런 직업은 진로 발달의 성숙과 함께 아이의 내면에서 자연스럽게 일어나는 자발적 욕구로부터 먼 훗날에 이루어질 수도 있는 우연적 목표라야 한다.[5]

신규진 선생님은 진로 교육은 '직업 가치관의 정립'에서부터 시작해야 하며, 직업의 가치관은 '모든 직업에는 귀천이 없다.'는 명제에 기초해야 함을 강조합니다. 그리고 우리 학생들이 어떤 직업에도 귀천이 있을 수 없다는 사실을 깨닫게 하기 위해서는 무엇보다도 "가진 자들의 특권 의식이 소멸되어야 하고, 승자가 이권을 독식하는 경쟁적 형태의 모든 체계가 협력과 공생의 체계로 전환되어야 할 것"이라고 말합니다. 한마디로, 바람직한 진로 교육을 위해서는 정의로운 사회 풍토가 함께 조성되어야 함을 강조하는 것으로 해석할 수 있겠습니다.

그런데 이를 문제의 핵심이 사회에 있다는 식으로 오역해서는 안 되지 싶습니다. 약간 다른 맥락이긴 하지만, 한국 최초의 세대별 노동조합의 김영경 위원장은 청년 실업 문제로 한국의 청년들이 병들어 가는 데는 사회의 책임이 가장 무겁다는 사실을 분명하게 지적하면서도, 동시에 청년 당사자들에게도 책임이 있다고 말합니다. 청년 스스로가 "아프다고 말하지 않았다"는 문제는 분명 청년들이 져야 할 몫이라는 것이지요.[6] 이는 청년 실업의 문제는 일정 정도 '당사자 운동'으로 풀어야 한다는 뜻으로 해석할 수 있겠는데, 우리 청소년들을 위한 진로 교육에도 그 원칙을 적용할 수 있지 않을까 싶네요.

물론 우리 청소년들이 자기 목소리를 가지고 길거리로 나가야 한다는 말씀을 드리려는 것이 전혀 아닙니다. 다만 향후 진로 선택의 문제는 사회 풍토의 영향력이 아무리 강할지라도 일정 정도는 자신의 신념과 용기, 그리고 실천하려는 의지와 힘과 깊이 관련이 되어 있다는 사실을 짚고자 하는 것이지요. 이런 맥락에서 볼 때, 진로 교육은 앞에서 말씀드린 바와 같이 인문 공부를 핵심 내용으로 삼아야 할 뿐만 아니라 민주 시민교육이라는 성격도 지니게 된다고 말씀드릴 수 있겠습니다. 이 문제에 대해서는 다른 기회에 함께 생각해 보기로 하고, '직업 가치관의 정립'

문제로 다시 돌아가 보기로 하겠습니다.

그러면 '직업 가치관의 정립'은 어떻게 해야 가능할까요? 무엇보다도 '일'에 대한 올바른 이해가 전제되어야 합니다. 그러면 다시, 일을 한다는 것의 참뜻은 무엇일까요? 오늘은 이 문제에 대해서 정토회의 법륜 스님의 언어로 생각해 보기로 하지요. 법륜 스님의 《행복한 출근길》에서 읽은 내용인데요, 우리 모두는 살기 위해서 먹어야 합니다. 물론 입고, 자기도 해야 하는데, 결국 이 모든 것은 살기 위해서이지 않겠습니까! 그런데 이 의식주를 해결하기 위해서는 일을 해야 하는 것이지요. 그리고 이 일이라는 것은 혼자보다는 여럿이 함께할 때 훨씬 효율적일 수 있지요? 우리 인간이 모여 사는 이유 중 하나가 바로 이 '일'에서 비롯하는 것이겠지요.

문제는 이렇게 모여 살다 보면 자기가 하는 일을 누군가 알아주길 바랄 수 있게 되고, 그래서 "여럿 가운데서 재물이 제일 많고, 무리 가운데 가장 높고, 알아주는 사람이 많으면 '잘 사는 것'"이 되며, 법륜 스님은 '부귀공명富貴功名'이란 바로 이를 이름이라고 하였습니다. 그에 따르면, 많은 사람들이 '일'을 하는 이유가 바로 이런 부귀공명을 얻으려 함이며, 그래서 그 '일하는 것' 때문에 괴로움이 생긴다는 것이지요. "농사꾼은 농사를 지으면서 괴로워하고, 사업하는 사람은 사업하면서 괴로워하고, 직장 다니는 사람은 직장 다니면서 괴로워"하는 식으로 말입니다.

분명 사람은 혼자보다는 함께 사는 것이 좋아야 하는데 오히려 모이면 갈등이 생겨 괴로워지고, 일을 해야 살아갈 수 있는 것인데 오히려 일이 괴로움을 낳고, 함께 살아야 하는데 같이 살면 괴로워하는 것이 우리들입니다. 특히 현대사회에서는 직장 생활은 삶을 유지하는 데 필수적인 것이 되었는데, 하루 중 가장 많은 시간을 보내는 직장에서 괴롭다면 우리는 대부분을 괴로움으로 보내는 것과 매한가지라고 법륜 스님은 말씀하십니다. 그러면 '먹고살기 위해서' 우리 모두가 어쩔 수 없이 해야 할 것이 '일'이라면 직장 생활이 고달프고 괴로운 것은 피치 못하는 것일까요?

시카고대학교에서 법학 박사 학위를 취득했음에도 법조계에 들어가는 대신 주부 대상 라디오 연속극 성우, 뉴스와 스포츠 중계, 라디오 방송 출연, 구성 작가 등의 일을 하였고, 특히 1952~1997년까지 〈스터즈 터클 프로그램〉이라는 라디오 프로그램을 진행하면서 밥 딜런이나 레너드 번스타인 등 각계각층의 사람들을 인터뷰해 큰 인기를 끌었던 스터즈 터클Studs Terkel(본명은 루이스 터클)은 자신의 책 《일Working》에서 '일'은 곧 '삶'이며, 중요한 것은 일 자체가 아니라 자신의 상태라고 말했습니다. 그는 1960~70년대 미국 사회에서는 참으로 많은 사람들이 소명으로서의 직업이 아니라 내키지 않는 일, 자식에게는 물려주고 싶지 않은 일로서의 직업관을 가지게 되면서 '일하는 사람들'은 '인간의 사용 연한 만료'라는 걱정거리를 달고 살아간다는 사실을 발견하게 됩니다. 그리고 그 결과 사람들은 가슴에 '스마일' 배지를 달고서도 무표정한 얼굴을 가지게 되었다고 합니다.

스터즈 터클은 확신했지요, 우리들 대부분이 찾고 있는 것은 일자리가 아니라 소명이라는 것을 말이지요. 그런데 문제는 사람을 온전히 담을 만한 '큰 직업'이 없고, 그래서 우리 대부분은 반복 작업을 하는 노동자들처럼 자신의 영혼에 비해 너무나 하찮은 일을 하고 있는 것이라고 그는 강조하지요. 그는 '노동 윤리'

는 궁극적으로는 '인간의 문제'로 환원된다는 신념을 가지고 있습니다. 이와 관련하여, 고급 레스토랑 웨이트리스로 일하면서 자존심을 버리지 않은 탓에 더 큰 고통을 받지만 자신의 능력에 대한 자신감으로 그런 어려움을 헤쳐 나가는 돌로레스 단테Dolores Dante와 페기 테리Peggy Terry 사례를 소개했는데, 그 내용은 다음과 같습니다.

> 저는 아무 소리도 내지 않고 접시를 내려놓을 수 있어요. 유리잔을 집어 들 때에도, 조금도 흐트러진 모습을 보이고 싶지 않아요. 이런 질문을 받아요. '왜 웨이트리스 따위를 하고 있는 거죠?' 그러면 저는 이렇게 대답해요. '스스로 제 접대를 받을 가치가 없는 사람이라고 생각하세요?' 돌로레스 단테

> 웨이트리스가 되기는 죽기보다 싫었어요. 사람들이 저를 대하는 태도 때문이에요. 어떤 남자가 말하더군요. '애써 미소 짓지 않아도 돼. 안 그래도 팁은 줄 테니.' 그래서 이렇게 대꾸했어요. '팁은 필요 없어요. 팁 받으려고 미소 지은 거 아니었어요.' 팁은 사라져야 해요. 개한테 뼈다귀를 던져 주는 거나 마찬가지라고요. 자신이 하찮은 존재란 생각이 들게 만들거든요. 페기 테리

이처럼 '노동 윤리'는 궁극적으로 '인간의 문제'로 환원된다는 전제에서 본다면 아무리 보수가 좋은 직장에서 일하는 사람도 행복하지 못하고 "힘들어 죽겠어!!!"라는 말을 입에 붙이고 살아갈 수밖에 없는 현실은 상당 정도는 가정이나 학교, 직장, 사회에서 인간이란 어떤 존재인지, 한 번뿐인 인생을 어떻게 살아야

하는지, 인간 삶의 형태인 관계는 어떻게 맺어야 하는지, 그래서 무엇을 위해 일해야 하는지 등에 대한 성찰의 기회를 갖지 못한 탓에서 비롯한 것이라 추론할 수 있을 것 같습니다.

'일'이란 우리 각자 삶의 궁극적 의미를 실현하는 것이라고 정의할 수 있을 것이고, 그래서 자기가 왜 그 일을 해야 하는지 분명한 목적의식도 없는 상태에서 단지 물질적, 경제적 보상만을 바라고 일을 하는 사람에게는 일을 통한 행복도, 일을 통한 자아실현도 처음부터 없을 수밖에 없다고 감히 말씀드릴 수 있겠습니다. 그리고 바로 이런 이유에서, 일본 노무라증권에서 소프트뱅크를 거쳐 현재의 SBI홀딩스를 창업한 사업가이면서 2005년 후지TV 경영권 쟁탈전 때 '백의의 기사'로 등장해 라이브도어의 적대적 M&A에 제동을 걸어 더욱 유명해졌고, 인품이 매우 뛰어난 인물로 일본에서 정평이 나 있는 기타오 요시타카北尾吉孝는 자신의 책 《일, 나는 지금 무엇을 위해서 일하는가》에서 인간적으로 성숙되어야 어떤 일이든 잘할 수 있다고 단언합니다.

어떤 일을 할 것인지, 무엇을 위해 일할 것인지를 생각하기 위해서는 우선 인간이란 무엇인지, 인간으로서 어떻게 살아야 할 것인지 등의 문제들에 대해서 성찰할 필요가 있기 때문이지요. 사실 일이라는 것은 우리 일생의 상당 부분에 걸쳐 진행되는 것인데 그 일을 하는 동안 삶의 보람도 찾지 못하고 행복하지도 않다면 그 일을 통해 경제적 부를 아무리 많이 쌓은들 무슨 의미가 있을까요? 그래서 기타오 요시타카는 일의 진정한 의미를 한마디로 '자기실현'이라고 정의합니다. 여기서 그가 말하는 자기실현은 자기의 물질적, 화폐적 가치를 높인다는 뜻에서가 아닌, 공공의 이익을 위하고 천명에 따르는 자기실현을 뜻합니다.

천직天職이란 이렇듯 다른 사람들과 함께 이로울 수 있고 그것이 세상이나 자연, 생태의 이치에 거스르지 않는 자기실현을 돕는 일을 뜻하는 것일 텐데, 그러면 어떻게 해야 천직을 찾을 수 있을까요? 기타오 요시타카는 진심으로 자신의 천직을 찾고자 하는 사람은 무엇보다도 "주어진 일을 순수하게 받아들이고 열성과 강한 의지를 가지고 집중적으로 몰입하여 그 일을 지속하겠다는 각오"를 다지는 것이 중요하다고 강조하면서도, 동시에 자기 자신을 모르면 결코 일의 의미를 알 수도 없기에 천직을 찾을 수도 없을 것이기 때문에 자기 자신을 이해하는 일, 그리고 특히 '인간학적人間學的' 성찰이 필요하다고 말하고 있습니다. 기타오 요시타카는 인간의 근본이 무엇인지 알기 위해서는 다음 세 가지를 실천하라고 조언하는데, 함께 읽어 보겠습니다.

- 마음의 양식이 되는 책을 읽는다.
- 존경할 수 있는 인물을 발견한다.
- 다양한 경험과 체험을 통해 스스로를 연마한다.

다시, 일의 진정한 의미가 무엇일지 생각해 봅시다. 《카르마 경영》의 저자이자 세계적인 CEO로서의 명성이 있는, 일본 교세라 그룹의 이나모리 가즈오稻盛和夫 명예 회장은 일도 일종의 수행이 될 수 있다고 말합니다. 일도, 수행도 모두 인간다움을 연마하기 위한 것이라는 점에서 그렇다는 것입니다. 그러나 모든 일이 다 수행인 것은 아니지요. 기타오 요시타카는 일이 수행일 수 있기 위해서는 무엇보다도 "인간학 공부를 게을리하지 않고 늘 '세상을 위하여, 다른 사람을 위하여'라는 마음을 유지하며, 끊임없이 엄습해 오는 사리사욕을 떨쳐 버리는 것, 그렇게 마음의 먹구름을 제거하면서 이 세상과 타인을 위해 무엇을 할 수 있는지 끊임없이 고민"할 필요가 있다고 하였습니다.

단순히 일만 한다고 되는 것이 아니라 인간학적 기초를 튼튼히 해서 스스로를 고양시킬 수 있는 철학을 가지고 평생 할 수 있는 일을 찾아야 하며, 그렇게 찾은 일에 진지한 자세로 꾸준히 몰두할 때 비로소 일이 수행이 될 수 있다는 뜻입니다. 그리고 이렇듯 수행으로서의 일은 다시 삶을 아름답고 풍요롭게 만들며, 그래서 일을 통해 자신의 일에 대해서뿐만 아니라 인간에 대한, 그리고 이 세상에 대한 이해와 철학을 깊게 하는 선순환善循環을 이룰 수 있게 됩니다.

직업 선택, 진로 선택의 기준에 대하여

대안학교인 푸른꿈고등학교라고 다들 들어 보셨지요? 지금 읽고 계신 글은 푸른꿈고등학교 박상옥 선생님이 대안학교라는 공간에서 진로 교육을 하면서 얻게 된 깨달음이라고나 할까, 생각이라고나 할까 아무튼 진로 교육을 통해서 다뤄야 할 주제에 대한 그의 생각을 정리한 것입니다.

하나는 생애에 대한 이해다. 태어나고 성장하고, 직업을 갖고, 결혼을 하고, 중년 그리고 노년에 이르는 그 여정에 대해 함께 상상하고 질문하면서 나누고 싶다. 어른이 된다는 것, 직업을 갖는다는 것, 결혼을 하고 남편, 아내가 되고 부모가 된다는 것, 공동체의 일원이 되어 책임을 진다는 것, 늙고 병들어 죽음에 이른다는 것에 대해 많은 이야기를 나누고 싶다. 무엇보다도 그 기나긴 여정에 변화는 늘 일어난다는 확신을 주고 싶다.

또 하나는 '진로'에 대한 고민은 시대에 대한 통찰이어야 함을 아이들과 함께 나누고 싶다. 직업 선택은 어떻게 살 것인가와 분리될 수 없다. 또한 어떻게 살 것인가는 시대와 분리될 수 없는 화두다. 10대, 20대가 겪는 고통에 대해 많은 사람들이 진단하고 해법을 역설했지만 하나같이 개인의 문제, 개인의 극복을 벗어나지 못했다. 아이들은 사회적 척도에 맞추기 위해 애쓸 뿐 그 척도를 의심하거나 질문하지 않는다. 그러나 개인의 삶이 결코 자유로운 선택만으로 꾸려지지 않으며, 우리가 스스로를 통제하며 살 수 있으려면 통찰의 힘이 절실함을 가르치고 싶다.

물론 이것이 진로 교육의 영역을 넘는 주제들이라는 것을 안다. 그러나 진로가 직업 선택을 지도하는 것을 넘어 아이들의 인생 설계를 돕는 교육이라면 주제의 확장이 필요하지 않을까 싶다.[7]

한마디로, 진로 교육은 직업 선택을 지도하는 수준을 넘어서야 한다는 말입니다. 그런데 현실적으로는 직업 선택이 현행 진로 교육의 핵심적인 관심사가 맞죠? 그래서 직업 선택이라는 문제를 제쳐 두고 갈 수가 없는지라, 여기서는 그냥 직업 선택과 진로 선택의 차이에 대해서 세심하게 주목하지 않고 넘어가려고 하는데 괜찮겠죠? 직업을 선택하는 기준과 관련해서, 판화가 이철수는 《나는 무슨 일 하며 살아야 할까?》라는 책에서 '자리이타自利利他'여야 한다고 말하고 있습니다. 자신이 하는 일에 대한 사회적 평판이 스스로 내린 판단과 다르지 않다면 그 선택은 잘한 것이라는 뜻이지요. 그런데 여기서 '자리이타'의 지혜에 더하여 여러분과 함께 한 가지 더 생각해 보고 싶은 것은 '좋은 일'이라는 판단은 이처럼 개별적인 일 자체의 의미와 가치에 대한 판단에서도 가능하지만, '좋은 범주'를 선택하는 것으로도 가능하다는 사실입니다. 즉 '좋은 범주'에 속한 일이라면 대체로 '좋은 일'일 것이라는 뜻인데요, '좋은 범주'를 선택할 수 있기 위해서는 무엇보다도 '노동'에 대한 대안적 시각이 필요할 것입니다. 그러면 노동에 대해서 대안적으로 이해한다는 뜻은 무엇일까요?

좀 다른 이야기지만, 에드가 칸Edgar Cahn이라는 사람에 대해서 들어 보신 적이 있나요? 대안 화폐인 '타임 달러Time Dollar'는요? 에드가 칸이라는 사람은 대안 화폐, 혹은 지역 통화라고도 하는데요, '타임 달러' 체제의 시대적 의미를 '비시장경제 영역에서의 노동'(인간 노동의 상업적 가치에 대한 사회적 가치 강조) 개념과 관련지어 설명했는데, 《이제 쓸모 없는 사람은 없다No More Throw-Away People》라는 책을 읽어 보시면 훨씬 자세하고 친절한 설명을 들으실 수 있을 것입니다. 아무튼 에드가 칸은 성공적인 복지의 중심에는 노동을 새로이 정의하는 것이 있음을 강조합니다.

그에 따르면, "미국과 유럽에서는 노동을 새로이 정의하는 것이 공적부조와 법적 자격의 이슈에 접근하는 열쇠"인데, "현실적으로 공적부조에 관한 논의의 중심은, 시장경제에서 생산된 풍요의 몫을 누가 가질 것인가에 관한 것"이지만 결국 "그 풍요는 비시장경제와, 정부가 만들고 보호해 주는 재산권의 막대한 보조에 의해 가능해진 것"뿐이라는 것이지요. 그는 현재 공적부조에 관한 논의가 여전히 '시장경제에서 일하는 것'과 '공적부조에 의존하는 것' 등 두 가지 대안에 집착해서 하는 사고 때문에 축소되고 방해받는다고 분석하면서 "우리에게 부족한 것은 모든 사람이 자산이라는 분명한 이해와 그 자산을 건강하고 지속적인 사회 건설에 사용하게 하는 노동의 정의"라고 주장합니다. 그렇게 노동을 새롭게 인식함으로써 "지금 분명히 밝히지 않으면 쓰레기 더미로 던져질 광대한 인간 자산", 전문화된 지식이 아닌 '일반적인 능력'으로서의 광대한 인간 자산을 찾아내는 일이야말로 참다운 복지 개혁의 길이라고 에드가 칸은 조언하고 있습니다.

한마디로, 노동을 지금 우리가 익숙한 방식처럼 '시장경제' 틀 안에서의 노동만 생각하지 말고, '비시장경제'로까지 시각을 넓혀서 일거리를 찾아야 한다는 것이며, 이때 비시장경제의 일거리들은 대체로 그 일을 하는 사람은 물론, 그 사람이 속한 지역사회 주민 모두에게 이로울 수 있으며, 그렇다면 그 일은 분명 '좋은 일'일 것이라고 결론 내릴 수 있지 않을까 싶습니다.

지금까지 직업 선택과 관련하여 에드가 칸의 다소 어려울 수 있는 개념까지 소개해 드린 것은 좋은 일은 일 그 자체뿐만 아니라 그 일이 속한 '범주'의 영향을 받는다는 말씀을 드리려고 했던 것인데요, 이런 맥락에서 보자면, 우리 아이들에게 진로 교육을 통해서 좋은 일, 혹은 직업을 선택할 수 있는 안목을 길러 주기 위해서는 좋은 일들이 포함되어 있는 '일의 범주'에 대한 소개도 필요하다는 말씀을 드리기 위함이었습니다. 최근 우리 사회에서 사회적기업이라든지 마을 기업, 혹은 아직 보편화되지는 않은 개념이지만 지역 통화 체제, 혹은 대안 화폐 체제, 협동조합 등 다양한 '좋은 일 범주'들이 있는데, 이렇듯 '좋은 일 범주'

에 대해서 고등학교를 졸업하기 전까지 충분히 숙지할 필요가 있고, 대안적 진로 교육은 바로 이런 범주들을 충분히 강조해서 가르칠 필요가 있다는 말씀을 드립니다.

직업 선택, 진로 선택과 관련하여 한 가지 더 중요한 사실을 덧붙이고 싶습니다. 좀 생뚱맞게 들릴지 모르겠지만, 진로 선택과 관련해서 타인과의 관계가 중요한 요소로 작용한다는 주장이 있어서 소개합니다. 《청춘의 진로 교실》의 저자 야마다 즈니山田 ズーニー가 그 주인공인데요, 그는 올바른 진로 선택은 결국 타인과의 관계를 통해서 가능할 수 있다고 말합니다. 다함께 그의 말을 직접 들어 보도록 하겠습니다.

> '하고 싶은 일은 다른 사람과의 관계 속에서 존재한다.' 이렇게 말하면 인맥이라든가 인간관계가 중요하다는 말로 오해하기 쉽다. …… 타인과 관계를 맺는다는 건 그렇게 만만한 일이 아니다. …… 그러면 어떻게 할까? 타인과 관계를 맺고 싶다면 제 속에 있는 것을 꺼내서 표현하는 길밖에 없다. 내 속에 있는 감정과 생각에, 말이든 행동이든 생활 방식이든 어떤 식으로든 형태를 부여해서 사람들에게 보여 줄 필요가 있다. 좋게 받아들여 줄지 어떨지, 나를 또 불러 줄지 어떨지, 아무튼 표현해 보지 않고서는 나와 타인의 연결 고리는 생성될 수가 없다. 내 속에 있는 것을 꺼내 보일 때 상대의 반응을 통해 다시 내가 드러난다. 사람들의 반응에 영향을 받고 그 연장선상에서 찾게 되는 '내가 하고 싶은 일'은 내 뜻에도 맞고 다른 사람과도 연결되며 나아가 사회와도 이어진다. 사슬처럼 탄탄히 엮어져 나간다.[8]

이 글을 잘 보세요. 여기서 나와 타인 사이의 관계가 구축되는 공간을 야마다 즈니는 '장소'라고 표현하고 있지요? 진로 지도를 할 때, 학생들에게 미래에 "어떤 곳에서 어떤 사람들과 어떤 관계를 쌓아 나가고 싶은지"를 묻는 것이 매우 중요함에도, 초·중·고등학교 학생들은 물론, 요즘 우리 젊은이들 중에서 이 질문에 답할 수 있는 능력이 있는 사람이 몇이나 될 것이며, 심지어 이런 질문 자체를 생각해 본 사람이 몇이나 되겠습니까! 대안적 진로 교육은 이런 질문을 스스로 해 볼 수 있는 기회를 줄 수 있어야 하며, 나아가 이 질문에 대한 건강한 대답을 찾을 수 있도록 도울 수 있어야 한다고 저는 생각합니다.

> …… '있을 곳'에서 좀 더 나아가 자기가 '살아갈 장소'를 장래의 직업과 어떻게 연결시켜 나갈지 상상만이라도 해 주기를 바랐다. 그래서 미약하더라도 자기 힘으로 사업을 일으키고 꾸준히 타인과 관계를 쌓아 사회 속에 자기만의 위치를 구축한 사람들의 사례를 참고로 '장차 내가 활동할 장소를 어떻게 구축할 것인가?' 하는 주제를 던졌다. 그러나 아쉽게도 장차 구축하고 싶은 활동 장소를 가정이나 고향이라고 답한 사람이 상당히 많았다. 물론 좋은 가정을 꾸리겠다거나 고향을 중시하겠다는 마음은 아름답다. 하지만 직업이라는 개념을 분명히 제시했음에도 그걸 굳이 회피하는 듯한 이러한 대답에, 그리고 젊은이들에게 이토록 개인적인 안식처를 추구하는 성향이 강하다는 사실에 나는 놀랐다. 일을 통해 타인이나 외부와의 관계를 개척해 나가려는 의식이 너무나도 희박하다. '활동 장소'를 '살아갈 장소'로 바꿔 말해도 마찬가지다. 오늘날 젊은이들에게 장소란 주어지거나 저절로 얻어지는 것

이며, 장소를 자기 손으로 구축해 나간다는 인식은 형성되어 있는 않아서 그런 걸까?[9]

이 두 번째 야마다 즈니의 글을 읽어 보세요. 이제 우리가 진로 교육을 통해서 대답해야 할 질문이 점점 더 깊어지고 있는 것을 느끼시나요? 대안적 진로 교육은 "어떤 장소에서 어떤 사람들과 관계를 맺고 싶은지"를 넘어서 이제는 '내가 살아갈 곳'이 어디인가, '내가 있을 곳'이 어디인가 하는 질문으로 깊어질 것을 요구하고 있는 것입니다. 내가 있을 곳, 내가 살아갈 곳이 어디인지를 알아야 그 '장소'에서 어떤 사람들과 함께 머물며 활동할 것인지, 또 그 과정에서 어떤 관계를 구축해야 하는 것인지 등에 대한 대답을 할 수 있기 때문이겠지요.

그런데 혹시 이런 일의 범주의 문제, 그리고 삶의 공간과 관계의 문제에 관한 깊은 성찰을 토대로 직업 선택, 진로 선택의 기준을 아름답게 가르친 사례가 이미 우리나라에 있다는 사실을 아시나요? 1958년에 세워진 풀무농업고등기술학교와 그 이전에 세워진 거창고등학교의 〈직업 선택 십계〉를 보시면, 이렇듯 훌륭한 진로 교육의 모범이 있음에도 현행 진로 교육이 왜 그리 철학이 빈약한지 더욱 의아해지실 것 같네요.

▸충남 홍성 풀무농업고등기술학교 〈직업 선택 십계〉

- 직업을 결정하기 전에 천성과 장점, 능력을 잘 파악하자.
- 이 직업이 낮은 생활, 높은 정신을 실현하고 더불어 사는 평민의 목표에 맞는 직업인가 생각해 보자.
- 준비는 길수록 좋다. 예수는 3년의 공적 생애를 위해 30년을 준

비했다.

- 학교는 직업 선택과 준비 기간으로 알되, 직업을 통해 일생 배우고 향상할 수 있어야 한다.
- 수입이나 명예보다 이웃 사랑의 실천도를 기준으로 하라.
- 내게 맞는 직업보다 우리 사회가 필요로 하는 직업이 무엇인가 찾아보라.
- 편한 곳보다 되도록 힘든 곳을 택하라. 그만한 가치가 분명히 있다.
- 인생을 어떻게 살까 큰 틀을 생각하고 직업 문제를 채우도록 하라.
- 남이 닦아 놓은 길보다 새로운 길을 개척하라.
- 직업에 귀천이 없다. 어떤 직업이고 하나님의 영광을 나타낼 수 있다.

▸거창고등학교 〈직업 선택 십계〉

- 월급이 적은 쪽을 택하라.
- 내가 원하는 곳이 아니라, 나를 필요로 하는 곳을 택하라.
- 승진의 기회가 거의 없는 곳을 택하라.
- 모든 조건이 갖춰진 곳을 피하고 처음부터 시작해야 하는 황무지를 택하라.
- 앞다투어 모여드는 곳에는 절대 가지 마라, 아무도 가지 않는 곳으로 가라.
- 장래성이 전혀 없다고 생각되는 곳으로 가라.
- 사회적 존경을 바라볼 수 없는 곳으로 가라.
- 한가운데가 아니라 가장자리로 가라.

- 부모나 아내나 약혼자가 결사 반대하는 곳이면 틀림없다. 의심치 말고 가라.
- 왕관이 아니라 단두대가 기다리고 있는 곳으로 가라.

거창고등학교의 〈직업 선택 십계〉 중에서 아홉 번째 내용을 보세요. 참 재밌죠? 어떻게, 동의하실 수 있나요? 저는 참 공감이 가네요. 사실 부모, 가족은 흔히 '가족 이기적'이 되잖아요. 그래서 그런 '가족 이기적' 생각에서 나온 조언에 따른 선택은 '좋은' 선택이 아닐 확률이 참 높더라고요.

그리고 한 가지 더. 이들 학교의 〈직업 선택 십계〉를 소개할 때면 매우 '비현실적'이라는 반응을 흔히 받게 되던데요, 분명하게 말씀드리고 싶은 것은 이들 학교들은 이런 직업 선택 기준을 강당에 액자로 걸어 놓고 감상만 하라는 것이 아니라, 실제로 사회에 나가서 이런 기준으로 직업을 선택하기를 간절히 소망하면서 진로 교육을 한다는 사실입니다. 그러니까 정말로 〈직업 선택 십계〉 기준대로 직업과 진로를 선택하고, 그 기준에 맞춰 진지하고 열심히 살아가는 사람을 길러 내기 위해서 최선을 다한다는 것입니다. 우리 일반 학교나 부모들 중에서 이런 직업 선택 기준을 진지하게 자녀나 학생들에게 권할 수 있는 사람이 몇이나 될까요? 그런 사람이 점점 많아지면 참 좋겠습니다.

부모와 교사, 당신은
지금 무엇을 위하여 일하고 있는가

이야기를 마무리해야 할 시간입니다. 모두에게 말씀드렸던 다

람쥐와 깃발의 그림을 다시 떠올려 봅시다. 진로 교육을 할 때, 학생이 목표로 하는 진로가 온전히 그 학생 자신의 것인지, 아니면 부모로부터 이식된 것인지를 잘 살피는 것이 중요함을 분명하게 말씀드렸죠? 이제 마무리 정리를 하면서, 부모로부터 이식된 깃발의 문제를 다시 한 번 더 강조하려고 합니다. 경북대학교 법학전문대학원 김두식 교수님은 이처럼 부모로부터 이식된 꿈, 진로, 직업 선택을 '모방 욕망'이라고 표현했습니다. 그는 이 모방 욕망이 경쟁을 낳고, 다시 이 경쟁은 모방 욕망을 강화시키는 악순환을 일으키면서 사회를 파괴한다고 지적합니다. 좀 길지만, 그의 말을 직접 들어 보겠습니다.

> 진로 상담을 하다 보면 학생들이 지닌 목표 또는 욕망의 상당 부분은 부모에게서 빌려 온 것임을 알 수 있습니다. "나도 서울대에 가고도 남을 실력이 있었다. 그런데 집안 형편이 너무 어려웠다. 그래서 목표를 이룰 수가 없었다. 너는 할 수 있다. 공부를 위해서라면 너에게 무슨 지원이든 아끼지 않겠다." 많은 학생들이 이런 장탄식을 듣고 자라면서 은연중에 부모의 욕망을 그대로 모방합니다. 그런데 따지고 보면 부모의 욕망도 오롯이 부모 자신의 것이 아닙니다. '엄친아'라는 단어를 생각해 보십시오. 자녀의 대학 진학을 걱정하는 부모의 머릿속을 지배하는 것은 친구나 이웃의 공부 잘하는 아이입니다. 누구네 딸은 신문에 딸려 온 전단지만 보고 혼자 한글을 익혔다더라, 누구네 아들은 전교 1등이라더라, 이런 이야기가 부모의 욕망에 불을 지릅니다. 그런 이야기를 들을 때마다 "응, 우리 애는 공부에 관심이 없어서……."라며 무심한 척하지만 마음속으로는 안타까움의 쓰나미가 몰려옵니다. 한마디로

> 이웃이 없으면 욕망도 없습니다. …… 모방 욕망은 전염병과 같아서 순식간에 사람들을 동일한 욕망으로 몰아넣습니다. 일단 동일한 욕망에 사로잡히고 나면 그 욕망의 끝에 무엇이 있는지는 중요하지 않습니다. 그저 앞사람의 욕망을 따라 전진할 뿐입니다. 우리는 성공한 사람을 선망하면서 동시에 그를 미워합니다. 남의 것을 부러워하다 못해 빼앗고 싶다는 욕망을 갖습니다. 방해물이 있으면 이 욕망은 더욱 강화됩니다. 경쟁자가 있으면 욕망을 줄이기보다는 오히려 자기 욕망이 정당하다는 확신을 갖습니다. 모방은 경쟁을 낳고 경쟁은 모방을 강화합니다. 무제한의 야망과 과도한 경쟁은 사회를 파괴합니다.[10]

잘 읽으셨나요? 그런데 파괴되는 것이 어찌 사회뿐이겠습니까? 자녀의 진로 목표에 진하게 스며든 부모의 모방 욕망은 부모 자신이 일상에서 겪고 있는 실존적 불안 감정과 한 쌍을 이뤄 자녀와 부모 모두의 삶에 '폭력적'이 됩니다. 따라서 진로 교육은 우리 아이들보다도 그들의 부모를 대상으로 먼저 진행될 필요가 있다는 사실에 진실로 주목할 필요가 있겠습니다. 부모 안에 똬리를 틀고 있는 모방 욕망과 불안을 비워 내는 일이 우리 아이들의 진로 교육에서 무엇보다도 선행되어야 합니다. 그래서 부모로서, 교사로서, 당신의 자녀나 학생들에게 진로 교육을 하기에 앞서 스스로 묻고 대답해야 합니다. 당신은 지금 무엇을 위하여 그 일을 하고 있는지를 말입니다.

여기서 한 가지 분명하게 할 것은 이 질문을 한 사람이 결코 우리가 처음이 아니라는 사실입니다. 우리에 앞서 참으로 많은 사람들이 직업 선택, 진로 선택과 관련하여 이 질문을 했었고,

또 나름 대답을 찾기도 했습니다. 《작은 것이 아름답다》라는 불교 경제학 책을 써서 유명해진 슈마허Ernst Friedrich Schumacher가 바로 그 대표적인 인물이지요. 그는 인간이 노동을 하는 이유를 다음 세 가지로 정리했습니다.[11]

- 인간 삶에 꼭 필요하고 유용한 상품이나 서비스를 제공하기 위하여.
- 선한 청지기처럼 신이 주신 재능을 잘 발휘하여 타고난 각자의 재능을 완성하기 위하여.
- 태생적 자기 중심 주의에서 해방될 수 있도록 다른 사람들에게 봉사하고 협력하기 위하여.

슈마허는 노동은 이런 세 가지 차원의 기능을 통해 인간 삶의 중심이 된다고 말합니다. 그리고 이렇듯 인간 삶의 중심에 노동이 자리하고 있다는 사실을 고려한다면 "경제학, 사회학, 정치학 등 관련 학문의 교재에는 모든 이론의 필수적 디딤돌로서 노동에 관한 이론이 담겨 있어야" 한다고도 했습니다. 슈마허는 또한 '진정한 노동'은 비폭력적 기술이어야 한다고 강조합니다. 그는 "인류 역사상 전례가 없는 뛰어난 기술력으로 성공의 정점에 서 있는 지금, 인류는 오직 살아남을 수 있느냐는 문제만 걱정"하게 되었으며, 특히 현대 "기술은 자연의 모든 생명체에게 매우 불친절"하다고 비판하고 있습니다.

슈마허의 '좋은 노동'에 관한 생각은 참으로 경청할 만한 내용이 많아서 좀 더 말씀드리고 싶습니다. 슈마허는 '좋은 노동을 위한 교육'은 전통적 지혜를 체계적으로 연구하는 데서 출발해야 하며, 이를 위해서 인간이란 무엇인지, 인간은 어디에서 왔으며, 삶의 목적은 무엇인지 등에 대해서 물어야 한다고 했습니다. 그런데 청소년기에 '인간이란 무엇인가'라는 주제를 철학적, 신학적 지식 중심으로 접근하는 것은 그리 효과가 없을 수 있겠죠? 그래서 제 생각으로는 슈마허의 주제들을 직접 다루기보다는 오히려 사람과 동물의 차이에 대해서 진지하게 성찰할 수 있는 기회를 제공함으로써 궁극적으로 인간에 대한 이해를 깊게 할 수 있는 접근 방식이 좋겠다는 생각을 했습니다.

이는 인권人權에 대한 다층적·다면적 이해를 위해서는 반드시 동물권(動物權, animal rights)을 함께 고찰하는 것이 효과적인 것과 같은 이치에서 이렇게 말씀드리는 것입니다. 그리고 이런 식의 접근을 할 경우, '사람과 동물, 무엇이 다른가?'는 '나 자신과의 관계'라는 주제, 혹은 '인간이란 무엇인가?', '나는 누구인가?' 등과 같은 주제를 다루기에 적합한 도구적 주제, 즉 교육 내용이 됩니다.

문제는 이러한 교육 내용을 어떻게 다룰 것인가 하는 것인데, 바로 이 지점에서 가르치는 사람의 능력이 교육 효과를 결정하는 핵심 요소가 됩니다. 그리고 바로 이런 이유에서, 방금 전에 진로 교육을 하고자 하는 부모나 교사 스스로가 먼저 "나는 지금 무엇을 위해서 이 일을 하고 있는가?"를 질문하고 답해야 한다는 말씀을 드렸던 것입니다. 실로 '좋은 노동을 위한 교육'을 위해서는 기본적으로 인간과 삶에 대한 질문을 해야 한다는 사실, 그리고 그런 주제에 대한 질문은 대상에 알맞게 '번역飜譯'해야 한다는 사실은 직장 구하기 식의 접근과는 다른, 대안적 진로 교육의 가장 중요한 차별적 특성이라고 말할 수 있겠습니다.

이제 마지막으로 대안적 진로 교육을 받은 사람은 어떤 직업을 통해서 어떤 삶을 살아가는지, 아니 거꾸로, 어떤 삶을 살기 위해서 어떤 일을 선택하는지를 잘 보여 주는 사례를 소개하면서 오늘 이야기를 마무리하고자 합니다. 지금 여러분이 읽고 계신 이 글은 거창고등학교의 한 졸업생이 재학생의 송사에 대해 했던 답사인데요, 여러분의 자녀, 여러분의 학생들도 이런 멋진 직업 선택과 진로 선택을 하는 그런 아름다운 경험을 하시길 진심으로 기원합니다.

거고인 건축가가 세운 다리는 무너지지 않고
거고인 농부가 키운 작물은 안심하고 먹을 수 있으며
거고인 의사는 삶의 목숨을 그 무엇보다 소중히 여긴다.

거고인 판사가 내린 판결은 믿을 수 있고
거고인 직공이 만든 옷은 단추가 잘 떨어지지 않으며
거고인 선생님에게는 안심하고 자녀를 맡길 수 있다.

거고인 관리는 뇌물을 받지 않고
거고인 기자는 거짓을 전하지 않으며
거고인 역사가는 그 무엇보다 진실을 목말라한다.

그래서 세상은 거고를 빛이요 소금이라고 한다.

1. 슈마허E. F. Schumacher의 책《굿 워크Good Work》박혜영 역, 2011년, 느린걸음 19쪽에서 인용.
2. 강재태와 배종훈의《진로 교육과 진로 지도》2005년, 경상대학교 출판부 11~12쪽 참조.
3. 유엔 산하 기구 유엔 거버넌스 센터 홍보 팀장인 김정태는 '직업職業'은 '내가 점유하고 있는 직장 내에서의 담당 업무occupation'를 뜻하는 '직職'과 '평생을 두고 내가 매진하는 주제vocation'를 뜻하는 '업'業'으로 구성되었다고 하면서, '직職'은 결국 퇴직retirement으로 끝나지만 '업業'은 '내가 평생 가져갈' 것으로서, 나이가 들수록 오히려 연륜이 쌓이는 특징이 있다고 하였다김정태, 2010: 56. 업業과 직職의 관계와 관련해서, 그는 업業이 직職을 가져다준다 하였는데, 이는 "업이 있으면, 그 업과 관련되거나 그 업에 흥미를 가진 사람들과 쉽게 연결되고, 그 사람들을 통해 '느슨한 연대'의 혜택인 '더 많은 정보와 더 많은 직업의 기회'가 보장되기"김정태, 2010: 61 때문이라는 것이다. 김정태의《스토리가 스펙을 이긴다》2010년, 갤리온 참조.
4. 우리 교육계에서 'hidden curriculum'을 거의 예외 없이 '잠재적 교육과정'으로 번역하고 있는데, 이는 심각한 오류다. 'hidden curriculum'은 잠재된 무기력한 것이 아니라, 잠복한 채 틈만 나면 자기를 드러내 엄청난 힘과 영향력을 발휘하는 교육과정이기 때문이다. 카드놀이에서 '히든 카드'가 힘이 있는 카드인지, 없는 카드인지를 생각해 보면 쉽게 이해할 수 있겠다.
5. 신규진의 "그래도 꿈은 원대해야 한다고?"〈우리교육〉 2011년 가을호, 132~139 138쪽에서 인용.
6. 김영경의 "꿈이 밥 먹여 주는 사회"〈우리교육〉 2011년 가을호, 162~169 167쪽에서 인용.
7. 박상옥의 "의사 부인 만나서 백수로 살고 싶어요!"〈민들레〉 통권 87호, 8~16 15~16쪽에서 인용.
8. 야마다 즈니의 책, 34~35쪽에서 인용.
9. 야마다 즈니의 책, 172~173쪽에서 인용.
10. 김두식의《욕망해도 괜찮아》2012년, 창비 50~51쪽에서 인용.
11. 슈마허의《굿 워크Good Work》 18쪽에서 인용.

비대칭적
관계 속에서
자라는
자유의 교육

김상봉

김상봉

전남대학교 철학과 교수다. 대학에서 철학을 공부한 뒤 독일 마인츠 대학에서 철학, 서양고전문헌학, 신학을 공부했다. 민예총 문예 아카데미 교장 등을 지냈다. 5·18 민중항쟁, 학벌 사회, 분단과 통일 등 한국 사회 고유의 역사적 맥락을 기반으로 주체성의 문제를 깊이 있게 탐구해 왔다.

고민이 멈추지 않는 시대

광주 간 지 7년이 됐는데요. 서울에서 저는 학벌없는사회를 만들고 활동했지만 아마 아시는 분들은 아시겠지만, 지금은 그냥 이사장 이름만 올려놓고 있습니다. 학생들에게 양해를 구하고, 5~6년 만에 수업을 파하고 나들이를 하는 게 처음인 것 같습니다.

혹시 저를 다른 곳에서도 만난 적이 있는 분들이 계신지는 모르겠는데, 제가 워낙 선생님들을 만나러 꽤 많이 다니는 사람입니다. 그것 자체가 저한테는 공부고요. 제가 학교 현장에서 아이들을 가르친 경험이 없는 대신에 기회가 있을 때마다 선생님들을 만나 간접적으로 학교 현장의 목소리나 상황을 얻어들으며, 교육 현장에 대한 감각을 잃지 않으려고 애를 써 왔습니다. 대개 전교조 지부나 지회에서 부르면 자주 가서 뵙고, 요즘은 대안학교나 혁신학교 쪽 선생님들을 만나고 그랬는데, 이렇게 노조도 아니고 학교도, 혁신학교 전체 연수 모임 같은 곳도 아닌 자리에서 '지금 교육 문제가 심각한데 어떻게 풀어야 할지 고민 좀 해 봐야겠다'는 자발적인 교육 운동 차원에서 모이신 분들을 만나는 건 드문 일인 것 같아요. 그런 의미에서 이 자리에 참석해 주신 선생님들께 감사를 먼저 드리고 이야기를 시작하고 싶습니다.

그냥 공치사만이 아닙니다. 새삼스럽게 이런 생각을 하게 된 것은 최근에 제가 가까운 친척 상을 당했는데요, 오랜만에 이 사람, 저 사람, 사촌들, 오촌들, 육촌들 우르르 다 모였는데 워낙 자주 만나는 기회가 없으니까 잘 몰랐는데 경기도에서 교사를 하는 분이 계셨어요. 다른 이야기를 하다가 느닷없이 저한테 그러더라고요. "당신, 김상곤 교육감과 같은 편이냐?" 하고 묻더라고요. "아니, 그냥 뭐 좋게 생각하고 있다"고 말했더니 그다음부터 정말 험상궂은 표정으로 자기는 교육감의 정책에 동의하지 않는다는 거예요. 제가 교육감도 아닌데 한참 야단을 맞았습니다. 물론 이해는 되죠. "학교 현장이 어떤 줄 아냐? 너희는 아무것도 모른다. 학교 현장이 얼마나 학생들은 거칠고 학부모들은 무례하고……" 등등이 배경이 되었을 것입니다. 저도 충분히 안다고, 공감한다고 해도 아무 소용이 없었어요. 폭발하는 증오를 진정시키는 데 한참 걸렸습니다. 개인적으로 학교 안에서 얼마나 힘드셨겠어요. 견딜 수 없는 상황이었겠구나 느껴졌죠. 한참을 부딪히다가 제 생각을 말씀드렸어요.

"그런데 이거 한번 생각해 보십시다. 학교가 아직도 학교라고 생각하십니까? 학생들 입장에서 한번 생각해 봅시다. 지금 학교가 아니지 않습니까? 감옥이라고요. 그러니까 교사, 교장 연수할 때 다 큰 어른들 보고 학생들한테 하듯 똑같이 아침 8시부터 밤 10시, 11시까지 부동자세로 교실에 딱 앉혀 놓고 그렇게 교육을 시킨다고 하면 일주일 견디겠습니까? 교사인들, 교장인들 일주일 견디겠나요. 책상 앞에 가만히 딱 앉아서 아침부터 밤늦게까지 감금되어 있는 생활을 아무도 못 견딘다 이겁니다. 이건 감옥이지 학교가 아니에요. 학생들은 죄수고, 교사는 교사가 아니라 간수에 지나지 않는데 아직도 그걸 모르시고 학생들이 학생으로 보이나요? 걔네들 악에 받친 죄수들인데 그 아이들이 교사들한테 증오심밖에 안 남아 있는 거 너무 당연하지 않나요. 걔네들한테 대고 너희들 왜 그렇게 무례하냐, 교사를 존경하지 않느냐는 이야기가 번지수가 맞는 이야기인지 나는 잘 모르겠네요."

그러자 표정이 조금씩 바뀌더라고요. 공감이 되는가 싶어서 말을 이었습니다.

"위로가 되라는 말씀입니다. 이걸 학교라고 생각하니까 더 화가 나는데 지금 학교가 아니다, 감옥이라고 생각을 하면, 현실을 받아들이면 덜 화가 나지 않겠습니까. 그리고 과거에 민주화 운동을 할 때 똑같은 간수라도 감동적인 간수가 많이 있었습니다. 김지하의 양심선언을 세상에 알린 것도 목숨 걸고 하는 일인데 그거 다 간수들이 한 일입이다. 우리가 착한 간수, 훌륭한 간수가 됩시다, 기왕 간수 노릇하는 건데. 그렇게 생각해야지, 학생들이 그렇다고 해서 감옥 안에서 죄수들이 발광하는 건데 거기다 대고 우리가 도덕적 잣대를 대며 백날 이야기해 봤자 안 되는 거니까 생각을 바꾸는 게 어떻겠어요."라고 하니까 그때부터 조금씩 우호적인 분위기로 바뀌더라고요.

이 말씀을 드리는 까닭은 제가 많이 알고 만난다고 하지만 역시 세상은 넓고 선생님은 여러 분들이 많이 계시구나 하는 생각을 새삼스럽게 했고요. 그런 의미에서 여전히 고민하시는 분들, 지금 무너질 대로 무너지고 붕괴한 학교와 교실 안에서 하루

하루를 견디면서도 무언가 길을 찾겠다고 고민하고 머리를 맞대고 계신 분들이 좀 눈물겹도록 새삼스럽게 고맙더라고요. 그래서 저도 강연을 갈 때 오늘은 특별히 제가 더 성심성의껏 강의를 잘해야 되겠다 마음을 먹지만, 사실 힘들어요.

이 일을 어쩌면 좋을까 싶을 만큼 상황이 좋지 않죠. 공교육이라고 하는 것을 우리가 포기할 수 없지만, 공교육을 살려야 한다, 살리자는 이야기가 때때로 너무 추상적이고 관념적으로 느껴질 때가 많아요. 한편으로는 김상곤 교육감 이야기를 했지만, 좋은 일도 있고 나쁜 일도 있지만, 그런 분들부터 시작해서 여기저기에서 직선 교육감들의 시대가 되고 난 다음에 조금씩 적으나마 변화의 싹이 보이긴 합니다. 지역에 따라서 상황이 좀 다르긴 하겠지만 저희 광주 같은 경우에는 《삼성을 생각한다》로 유명한 김용철 변호사님이 공모해서 감사 담당관으로 와 계세요. 그래서 철학과 대학원에 등록도 하시고, 일주일에 한 번씩 수업도 들으러 오시고 해서 자주 만나요.

《삼성을 생각한다》에서 단호하게 문제를 제기했던 법률가답게 처음 시작할 때부터 정년 퇴임 한 달 남은 교장 선생님이라고 할지라도 비리가 발견되면 가차 없어요. 물론 악감정이 있는 건 아니고 규정에 따라서 처리하는 거죠. 아시다시피 일단 교장에 오르면 손대는 사람이 없는 게 지금까지 한국 학교의 관행 아닙니까. 온갖 재미있는 일들이 일어난다는 것은 제가 말씀 안 드려도 여기 계신 선생님들이 잘 알고 계실 테니까……. 그렇게 적어도 외적인 차원에서는 정화가 되는 것 같더라고요.

이를테면 방과 후 교사한테 가해지는 입찰 비리, 회계 부정 같은 것들을 규정대로 감사를 하고 징계를 하면서 조금씩 정착이 되어 가는 거예요. 보도가 안 되어서 그렇지 광주의 교육계는 혁명적인 상황입니다. 그런데 그런 변화에도 불구하고 변하지 않는 건 학생들의 운명이에요. 크게 변하지 않아요. 아주 죽겠습니다.

바람직한 감사 정책을 통해서 보면 평교사들의 상황도 조금씩 나아질 수 있죠. 교육감이 어떤 식으로 정책을 취하는지에 따라서 아무래도 변화가 생기는데, 학생들의 운명은 변화가 없어요. 결국 교육은 학생들을 위해서 있는 건데, 맨 마지막까지 가장 심각한 문제는 학생들 문제이죠. 그것이 선생님들이나 저나 학교에 있는 교육자로서 낯을 들 수 없는 그런 상황인 것입니다. 그래서 갈 길이 멀죠.

특히나 그러지 않아도 상황이 너무 좋지 않은 한국 학교, 한국 교육의 상황이 이번 정부 들어서서 학생들을 가르쳐 본 경험이 없는 분이 교육부 장관으로 있으면서 더욱 나빠졌습니다. 물론 한국개발연구원KDI을 학교라고 한다면 교육 경험이 없는 건 아니라고 강변할 수도 있지만 우리가 일반적으로 생각하는 학생, 청소년, 대학생까지 그런 교육의 경험은 없는 경제학자가 교육정책을 좌지우지하는 자리에 너무 오래 앉아 있음으로 해서 최악의 상황에 처해졌다고 저는 생각하고 있습니다.

도대체 국립대학 총장을 직선하는 것이 무얼 그렇게 사생결단을 해서 금지시킬 일일까요. 요즘은 국립대학 총장 직선제 문제 때문에 상당히 골치가 아픕니다. 대학도 그런데 초·중등 과정에서는 오죽하겠어요. 나빠질 대로 나빠진 게 지금 상황인데 그럼에도 불구하고 희망을 완전히 포기할 수는 없는 일이니까 세상이 아무리 절망적이라고 하더라도 누군가는 그 상황에서 타개책을 생각해 봐야겠죠.

저도 이럭저럭 교육 운동을 시작한 지 10년이 넘었네요. 제가 그동안에 경험하고, 학문적으로 연구한 것을 기반으로 해서 이 시기에 우리가 특별히 고민해 볼 것을 한두 가지 말씀을 드리고 구체적으로 어떤 방식으로 타개해야 할 건지 같이 고민해 보는 시간을 갖겠습니다.

시험 중심 교육이 문제

처음에도 말씀을 드렸지만, 일단 제가 그냥 말씀을 드리겠지만 이런 자리에 오는 까닭은 현장의 목소리를 듣고 제가 거꾸로 배우고 깨치기 위한 것도 똑같이 있습니다. 그런 의미에서 주고받는 만남이 되었으면 합니다. 오늘 말씀드릴 내용은 제가 앞으로 써야 될 책의 밑그림이에요. 교육에 관해서 이럭저럭 굳이 따지고 보면 제가 쓴 책이 세 권 있는데, 하나는 1983년 여름에 야학에 대해서 같이 책을 쓴 게 있습니다. 《세 학교의 이야기》라고 지금도 야학하는 사람들은 가끔 보는 것 같습니다.

전태일 열사 분신 이후에 여기저기서 우후죽순으로 야학이 생길 때 가톨릭학생회에서 야학을 만들었습니다. 그 당시 을지로 5가에 있는 가톨릭노동청년회 건물을 빌려서 여성 노동자들을 위한 야학을 했고, 여러 해 참여했었는데 그 경험을 르포 형식으로 썼습니다. 그다음에 《학벌 사회》, 이것은 공부 끝나고 쓴 거죠. 그 뒤에는 교과 교육 관련해서 《도덕 교육의 파시즘》을 썼어요. 여기도 도덕 선생님이 계신지 모르겠는데, 그 책 뒤에 교과 교육 차원에서 전교조 도덕 교사 모임 선생님들과 여러 해 동안 작업을 한 끝에 냈던 책이 하나 있고요.

그 뒤에 한 10년 운동을 하면서 보니까 이전에 가지고 있었던 인식의 틀 그리고 제가 생각했던 운동의 방향이 여전히 옳은 부분도 있지만 10년이 흐르면 강산도 변한다고 무언가 재조정이 필요한 부분은 없을까 하는 반성을 하게 됐습니다. 그러던 차에 전교조 부산 지부에서 학벌 문제와 관련해서 이야기를 해 달라고 요청을 해서 그걸 계기로 저 자신의 생각을 정리를 했어요. 지금까지 반학벌 운동 또는 넓은 의미의 한국의 교육 운동의 현주소라고 할까, 그걸 한 번쯤 정리해 볼 필요가 있다고 생각해서 책을 쓰기 위한 밑그림으로 제가 혼자 메모한 건데요, 그 뒤에 계속 세상의 다른 쪽에서 제 팔을 잡아끌어서 딴짓을 열심히 하다가 보니까 계속 미루어지고 있습니다. 그래서 조만간 이걸 매듭을 짓긴 지어야 한다고 생각을 하고 있는데요, 오늘 제가 핵심적인 것 몇 가지만 말씀드리겠습니다.

제일 먼저 순수한 교육철학에 대한 말씀을 드려야겠어요. 원래 배움이라고 하는 게, 하나에서 열까지 자기가 부딪치는 모든 문제에 대해서 정답을 다 외울 수는 없어요. 이 말씀을 드리는 까닭은 한국의 공부가 그렇거든요. 한국의 공부는 미리 답을 다 외우는 겁니다. 제 과거 학창 시절 공부도 요즘과 크게 다르지 않았습니다. 공부에 관해서 추억이 있다고 한다면 두 가지 정도 기억나는 것 같아요. 하나는 한국에서 수험생으로 공부할 때 또 하나는 독일 가서 공부할 때 시험에 관련해서 추억이 있습니다.

공부를 하지 않는 학생에게 제일 어려운 과목이 수학 아니겠습니까. 요즘 오지선다형 맞죠? 예전에 제 학창 시절에는 '증명하시오' 식이었죠. 일곱 개 문제 주고, 우수리가 남으니 빵점이 3점입니다. 그런 점수 매일 받고 살다가 공부다운 공부를 처음 해 본 게 고등학교 2학년 여름방학 때부터였어요. '이러다가는 도저히 안 되겠네. 대학을 가긴 가야 할 텐데 어떻게 해야 할지 모르겠다.' 생각을 하고는 학원이라는 데를 처음 가 봤어요. 문과였는데 이과 수학2 강의를 들었는데 학생 수가 한 200~300명 되었던 거 같아요. 앞에서 풀어 주면 열심히 받아 적고 집에 와서 양말도 벗지 않고 바로 앉아서 그것부터 다 풀어 봤어요. 그대로 한 번 더 풀고 잤죠. 그렇게 했더니 나중에는 대충 문제가 외워지데요. 그러고 나서 겨울방학이 지나고 나서 모의고사를 치지 않았겠습니까.

그 전에는 좀 안다 싶었던 것도 하면 안 됐는데, 꼭 계산하는 과정에서 틀리고 실수하는 게 늘 일이었는데, 2월 모의고사를 봤는데 수학 시험문제가 나왔는데 보니까 문제가 다 아는 문제인 거예요. 수학 정석에 다 있던 문제에다 숫자만 바꿔서 냈더라고요. 이렇게 반가울 때가 있나, 그 전에는 맨날 수학 빵점이었다가, 저 그걸로 대학 왔어요. 정답을 미리 알려 주는 게 공부고 사실 그게 선행 학습입니다. 그런데 그것의 폐해를 생각 안 하게 돼요. 그래서 한국에서 학자가 못 나와요. 앞으로 이 교육제도가 바뀌지 않는 한 한국에서 학자가 나오지 않습니다.

노무현 정부 말년이었는데 교육과정평가원에서 그때 창의성에서 대해서 용역을 주어서 일을 한 적이 있었습니다. 저는 인문학 대표로 왔고 자연과학 대표로 왔던 분이 광주 과기원에서 이론물리학 하는 분이었어요. 수재들이 물리학과를 가던 시절에 이론물리학을 하신 분입니다. 그리고 시험이란 시험은 절대로 무서워한 적이 없는 분이에요. 왜냐하면 정답을 다 외워 버리니까요.

무슨 말인고 하니 시험을 출제하는 사람도 뭘 보고 내는 거거든요. 그 볼 책을 미리 다 외워 버리니까 아무 소용이 없어요. 예비고사 자연계 수석이 의대 가지 않고 물리학과 가던 좋은 시절에 그분도 물리학 공부하시고 미국 유학을 가신 분입니다.

제 말을 듣더니 그분이 하시는 말씀이 〈네이처〉와 〈사이언스〉 같은 잡지에 제1 저자로 이름을 두 번 올리면 평생 먹고산대요. 그런데 아직까지 제1 저자로 이름을 두 번 올린 사람이 한국에 없답니다. 없는 이유가 뭔지 아세요? 이름을 올리기 위한 조건이 무엇인가 하니, 남이 묻지 않은 물음을 처음 물은 사람을 제1 저자로 올린답니다. 주어진 물음에 대해서 대답을 한 사람이 아니고, 남이 한 번도 묻지 못한 물음을 처음으로 과학 영역에서 제기한 사람이 이름을 올리는 거죠. 예를 들어서 뉴턴이 '아니, 왜 사과가 위로 올라가지 않고 아래로 떨어지지? 위에 훨씬 더 많은데 올라가서 별이 되지 않고 왜 하필 밑으로 내려오지?' 라고 묻는다든지, 아인슈타인이 '빛의 속도보다 과연 빨리 달릴 수 있을까?' 물은 것처럼, 묻지 않는 물음을 묻는 게 학문적으로 가치가 있는 일이라는 거죠. 그런데 정답을 다 알고 주어진 물음에 대해서 즉각적으로 답을 하는 것이 버릇이 된 한국의 수재들은 그런 의미에서 물음을 스스로 구성하지 못합니다.

그분이 국비 장학생이 되어서 미국에 유학을 갔는데, 그분은 시험이란 걸 두려워한 적이 없어요. 모든 시험에서 다 1등이었어요. 유학 1년차 미국의 대학원생들과 지내면서 '얘들 왜 이렇게 무식하냐.' 하고 느꼈답니다. 우리 정말 아는 거 많습니다. 저도 그런 추억이 있습니다. 독일 애들 기죽이는 법 중 하나가 우리가 머릿속에서 외우고 있는 수많은 것들을 가끔 문맥에 따라서 하나씩 끄집어내는 거예요. 예를 들어서 같이 굴을 먹다가 "야, 너 미국에 체사피크 만이라고 있는데 어디에 있는지 아냐?" 모르죠. 알 리가 없습니다. "체사피크 만에서 나는 특산물이 뭔지 아냐?" 그건 더 모르죠. "야, 굴이야. 굴. 처먹지만 말고 공부도 좀 해." 그거 고등학교 때 지리 시간에 배운 거예요.

지리 선생님께 죄송하지만 우리가 그런 부질없는 지식을 집어넣어 놓고 삽니다. 미국에 여행 갈 일이 있고, 체사피크 만 갈 일이 있으면 인터넷에서 찾아보고 공부하고 가면 되는 걸 굳이 그걸 고등학교 때 다 외워야 할 이유가 뭐가 있었겠어요. 그런데 그렇게 모든 걸 다 머릿속에 집어넣고 나면 정말 묻지 않습니다. 한국의 수재들이 아는 체하는 게 습관이 되어 있어서, 대학에서 가르치면서 보면 학자들 안 나와요.

그런데 그럼에도 불구하고 어떤 문제를 해결하기 위해서 우리가 알아야 될 것들이, 우리가 생각해야 될 것들이 있죠. 그때 뭐가 문제인가 하면 어떤 것이든 간에 정답 말고 두 가지가 필요한데, 하나는 원칙이 문제고, 또 하나는 역사가 문제예요. 원칙과 이념은 무엇의 문제인가 하면 철학의 문제예요. 원칙과 이념만 알아서 안 돼요. 철학은 나침반과 같습니다. 철학이라고 하는 학문이 있는 까닭이 그것이죠. 교육에 관해서 교육철학이 필요한 까닭도 마찬가지고요.

교육의 본질은 사람됨의 과정

교육의 문제를 고민하고 해결하기 위해서 제일 먼저 마음속에

새겨야 할 게 무엇인가 하니 교육이란 무엇인가라는 이념에 대한 성찰입니다. 그러면 교육에 대해서 구구절절 많이 아는 게 없어도 교육이라고 하는 게 무엇이냐는 확고한 나침반이 될 만한 원칙을 가지고 있다면, 자기가 부딪치는 경우마다 내 원칙에 따라서는 이 문제는 이렇게 해야겠다, 저렇게 해야겠다고 하는 어떤 판단을 내릴 수 있죠.

교육 운동의 경우에도 상황은 계속 변하게 마련이죠. 그리고 교육 현장에서 여러 가지 다양한 경우들이 끊임없이 우리 앞에 주어지기도 하고요. 그런 까닭에 모든 경우에 대한 정답 또는 매뉴얼을 가질 수는 없습니다. 그러므로 언제, 어떤 방식으로 닥쳐올지 모르는 문제 상황 속에서 내가 훌륭한 교사로서 거기에 대처할 수 있기 위해서는 기본적으로 건전한 교육철학이 필요하다는 것이 첫 번째입니다.

두 번째는 교육의 역사에 대한 성찰이 필요합니다. 그러니까 어떤 문제를 우리가 해결하려고 할 때 필요한 게 역사의식이죠. 특히 교육처럼 삶의 문제 또는 인간의 문제가 주가 되어 있는 영역에서는 더더욱 중요합니다. 사람이 1천 년, 2천 년 지난다고 해서 그렇게 억세게 바뀌는 존재가 아니기 때문에 기본적으로 인간의 삶이라는 게 외부적인 형식에서 좀 바뀔 수 있더라도 교육은 다른 어떤 것보다도 잘 변하지 않습니다. 어떤 의미에서는 이걸 변화시키겠다고 기를 쓰면 쓸수록 오히려 나빠지는 거죠.

한국 교육이 교육부 장관, 교육부 관료 바뀔 때마다 무언가 업적을 내야 하니까 새로운 제도를 들고 나오거든요. 그러니까 문제인 거죠. 지금 사교육걱정없는세상이 성공하기 위해서 여러 가지 해야 할 일이 있는데 그중에 하나가 교육부 없애기 운동입니다. 작은 정부 주장에 맞춰 보면 교육부는 존재 이유가 없습니다. 그래서 최소화시켜 버리고 실질적으로는 지역의 교육청, 시도 교육청 단위에서 자율적으로 지역의 교육정책을 결정하게 하는 게 제가 볼 때는 보다 낫다고 생각을 합니다. 그래서 보수적인 사람들이 사는 곳에서는 계속 보수적으로 상태가 좋지 않은 교육을 실시해서 그렇게 가도록 하고, 그래도 제정신이 박힌 사람들이 사는 지역에서는 그분들이 거기에 맞는 교육감 뽑아 가지고 바꾸는 방향으로 가는 것이 저는 옳다고 생각합니다.

그게 가능할까요. 제가 독일에서 공부할 때는 방학하는 날짜, 개학하는 날짜가 다 달랐던 거 아세요? 주에 따라서 다 다릅니다. 우리가 가지고 있는 잘못된 고정관념이 많은데 그중에 하나가 모든 것을 국가가 다 획일적으로 챙겨야 된다고 하는 것도 중요한 고정관념 중 하나예요. 아무튼 쓸데없이 바꾸려는 사람들이 많아서 문제이긴 하지만 그런 와중에서도 교육은 결국은 사람의 일이기 때문에 표면적으로 많은 변화에도 불구하고 비슷하게, 곪은 건 곪아 오고, 진행되는 건 진행되는 과정이라는 것입니다. 그래서 선생님들께 늘 드리고 싶은 말씀이 최소한 교육철학과 교육사에 대해서는 내가 교육자라고 한다면 관심을 가지셨으면 하는 바람입니다.

제가 그나마 철학을 배우고 가르치는 사람으로서 '교육이 뭔가요? 철학자들은 뭐라고 이야기합니까?'라는 질문에 답을 찾는다면 여러 가지가 있을 수 있습니다. 일단은 가장 소박하게 우리가 모두 알고 있는 것에서부터 이야기를 시작하자면, 교육이라고 하는 건 사람됨의 과정입니다. 제가 처음 원고를 쓸 때는 인간성의 자기실현 기관이라고 표현을 했었는데요. 굳이 어려운 말

쓸 필요 없이 사람됨의 과정이에요. 사람이 참 신기합니다. 다른 모든 피조물, 땅 위에 살고 있는 모든 동물, 식물은 교육을 필요로 하지 않아요. 양육만 있습니다. 양육만 정상적으로 이루어지면 하나의 성체가 됩니다. 개는 개로서, 말은 말로서, 소는 소로서 자기가 되는 거죠. 그런데 인간은 그렇지 않습니다. 아무리 잘 먹고 잘 양육받는다 하더라도 교육을 받지 못하면 인간은 인간이 되지 못합니다. 너무 당연한 이야기인데 우리가 잊어버리고 있기 때문에 여기서 말씀을 시작하려고 합니다.

그런 사례들이 있죠. 예전에 교육학 또는 심리학 공부하셨을 때 접했을 아베롱의 야생 소년 이야기를 다 아실 거예요. 1800년경에 누가 아이를 낳아서 버렸는데, 나이를 가늠할 수는 없지만, 10대 후반 정도의 소년이 되어서 파리 근교에서 발견되었죠. 버려진 아이가 혼자 살아남을 수가 없을 텐데 기적이라고 봐야겠죠.

그 아이가 태어나기 얼마 전에 죽었던 루소가 봤으면 "아, 여기에 내가 예찬해 마지않았던 문명에 물들지 않은 오염되지 않은 자연인이 여기에 있구나."라고 말했을 거예요. 자연인은 맞아요. 건강하기는 엄청 건강했죠. 그 건장한 청소년이 외적으로는 루소가 꿈꾸었던 자연인의 모습을 갖추고 있었습니다. 하지만 사람이라고 할 수가 없었어요. 말을 못 배웠으니까 말 못하죠. 말을 못하니까 인간이 가져야 할 정서적인 어떤 것도 없습니다. 그리고 도덕적인 의지도 당연히 뿌리내리지 못한 거고요. 그냥 껍데기만 사람이지, 하는 짓은 늑대와 똑같아서 늑대 소년이라고 불렀죠. 이름을 자크라고 지어 줬다고 하지만요.

그런데 아베롱의 야생 소년에게 당대의 석학들이 달라붙어서

이 아이를 정상적인 사람으로 만들기 위해 교육을 했다고 해요. 결론적으로 다섯 살 정도 지능 이상으로 발달하지 않았다고 이야기합니다. 이 이야기가 말해 주는 것은 두 가지입니다. 첫째 교육을 못 받으면 인간이 못 된다는 것, 그 교육에도 때가 있다고 하는 것이 두 번째입니다.

배워야 할 것을 배워야 할 때 배우지 않으면, 지나고 나서 애로 사항이 대단히 많습니다. 한국의 어른들 중에 배워야 할 때 배울 것을 배우지 못해서, 나이 들어 무덤에 들어가기 직전까지 온갖 종류의 추태를 부리는 사람을 우리가 주변에서 굉장히 많이 보는데 그게 그거예요.

이를테면 유치원에서는 글공부시키면 안 되죠. 그때는 그거 배울 때가 아닙니다. 요즘 소아 정신병이라고 하는 게 그래서 늘어나는 거잖아요. 사실은 잘 노는 걸 배워야 하거든요. 안정된 정서로 서로 잘 어울리는 것을 배워야 하는데 우리의 경우에는 내용의 질을 차치하고서라도 교육에 순서가 없어요. 그래서 말씀을 드린 것처럼 교육을 통해서만 사람이 된다는 것, 거기에 순서가 있다는 것, 그래서 좋은 교육을 받으면 좋은 사람이 될 확률이 높아지는 거고, 나쁜 교육을 받으면 나쁜 사람이 될 확률이 높아지는 거겠죠. 왜냐하면 교육을 통해서 우리가 사람이 되는 거니까……. 그래서 이것이 인간성의 신비라고 하겠는데 우리 모두는 그런 의미에서 자연의 피조물인 동시에 교육의 피조물이라고 할 수 있겠습니다.

문제는 무엇인가 하니 사람됨의 과정인데요. 누구도 자기가 자기를 교육할 수 없어요. 누군가, 남이 자기를 교육해 줘야만 합니다. 그런 의미에서 교육은 사람됨의 과정인데 단서가 붙어야만 합니다. 만남을 통해서 사람이 되어 가는 과정입니다. 그래서 교육의 본질은 만남에 있습니다. 서양의 교육철학 이론들에 보면 제일 오래된 플라톤의 교육은 상기, 기억해 내는 것으로 아남네시스anamnesis라고 부릅니다. 그다음에 로마인들에게 교육은 에듀카치오educacio라고 해서 이끌어 내는 거고요. 독일인들은 빌둥bildung이라는 단어를 써서 형성하는 거라고 합니다. 그런데 제가 볼 때는 다 부차적인 겁니다. 교육은 만남입니다. 그런 이야기는 다 기능적이고 부차적인 이야기예요. 교육은 너와 나의 만남이에요. 그래서 너와 나의 만남 속에서 내가 '내가' 되는 겁니다. 내가 누군가의 '너'가 됨으로써…….

김춘추의 〈꽃〉이라고 하는 시 있죠? '내가 너의 이름을 불러 주기 전에 너는 하나의 몸짓에 지나지 않았다. 내가 너의 이름을 불러 주었을 때 너는 내게로 와 한 송이 꽃이 되었다.'라는 말. '나의 향기와 몸짓에 어울리는 이름을 누가 불러 다오. 나도 그에게로 가 그의 꽃이 되고 싶다.' 그거예요. 그러니까 몸짓이라는 건 아직 사실 무정형의 아무것도 아닌 거죠. 그런데 누군가가 나의 이름을 불러 줄 때, 거기에 응답할 때 자아로서 발돋움하게 되는 거죠. '나는 나다라고 내가 나를 내 마음속에서, 거울에 비춰 보듯이 내가 나를 마음속에서 의식할 수 있을 때 그게 내가 된다.'라는 것이 근대 의식 철학의 구조인데요, 저는 그렇게 생각하지 않습니다. 내가 누군가의 '너'가 될 때만 비로소 내가 될 수 있는 거고, 너와 내가 우리가 됨으로써만 나도 내가 되고, 네가 되는 거죠. 문제는 이 만남이 비대칭적이라는 거예요.

내가 너와의 만남을 통해서만 내가 될 수 있다는 게 인간성의 신비입니다. 내가 절대 나 혼자만 내가 되지 않고 너와의 만남

속에서만 내가 될 수 있죠. 기독교인이라고 한다면 삼위일체가 이런 거라고, 그게 존재의 신비라고 생각하겠죠. 서양에서 보면 나의 공동체성이라는 건 하나의 신이 성부, 성자, 성령이라고 하는 공동체를 이룬다고 생각해서 어떻게 그게 가능하냐고 2천 년 동안 계속 입씨름을 해 왔는데요. 어떻게 가능하든지 간에 내가 어떤 나 아닌 타자를 통해서만 내가 된다고 하는 게 어찌 되었든 인간성의 신비라고 하겠습니다.

그런데 그 '너'라고 하는 게 내가 세상에 처음 태어났을 때는 아마 아무 대책 없는 욕망의 덩어리에 지나지 않습니다. 사람도 아니고 뭣도 아니고 아무것도 아니에요. 그런데 힘들게 만남의 사다리를 따라서 나도 한 사람의 제대로 된 인간으로서 성숙해 가는 과정이 교육인데요. 이 과정은, 이 계단은 절대로 혼자서 올라가지 못합니다. 반드시 나 아닌 누군가가 내 손을 잡아서 끌어 줘야 해요. 이게 교육입니다. 그런데 이 관계가 비대칭적이에요. 사실 교육의 숭고는 여기에 있습니다. 그래서 아무나 교사가 되면 안 됩니다. 세상에서 어려운 직업이 교사입니다.

그런 의미에서 다른 만남의 경우에는 딱히 존경심 가질 필요 없고, 굳이 특별한 관계가 아닐 수 있지만 교사와 학생 사이의 관계는, 나의 절반은 교육을 통해서 이루어지는 만큼 특별하죠. '내가 너를 통해서 내가 된다.'라는 말은 뭡니까? 내가 만난 사람들이 나의 절반이에요. 내 절반은 내가 맺은 만남, 그다음에 내가 걸어온 모든 인연의 끈들이 나를 만드는 거예요. 우리가 진정한 의미에서 나를 가르쳐 주고 키워 준 지난날의 은사들에게 감사를 느낀다고 하면, 그 까닭은 바로 이것 때문이죠. 그게 단순한 거래 관계가 아니고 실은 나의 일부로 여전히 내 속에서 나를 같이 이루고 있는 분들입니다.

'사람은 자기가 먹는 거다.'라고 하는데, 이건 단순히 유물론적으로 '내가 먹은 게 나다.'라고 하는 것인데, 내가 먹은 게 내 신체를 이루잖아요. 그런 의미에서 때로는 사람들이 내가 먹은 밥 한 톨에 대해서 감사할 수도 있는 거죠. 밥이 결국 내가 되는 건데요. 그런데 밥 한 톨에 대해서도 감사할 수 있는데 하물며 나의 영혼에 대해서는 어떻겠어요. 몸은 보이고 영혼은 보이지 않기 때문에 우리가 그걸 잊어버리고 있어서 그렇지 우리의 몸이 처음부터 내가 가지고 있는 게 아니고 내가 먹어서 살찐 것처럼 우리의 마음, 우리의 인격이라고 하는 것도 실은 만남의 컨텍스트인 거죠. 그러니까 지속적으로 오랜 기간 동안 나를 가르쳐 준 스승이 있다고 한다면 그런 분들한테 내가 감사를 느끼는 것은 아주 당연한 거죠. 그러니 비대칭적인 거예요.

비대칭적 관계 안에서 이뤄지는 교육

이 점이 시장과 학교의 차이입니다. 도무지 대한민국의 교육학자들은 다 어디서 자고 있는지, 교육의 시장화가 문제가 된 게 언제부터인데 그걸 사람들이 어쩌지를 못하네요. 학교가 시장하고 같다고 생각하는 사람들, 지금 교육부 안에 있는 사람들부터 시작을 해서 한국 사회에서 말 꽤나 한다는 사람들이 학교가 시장처럼 되어야 하고 시장 경쟁이 학교에도 도입되어야 하고 시장에서처럼 학교에서도 뭔가 효율적이어야 한다고 떠들고 다니고 있죠.

그런데 학교가 시장일 수가, 백화점일 수가 없는 까닭은 비대칭적인 만남에 있죠. 그리고 학생이 소비자일 수 없는 까닭이 여기에 있어요.

이거 정말 화나는 일이에요. 학생은 소비자가 아닙니다. 교사가 장사꾼이 아니듯이. 그럼 장사꾼은 나쁘고 교사는 고상해서 그렇습니까? 그런 뜻 아닙니다. 상업도 다 훌륭한 직업인데, 그런 뜻이 아니고요. 만남의 성격이 다릅니다. 어떻게 다르냐면 한쪽은 대등해요. 대등하다고 하는 걸 전제로 하고 만남이 이루어집니다. 예를 들어서 아무리 어린아이라고 하더라도 엄마, 아빠가 "너 심부름했으니까 착하다. 만 원 줄게. 또는 천 원 줄게. 너 먹고 싶은 거 사 먹어라." 하고 돈을 줬어요. 그걸 가지고 동네 슈퍼에 갔든, 백화점에 갔든 하여튼 가게에 갔습니다. 그러면 법적으로 금지된 품목이 아닌 한, 돈 주고 물건을 집으면 그걸 팔고 거스름돈을 주면 그만이에요. 그것에 대해서 물건을 파는 사람이 그 이상으로 고민할 필요가 없습니다. 책임져야 할 것도 아무것도 없고요. 이 경우에는 두 경제 주체, 사는 사람과 파는 사람이 대등한 자립적인 주체로서 상정되어 있다는 걸 의미합니다.

교육은 그렇지 않아요. 아까 김용철 변호사님이 저한테 대학원 공부하고 있다고 말씀드렸죠. 저와 그분이 동갑이에요. 그리고 동갑이 한 명 더 있어요. 제 대학원 제자들 중에 황지우 시인 동생 황광우 선생이라고 있는데 이 양반은 제 또래 사람들한테는 전설적인 운동권 이론가였습니다. 《철학 콘서트》를 낸 저자예요. 그런데 석사 마치고 지금 들어와서 박사 과정 열심히 공부하고 있는데, 강의실 밖에 나오면 다 친구들이거든요. 친구들이지만 적어도 교육적인 관계로 만날 때 제가 갑이고 그분들이 을입니다. 절대 대칭적이지 않아요. 무엇을 어떻게 공부할 건가를 지도받지 않을 거라고 한다면 무엇 때문에 돈을 내고 학교에 오겠어요. 겸손하게 학생으로서 지도를 받아야 하기 때문에 교육을 받는 거예요.

대학에서도 똑같아요. 그런데 하물며 유치원, 초등학교, 중학교, 고등학교, 이때는 절대적이죠. 그러면 "이렇게 비대칭적인 관계이기 때문에 학생들은 손해고, 선생은 이익이고 그런 겁니까?"라고 물으면 그거 아니에요. 비대칭적이기 때문에 학생들이 대칭적인 관계에서는 할 수 있는 일도 비대칭적인 관계이기 때문에 교사와의 관계에서는 할 수 없는 일이 많습니다. 지도를 받아야 하기 때문이죠.

그때는 학생들만 손해일 듯싶지만 그렇지 않아요. 이 비대칭성은 상당히 심오한, 오묘한 비대칭성이어서 단순히 이해관계로 어느 쪽이 이익이고, 어느 쪽이 손해라고 말할 수 없습니다. 왜냐하면 교사가 학생에 비해서 비대칭적인, 일종의 권력관계에 있기 때문에 동시에 그냥 친구였다고 한다면 마음대로 할 수 있는 것도 할 수 없는 게 얼마나 많습니까. 꼭 이 문맥에 대해서 제가 드리는 말씀이 있습니다. 어떠한 경우에도 교사는 학생들 앞에서 분노하면 안 됩니다. 제가 "교사라는 직업이 정말 어렵습니다."라고 말씀드렸던 까닭이 그거예요. 사람이 화 안 내고 어떻게 살아요? 화가 나는데 화를 안 내고 어떻게 사냐고요. 이거 정말 힘든 일입니다.

그런데 학생들이 교사를 화나게 하는 게 예고하고 화나게 하는 게 아니잖아요. 전혀 예상하지 못한 시점에 전혀 예상하지 못한 방식으로 사람을 비이성적으로 만들잖아요. 이성을 딱 마비시키지 않습니까. 선생님들이나 저나 무감동, 스토아 철학자들이 말하는 아파테이아apatheia로 단련된 그런 현자가 아닌데 예상하지 못한 시점에서 전혀 상식적이지 않은 방법으로 학생들이 교사를 도발할 때, 그런 경우 이단 옆차기가 날아가기도 하고 이런 식으로 하다 보면 사달이 나는 거고, 굳이 그렇지 않다고 하더라도 이거 참 심각한 문제예요. 사실은 어떠한 경우에도 화내면 안 되거든요. 그 순간 나는 그냥 교사가 아닌 사람이 되어 버리는 겁니다. 내 속에서 한 마리 야수가 튀어나오는 것이죠.

그럴 때는 그냥 안 봐야 돼요. 얼굴을 안 보고 있다가 나가야 됩니다. 어떤 경우에도 교사는 분을 품고 말하면 안 됩니다. 그러니까 힘든 거죠. 저는 대학에 있으면서 1년에 한두 번 예외가 없지는 않지만, 밥 먹으러 와서 많든 적든 원칙적으로 학생들이 돈 내지 못하게 해요. 늘 내가 밥값을 내는 게 하나의 철칙입니다. 지금도 마찬가지입니다. 한번은 누가 묻더라고요. "월급 받아서 만날 그렇게 써서 어떻게 하냐." 그래서 제가 그랬어요. "사회정의에 이게 합당한 거라고 생각합니다. 제가 인사동에서 거리의 철학자로 놀고 있을 때 일주일이 지나도록 누구와 뭘 어디서 언제 술을 마시든 밥을 먹든 얻어먹는 게 당연하다고 생각했었죠. 광주 가기 전에는 실직자나 마찬가지였으니까요. 그러니 지금 내가 이런 자리에 있을 때는 이렇게 하는 게 당연한 걸로 생각하죠."라고 이야기했어요. 어찌 됐든 일상에서 크고 작은 일에서도 다 비대칭적이에요. 그런 것도 말하자면 그 교사와 학생 사이에서 우리가 당연하다고 생각할 수 있는 어떤 비대칭성이에요.

자 그러면 비대칭적이기 때문에 누가 이익이고 누가 손해라고 생각할 수 있겠어요. 비대칭성 속에서 서로가 타자 앞에서 자기를 내려놓고 만남이 이루어지고 그 과정이 사실 아름답고 숭고한 거죠. 이 과정 속에서 한 사람이 조금씩 성숙한 인격으로 자라난다고 하겠습니다.

문제는 무엇인가 하니 이 비대칭성 때문에 마음만 먹으면 여기에 조작의 가능성이 생깁니다. 교육학에도 큰 영향을 미쳤던 미국의 행태 심리학자 스키너가 교육에도 주문생산이 가능하다고 주장한 적이 있어요. 스키너는 사람의 인격이라는 것도 철저히 외적으로 결정 난다고 본 사람이에요. 50명이고 100명이고 날 때부터 자신에게 준다면 교육을 어떻게 받느냐에 따라서 신부도 만들고 목사도 만들고 수녀도 만들고 도둑놈으로도 만들고 강도도 만들고 다 할 수도 있다는 식으로 주장한 거예요. 꼭 그런 극단적인 이야기를 하지 않더라도 그만큼 교육이 학생들에게 미치는 영향력은 압도적이에요. 그렇기 때문에 그 영향력을 나쁜 마음을 먹고 행사하려고 하면 얼마든지 교육자가 원하는 방식으로 피교육자를, 학생을 어느 정도까지는 만들 수 있어요.

쉽게 말해서 그게 세뇌입니다. '나는 공산당이 싫어요.'라고 세뇌를 시키든, '미제를 몰아내자.'라고 세뇌를 시키든 어떻게 세뇌를 하든 말이죠. 세뇌라는 말 자체는 머리를 세척한다는 거니까 있는 걸 청소하고 바꾸는 그런 뉘앙스이지만, 처음부터 교육의 과정과 내용을 교육 권력이 조작하기만 하면 어느 정도는 자신이 원하는 방향으로 사람을 만들어 낼 수 있는 것입니다. 이 비대칭성 때문에, 이게 악용되면 교육이라는 이름 아래 학생들을 자기가 원하는 방식으로 그렇게 찍어 내는 과정이 되어 버릴 수 있는 거죠. 그런데 그렇다고 해서 우리가 그걸 피할 수 없다는 게 문제예요.

아무런 방향, 아무런 교육 이념 또는 방침, 이런 것 없이 그거 싫다고 해서 교육을 안 할 수도 없습니다. 교육이 사람을 어떤 식으로든 교육자의 권력과 이해관계에 따라서 학생들을 정신적으로 또는 여러 가지 윤리적인 측면에서 자신이 원하는 방식으로 찍어 내는 거라고 한다면 그걸 피하기 위해서 교육을 안 할 수도 없고, 또 그걸 피하기 위해서 교육을 한다고 할 때 절대적으로 가치중립적으로 교육을 할 수 있는 거냐고 묻는다면 사실 그것도 가능한 게 아니죠. '그럼 어떻게 해야 하냐?'라고 할 때 문제가 되는 게 바로 교육 이념입니다.

다시 말씀드리면 교육 이념은 무슨 거창한 게 아니고, 우리가 어떤 사람을 길러 내야 하느냐 하는 문제예요. 교육이 사람을 길러 내는 거잖아요. 그런데 사람이 여러 가지 천차만별 종류가 있는데 어떤 사람을 길러 낼 것인지 방침이 있는가라고 하는 게 문제예요. '어떤 사람을 길러 내야 되는가?' 한국 교육의 가장 큰 문제는 방침이 없다는 것입니다.

진정 우리 교육에서 필요한 이념 '자유'

물론 교육법에는 정해져 있죠. 홍익인간의 이념입니다. 저는 홍익인간 이념이 좋다고 생각합니다. 홍익인간이라고 하는 게, 단군신화라고 하는 게 다른 어떤 나라에 내놓아도 손색이 없는 심오한 건국신화라고 생각해요. 하지만 그것이 시대에 맞게 무언가 제시되어야 하는데 오늘날 현대사회에서 홍익인간의 교육 이념으로 어떤 인간을 키우자는 것이냐고 물으면, 그 말이 지금 우리 시대에 걸맞은 교육 이념, 인간상을 우리한테 주는 것이냐고 물으면 아무래도 못 준다고 해야 되겠죠. 그러니까 그게 사문화되어 있는 거죠. 그래서 너무 지당하신 말씀이기 때문에 현실 속에서 별로 차별성을 가지지 않는, 도움이 되지 않는 것이라고 생각할 수 있겠습니다.

다른 한편으로 보면 한국 교육에서 교육 이념, 다시 말해서 바람직한 인간상 무엇인지, 어떤 인간이 되는 게 훌륭한 인간이냐, 그래서 어떤 인간을 길러 내는 것이 바람직한 교육이냐고 질문을 할 수 있습니다. 한편에서는 홍익인간처럼 형해화되고 사문화된 현실 속에서 아무 의미 없는 그런 교육 이념이 있는가 하면, 정반대로 실질적으로 현실에서 한국 교육을 지배하는 교육 이념, 인간상이 있어요. 정말로 오도되고, 왜곡되어서 거기서 벗어나야 할 인간상이에요. 그게 무엇인가 하면, 어떤 인간이 되는 게 훌륭한 인간이 되는 거냐면, 학교 현장에서는 서울대생이 되는 게 훌륭한 사람이 되는 거예요. 훌륭한 사람 서울대생, 그다음 훌륭한 사람 연고대생, 그렇게 되는 거예요.

남의 집에 가서 초등학생 자식을 만난다고 칩시다.

"야, 상봉아 오랜만이다. 잘 있었냐?", "예, 잘 있었습니다. 아저씬 안녕하세요?", "그래, 요새 공부 잘하냐?", "예, 잘하고 있습니다. 지난번에 1등 했어요.", "착하다."

공부 잘하는 것과 착한 것이 무슨 상관이 있죠? 이 모든 게 다 그곳에 맞추어져 있죠. 그런데 보십시오. 홍익인간은 추상적이어서 문제인 거고, 서울대생 또는 명문대생은 구체적이지만 이게 있을 수 없는 교육의 파탄을 불러온다는 점에서 더 문제인 거죠. 차라리 없는 것보다 못한 거니까 홍익인간은 그 자체로 나쁜 건 하나도 아니니까 우리가 늘 그것을 묵상하면서 살 수 있다고 한다면 학생들이 나쁠 거 뭐 있겠어요. 그런데 지금 통용되고 있는 훌륭한 인간상이라고 하는 건 정말 있을 수 없는 일이거든요. 그럼 어떻게 해야 하냐면 이게 참 문제입니다. 우리가 방침을 안 가지고 있고 실제로는 나름대로 선의를 가지고 교육 운동을 하시거나 학교 현장에 계신 선생님들께서도 이 부분에 대해서 확고한 무언가를 가지고 있는 분은 없다는 게 외람되지만 제 판단입니다.

한번은 전교조 강연 갔을 때 이 부분에서 한 분이 손을 들고 그런 말씀을 하시더라고요. "역시 자발적인 청빈과 자식들을 노동자로 만들겠다는 의지 또는 자식들을 노동자로 만들 수 있다는 의지가 없기 때문에 생기는 문제가 아니겠습니까?"라고 하시기에, "예, 제 생각에는 저로서도 자발적인 청빈은 아무튼 그건 공감이 되는 말씀입니다만 자식을 노동자로 만들 것이냐, 노동자가 아닌 사람으로 만들 것이냐고 하는 건 아비인 제가 결정할 일은 아닌 것 같습니다."라고 말씀을 드렸어요.

그럼 도대체 어떻게 해야 할까요. 우리가 비대칭적인 관계 속에서 내가 만나는 학생들을 어떻게 길러 내야 하는가의 문제입니다. 대개의 경우 학교에서는 무조건 서울대, 집에서도 비슷하죠. 학교에서는 예전에는 플래카드가 붙었죠. 지금은 안 하더라도 서울대 몇 명 하는 식으로 체크되는 수치가 문제입니다. 집에서는 "너 뭐 될래, 너 판사 되어야지, 검사 되어야지, 의사 되야지." 하는 식입니다. 이것이 교육의 중심에 놓여야 될 이상적인 인간성에 대한 성찰을 딱 가로막는 거란 말입니다.

'내가 부모의 입장이든, 교사의 입장이든 어떤 사람이 되는 것이 우리가 가장 마음을 써야 될 교육의 척도인가?'라고 묻는다면, 두 가지를 말씀을 드리겠습니다.

우리 누구도 남의 인생을 대신 살아 주지 못합니다. 각자 인생은 자기가 알아서 살아야 해요. 그래서 원칙적으로 먼저 말씀드릴 수 있는 것은 구체적으로 이런 사람이 되어야 한다, 저런 사람이 되어야 한다는 것을 우리가 더 많이 촘촘하게 규정하면 할수록, 학생들에게 자기의 미래에 대한 보다 철저한 사전 결정이 되면 될수록 위험한 게 되는 거죠.

"너 나중에 커서 이거 해야 해, 저거 해야 해."라고 하는 걸 누구도 미리 예단해서 알려 주고 그것에 입각해서 아이를 키울 수 없다, 또는 교육해서는 안 된다는 말씀입니다. 그리고 그것은 모든 사람이 자기 삶의 주인으로서 자기 삶에 대해서 결국은 자기가 책임을 져야 하기 때문에 남이 그걸 대신 결정해 줄 수 있는 것이 아니고 그런 한에서 교육이 그런 문제에 대해서 과도한 간섭으로 나타나는 것은 바람직하지 않다고 하는 것, 그런 의미에서 열려 있어야 한다는 겁니다.

자기가 자기 삶의 주인이니까 자기 삶에 책임을 져야 하니까 남들이 그런 부분에서 개입을 하면 안 된다고 말씀을 드렸습니다. 여기서 두 번째 문제가 무엇인가 하니 그렇게 자기 삶을 자기 스스로 결정하고 자기 스스로 형성해 나갈 수 있는 능력 자체가 교육을 통해서만 생길 수 있다는 거예요. 내버려 둔다고 해서 절대로 생기지 않습니다.

오늘날 한국 교육 현실에서 아침부터 저녁 늦게까지 "너 이거 해야 해, 저거 해야 해."라고 해서 하버드 로스쿨을 수석으로 졸업하신 엄친아께서 식구들이 다 모인 성대한 졸업식이 끝나고

난 다음에 자기를 지금까지 지도해 온 매니저인 엄마한테 이렇게 묻더랍니다. "엄마, 이제 뭐 해야 해?" 그쪽은 그렇게 해서 문제고요.

나중에 유심히 보세요. 우리 지금 젊은 사람들이 스스로 형성할 수 있는 주체적인 능력이 0입니다. 우리 늙어서 정말로 그 젖값을 톡톡히 치르게 될 거예요. 우리 허영의 젖값을 치르게 됩니다. 지금 자라고 있는 아이들 주체성이 0이기 때문에, 자기 혼자서 무엇을 할 수 있는 것이 0이에요. 늙으면 이 아이들에 의해서 사회적으로 부양받기 어려운 세대가 지금 우리 세대예요. "엄마, 이제 뭐 해야 해."라고 묻는 아이들한테 뭘 기대할 수 있겠어요.

그런데 이거 해야 한다, 저거 해야 한다 촘촘하게 규정하는 것이 공교육의 문제, 오늘날 제도 교육의 문제라고 한다면 대안 교육의 문제는 뭘까요. 제가 대안 교육에 여러 해 전부터 호의적인 관심을 가지고 열심히 나름대로 이렇게 참여도 해 보고, 공부를 하고 있는데요. 대안 교육의 문제는 이거 해라, 저거 해라고 말하지 않는 대신에 아직까지 많은 경우에 스스로 형성할 수 있는 노잣돈을 주지 못한다는 거예요.

그래서 대안학교를 나온 학생들의 경우에는 정반대의 어려움을 보이는 경우가 많은데 그것이 규제는 없는데 규제가 없다고 해서 자기가 스스로 하고 싶은 것을 찾고 형성할 수 있는 건 아니거든요. 그 둘 사이에서 아직 우리 교육이 제대로 길을 찾지 못하고 있습니다. 요컨대 이게 자유와 주체성의 능력입니다. 이것이 한국 교육이 추구해야 할 가장 중요한 첫 번째 가치입니다.

제발 자유로운 인간으로 키우셔야 해요. 자유는 강제가 없는 상태가 아니고요. 자기 스스로 자기 삶을 형성하고 그 결과에 대해서 책임질 수 있는 능력입니다. 한국 사회 너무 문제예요. 퇴화될 대로 퇴화했습니다. 구체적으로 비대칭적 만남의 과정을 두고 말씀을 드리면 교육의 성숙, 교육의 발전은 학생의 입장에서 보았을 때는 자유의 능력의 신장, 주체성의 확장입니다.

노예와 자유인의 교육

아이가 갓 태어났을 때는 자기가 스스로 할 수 있는 게 아무것도 없어요. 먹는 것조차 자기 스스로 못 합니다. 젖을 물려 줘야 먹을 수 있는 단계죠. 뭘 입을지, 뭘 먹을지 스스로 결정 못 하는 것은 물론이고, 그 단계에서 모든 것을 양육하고 교육하는 사람이 다 해 줘야 합니다. 그런데 학생이 자란다, 교육을 통해서 성숙한다는 것은 나이가 들면 들수록 모든 것을 자유롭게 스스로 할 줄 알게 된다는 것을 의미해요. 그런 의미에서 교육의 성패는 외적으로 어디서 나타나느냐 하면 올라가면 올라갈수록 규제가 적어진다는 것에서 나타납니다.

한국은 여기에 정확하게 정반대입니다. 유치원 개판입니다. 나쁘게 말하면, 좋게 말하면 자유롭습니다. 규제가 없다는 의미에서 자유롭다는 거예요. 적극적인 의미에서 형성의 능력을 갖추었다는 의미에서 자유로운 게 아니고 규제가 가장 없다는 의미에서 자유로운 거예요. 공간적으로 선생님의 눈에서 벗어나지만 않으면 돼요. 안전한 공간 속에서만 있으면 그만입니다. 싸우지만 않으면 됩니다. 그런데 초등학교에 들어가면 조금씩 규제가 생깁니다. 중학교에서 조금 더 생기고요. 초등학교 때까지는 교복을 입지 않으니까 아직 옷은 자기 마음대로 입을 수 있는 자유를 누리고 있는데 조금 더 올라가면 교복 다 입히고 심한 경우에는 양말과 속내의 색까지 규제를 해서 완벽하게 수용소 군도를 만들죠. 올라가면 올라갈수록 자기 시간이 점점 더 적어져서 7시, 8시부터 10시, 12시까지 한 공간에 붙잡혀 있어서 꼼짝을 못하고 있으니까 자유 시간이 주어지면 뭘 해야 좋을지 모르는 아이로, 완벽하게 수동적인 인간으로 규격화돼요.

그래서 여학생들의 경우에는 학교생활이 끝인 것처럼 보이는데 남학생의 경우에는 여기에 하나가 더 있습니다. 군대가 있죠. 일단 군대를 가면 국방부 금서 목록 이런 게 있어서 뭘 읽어야 되냐, 읽지 말아야 되냐 책까지 정해 줘요. 이렇게 되면 우리는 완벽하게 시키는 일 이외에 다른 일을 찾아서 하기 어려운 그런 사람으로 통조림에 딱 담겨서 사회에 나오게 되는 거죠.

이런 것들에 대해서 우스꽝스러운 실화들이 많아요. 벌써 오래전 이야기인데요. 어느 대학 정외과 사무실에 벨이 따리링 울렸습니다. 조교가 전화를 받았어요. "여보세요." 저쪽에서 울먹울먹 여학생의 목소리가 들립니다. "여보세요. 거기 정외과 사무실이죠?", "예, 그런데요.", "엄마 바꿔 드릴게요.", "아니, 내 딸이 4학년인데, 졸업해야 하는데 성적이……." 그것도 계속 진화해요. 진화해서 엄마가 기업체 입사 면접 가는 것은 보통이에요. 대학 입시도 모자라서 간답니다. 그렇게 엄친아로 커서 어린 나이에 고시에 합격해서 재판을 하다가 잠깐 정회, 뒤로 돌아가서 휴대전화 켜고, "엄마 이거 어떻게 해야 되는 거야?"

통틀어서 미성숙한 나라예요. 아까 제가 배울 때 배우지 않으면 지나고 나서는 못 배운다고 말씀드렸는데 어른이 되는 연습도 청소년기에 자연스럽게 하지 않고 어른이 되면 끝까지 문제가 됩니다. 유심히 보시면 나이 사십이 되어도 오십이 되어도 고등학생 때의 수동성에서 의식이 정지한 사람을 우리 주변에서 어렵지 않게 많이 찾아볼 수 있어요. 열심히 살아서 정년퇴직했는데, 또는 정리 해고를 당했는데, 조직 생활 쭉 하다가 막상 사회에 내던져지고 나니깐 무엇을 어떻게 해야 좋을지 모르겠어서 방황하는 중년들이 너무 많아요.

이후 세대는 더 심각한데요. 자유는 아무리 강조해도 지나치지 않습니다. 우리 이거 제대로 못 해서는 끝입니다. 그런데 자유라고 하는 것이, 내가 내 마음대로 한다는 게 아닙니다. 자유는 형성인데요. 자기의 삶의 세계를 자기가 형성하는 거거든요. 그런데 자기의 삶의 세계는 언제나 남과 같이 공유하고 있는 세계입니다. 그래서 결국엔 만남 속에서만 형성할 수 있습니다. "너와 내가 어차피 같은 삶의 세계 속에서 살고 있는데 너만의 세계도 아니고, 나만의 세계도 아닌데 우리 둘 다 여기서 사람답게 행복하게 살기 위해서는 이렇게 바꿔야 하지 않겠냐."라고 서로 이야기하고 같이 바꿔야 합니다. 그게 우리 삶입니다.

그래서 이 만남의 능력이야말로 사회적으로 말하면 정치적 능력입니다. 정치가 별게 아니고 만남의 능력이에요. 소통과 만남과 공동의 형성 능력이 정치적인 능력이라고 하겠습니다. 굳이 소박하게 말을 하자면 제가 제 식으로 표현을 했지만, 근대 이후 근대적인 공화국에서 보편적인 공교육의 이념으로 결국은 시민을 잘 길러야 한다고 말을 할 때, 이것이 시민교육입니다. 자유와 만남 두 가지를 가지고 있는 사람이 시민입니다. 자유로운 주체이나 독불장군 아니고 다른 사람의 말을 듣는 사람이 시민이죠.

독일에서는 초등학교 저학년에서 교사가 하는 일은 사회 보는 거라고 합니다. 끊임없이 학생들에게 말을 시키고 과격하거나, 감정적으로 치닫지 않게 하고 한 사람만 계속 말을 하지 않게 하고 자연스럽게 가능한 많은 사람이 자기의 생각을 표현하게 합니다. 물론 그 자체가 공부와 교육과 맞물려서 이루어지는 이야기이겠지만, 이 교육이 시민을 기르는 교육입니다.

그러니깐 훌륭한 인간이 누구냐고 물으면 시민입니다. 이미 고대 그리스 아테네에서부터 내려온 교육의 전통이지요. 그래서 시민적 덕성이라고 하는 것, 플라톤의 〈대화편〉에서부터 찾아볼 수 있는 표현입니다. 귀족도 아니고, 노예도 아니고 바로 시민적인 덕성을 기르는 것입니다. 이때 덕성은 좁은 의미에서 도덕적인 것뿐만 아니라 넓은 의미의 시민적 교양을 기르는 거죠.

그런데 한국의 교육은 시민교육에 'ㄴ' 하나 붙이면 딱 됩니다. 신민. 시민이 아닌 황국신민에서 시작된 거니까요. 결국엔 한국의 시민교육을 일본 사람들이 어찌 보면 기초를 놓은 거고, 그 기초라고 하는 게 지금까지 그냥 거의 그대로 내려온 신민을 기르는 거예요. 더 노골적으로 이야기하면 노예를 기르는 거예요. 그래서 예전에는 일본 제국주의자들의 노예, 그다음에는 군부독재국가의 노예, 지금은 자본의 노예를 기르기 위해서 있는 게 그게 한국의 교육 체제예요.

그리고 학벌 체제라고 하는 것은 그 노예들을 기르기에 가장 적합한 체제입니다. 일에서 왜라고 물으면 안 되는 게 노예의 운명입니다. 생각하면 안 돼요. 눈치는 빠르고 척하면 삼척이어야 하는데 물으면 안 됩니다. 한마디만 하면 알아들어야 해요. 그러기 위해서는 아는 게 많아야 합니다. 체사피크 만에 굴 있는 거다 알고 있어야 해요. 체사피크 만 갔다 오라고 하면 굴 따러 갔다 오라고 하는 말인 줄 알아들어야 해요. 여러 말하면 안 돼요. 아는 건 엄청 많아야 하는데 질문하면 절대로 안 됩니다. 노예에게 질문은 허락되지 않습니다. 남자들 군대 가서 삽질할 때 "중대장님, 이거 삽질 왜 합니까?"라고 이등병이 묻는다는 것은 있을 수 없는 일이에요. 삼성에서 "비자금 갖다 줘."라고 할 때 직원이 "왜 비자금을 거기로 가져가요. 이건 우리 회사 돈인데."라고 물으면 안 됩니다. 시키면 시키는 대로 해야 되는 사람을 기르기 위해서 가장 적합한 교육 매뉴얼이 학벌 매뉴얼입니다.

시험의 매뉴얼, 시험의 메인 교육. 시험이 나름대로 주는 탁월함이 있습니다. 그것은 노예와 집사의 탁월함입니다. 그리고 국가 전체가 반식민적 상태에 있으면서 자유와 주체성이라고 하는 것을 국가 이념으로 추구하지 못하는 이 절망적인 땅에서 교육도 거기에 조응해서 이루어지는 것입니다. 신민, 국민, 지금은 노예 노동자, 임금 노예를 기르는 그런 교육 체제가 지금 학벌 교육 체제라고 할 수 있습니다. 너무 슬픈 일이죠. 자유도 없고 만남도 없어요. 만남이 없는 까닭을 제가 말씀 안 드렸는데 이것은 당연히 입시 경쟁 속에서 만남이 있을 수 없는 거니까, 그래서 이중, 삼중으로 불행한 삶을 사는 사람들이 우리들입니다.

아까 제가 처음 시작할 때 "당신, 김상곤 편이에요, 아니에요?"라고 묻고 "저 그분 좋아해요."라는 말 한마디에 그냥 묵사발 났다고 말씀드렸죠? 우리가 얼마나 만남의 능력이 결핍되어 있는가를 보여 주는 하나의 사례였습니다. 그래도 제가 명색이 시숙인데 가족 내에서의 관계가 제가 시숙이고 그분이 제 동생의 아내였어요. 그런데 그 무례와 증오는 지금도 잊히지 않습니다. 우리가 대화와 소통 능력이 너무 없어요. "아, 그만합시다. 말하지 마요." 이러는 건 말할 필요도 없고, 다양한 종류의 제스처가 있죠. 세상에 자기와 같은 사람 하나도 없습니다. 만약에 그렇다고 한다면 얼마나 재미가 없었을까요. 서로 다른 사람이 만나서 하나의 화음과 조화를 이루어 내는 게 인간이고 그게 만남인데 이 능력이 없습니다. 이것이 지금 우리 사회의 발목을 여러 가지로 잡습니다.

시험 중심으로는 절대 제대로 된 교육이 되지 않는다

여기서 한두 가지 꼭 말씀드리고 넘어가야 할 것이 탁월함이 없다는 거예요. 오바마가 한국 교육 제대로 모르고 계속 헛소리하잖아요. 세계화가 웃기게, 우리가 미국 오해하는 것처럼 미국 사람들도 우리를 오해하고 그런 거 보면 참 재미있습니다. 그만큼 우리도 컸다는 이야기이기도 할 텐데요. 오바마가 오해하듯이 대단한 탁월함이 있으면 좋겠는데 탁월함이 없어요. 자유와 만남에 관심 없는 사람도 많을 테니, 그들이 좋아하는 경쟁력에 대해서 이야기해 보겠습니다. 없어요.

시험의 탁월함이라고 하는 것은 이런 거예요. 운전면허 시험 1등으로 합격한다고 해서 베스트 드라이버 됩니까? 학문도 똑같아요. 기술도 똑같습니다. 한 아이가 영어 시험 100점 맞고, 한 아이는 99점 맞고, 한 아이는 98점 맞았다고 칩시다. 그 100점 맞은 아이가 1등 영문학자 되고, 99점 맞은 아이가 2등 영문학자 되고 이런 거 아니에요. 그런데 그렇게 생각하는 게 한국입니다. 그렇게 생각하기 때문에 서울대 교수의 95퍼센트가 서울대 출신인 거예요. '아니, 어떻게 학교 다닐 때 반에서 2등 하던 놈들이 서울대에 교수로 들어올 수가 있냐.' 이 생각이거든요. 뭐 이런 미개한 나라가 있을까요.

《학벌 사회》 쓸 때 궁금해서 찾아봤는데 미국의 로스쿨 중에서 매번 평가하면 1등 제일 많이 하는 게 예일대 로스쿨이더라고요. 평가하는 것도 웃기는 거지만, 들어가서 교수들 면면을 봤어요. 그 당시에 80명에서 100명 정도 있었는데 예일대 학부 출신이 딱 20퍼센트더라고요. 나머지는 어딘지 알 수 없는 대학도 수두룩합니다.

그러니까 기본적으로 시험의 탁월함이라고 하는 것은, 시험이 목적이 되어 버리면 열이면 열 나쁩니다. 주관식, 객관식 다 마찬가지입니다. 객관식이라면 달라지고 주관식은 뭐, 객관식은 나쁜데 주관식은 좀 다르고 이렇게 생각할 일도 아니에요.

쉬어 가는 겸해서 독일에서 공부할 때 이야기를 할게요. 제가 독일철학을 전공하기 위해서 갔습니다. 칸트로 논문을 썼는데, 서양철학 제대로 알려고 하면, 칸트를 제대로 알기 위해서도 그냥 칸트만 해서는 안 되더라고요. 라틴어와 그리스어를 공부를 해서 거슬러 올라가서 플라톤, 아리스토텔레스도 읽고 철학만이 아니라 호메로스도 읽고 소포클레스 비극도 읽으며 공부했어요. 미국 사람이 생판 모르고 더듬더듬 한국말 하면서 한국에 와서 한문 공부하기 위해 그 어려운 사서삼경 읽는다고 생각하시면 돼요. 오기로 했어요.

처음에는 강요에 의해서 했죠. 철학 공부하려면 라틴어나 그리스어는 기본적인 것은 알고 있어야 하지 않겠냐고 해서 대학마다 그걸 요구하는 곳이 있습니다. 고등학교 예비고사 수준, 학력고사 수준의 영어 성적처럼 이를테면 영어 4등급은 돼야 한다고 하는 것처럼 그리스어와 라틴어 4등급은 되어야지, 우리 식으로 말하자면 그런 게 있어요. 그리고 텍스트도 만만치 않아서 이쪽은 플라톤, 이쪽은 키케로 이런 거 읽고 시험을 봐야 하는데, 독일 아이들은 고등학교에서 그걸 하지 않고 대학을 올라온 아이들 경우에는 대학에서 보충 시험을 치기 위해서 3학기를 공부하고 시험을 봐요. 악전고투 끝에 하나는 2학기 만에 하나는 3학기 만에 하기는 했네요. 그렇게 그리스어 본과에 들어갔어요.

그리스어 본과에서는 작문하는 게 있어요. 이를테면 플라톤의 그 복잡한 문장을 독일어로 번역된 것을 주고, 그걸 그리스어로 옮겨야 해요. 그래서 한 줄에 낱말이 열 개인데 그중에 2점씩 감점되면 낙제점인 거예요. 단어 하나 잘못 쓰면 2점, 격 변화 잘못하면 1점, 문장 구조 잘못 쓰면 3점, 4점 이렇게 날아가는 거예요. 그런 공부를 하기 싫어하는 제가 어떻게 그걸 할 수 있겠어요.

첫 학기에 여덟 번쯤 시험을 보는데 커트라인이 40점일 경우에는 80점에서 100점 사이로 마이너스 점수를 받았어요. 걔네들은 점수를 깎아요. 하나 틀리면 -1점, 두 개 틀리면 -2점, 이렇게 깎아서 합치는 거거든요. 첫 학기에 낙제를 했죠. 그런데 사전도 못 쓰거든요. 두 번째 학기에 들어갔는데 또 그런 거예요. '안 되겠다. 이러다간 논문도 못 쓰고 집에 가겠다.'라고 생각하고 쉬었다가 제가 어떻게 했겠습니까? 제가 그래도 시험 공화국에서 온 놈이잖아요. 차분하게 생각을 했죠. '내가 이래 봬도 시험 공화국에서 왔는데 이까짓 시험에서 쩔쩔 맨단 말이야, 논문도 아니고 이러면 창피한 거지.' 그래서 기출문제를 과 사무실에서 찾을 수 있는 만큼 다 찾았어요. 저도 여덟 번, 아홉 번 시험을 봤으니 기출문제 한 20~30개를 구했어요. 그걸 보고 오답 노트를 만들기 시작했죠. 어디서 틀렸는가 보니까 매번 틀린 데서 틀렸더라고요. 그다음에 낱말을 안 외우니까, 안 외우면 대책이 없죠. 그러고 나서 한 학기를 그렇게 보내고 세 번째 학기에 들어가서 첫 번째 시험을 봤는데 마이너스 20점이 커트라인이었는데 마이너스 24점이 나왔더라고요. 야, 브라보다. 그러고 반짝 했더니 통과한 거예요. 그래서 우아하게 마치지 않았겠습니까. 그때 '아, 내가 예전에 왜 그렇게 지진아였나.' 하는 걸 알게 됐어요. 작문을 하고 문법을 외우고 하다 보니까 내가 예전에 왜 그렇게 고생을 했는지 알겠더라고요.

시험은 그런 거예요. 기출문제. 그게 시험이에요. 그리고 통과한 사람들이 다 대단한 고전학자가 됩니까? 아니에요. 천만의 말씀이에요. 시험은 무엇을 위해서 있는가 하니, 예를 들어서 영어 시험에 60점이 안 되는 학생이 "나 영문학과 갈래요." 하면 말려야죠. 시험은 그러라고 있는 거예요. 정말입니다. 제 딸이 철학과 간다고 열심히 그러다가 느닷없이 원서를 쓸 때가 되었는데 "내가 인생관이 바뀌었어요. 나 성악을 해야겠어요." 할 때 말려야죠. "고정하시옵소서. 왜 그러십니까? 나도 소싯적부터 음악을 많이 들었는데 그 목소리 가지고 안 되니까 참아요." 이럴 때 꼭 어떤 학생들이 있느냐 하면요. "레슨을 하면 되잖아요."

저번에 어떤 대안학교를 갔더니 자기가 찾는 것에 대해서 이야기하면서 돈이 들면 어쩌냐고 물어보는 거예요. "재능을 발휘하는데 돈이 들 게 있을까요? 뭡니까?" 했더니, 레슨을 받는데 좀 부담이 된다고 그러더라고요. 그래서 참 저도 인간성이 참 안 좋은 사람이라 그 어린 학생한테 0.5초 만에 뭐라고 했겠어요. 레슨을 받아야 되는 재능이라고 한다면 그건 재능이 없는 거라고, 하지 말라고 했죠. 레슨을 받아서 발휘되는 재능, 그게 예술적인 재능이든 영어나 수학이든 그거 재능 없는 거예요. 재능 없는 것의 증명입니다. 한국은 시험 공화국이니까 시험에서 1등이면 재능인 것처럼 생각하니까 그거 돈으로 발라서 밀어 버리니까 분별이 될 수가 없습니다.

그래서 제가 시험을 누누이 강조해 드리는 까닭은 선생님들 안 그런 것 같지만 우리 모두 시험 공화국에서 컸기 때문에 시험 잘 보는 사람, 시험 성적이 좋은 사람은 유능한 사람이라는 미신을 우리 모두가 다 가지고 있어요. 제발 그러지 마십시오. 그걸 버리셔야 합니다. 아까 제가 물음을 물을 줄 알아야 된다는 말씀을 드렸잖아요. 모범생들 치고 제대로 된 물음을 묻는 사람이 없어요. 그래서 그런 사람들은 그냥 학자가 된다고 하더라도 고만고만한 삼류 학자 이상으로 나아갈 수가 없습니다.

한 사회가 필요로 하는 탁월한 학자는 언제나 본질적으로 문제아들 속에서 나와요. 왜냐하면 그런 사람들만이 남들이 묻지 않는 물음을 묻거든요. 모범적인 사람들이 어떻게 남이 묻지 않는 물음을 묻겠어요. 물론 그런 사람들도 쓸모가 있고 쓰임이 있어요. 그래서 품행이 방정한 사람들을 비난하고 싶은 생각은 없지만 마음속에 미칠 것 같은 물음이 없는 사람이 거기서 탁월함이 나올 수 없어요. 진정한 탁월함은요.

제가 제일 듣기 싫어하는 이야기 중에 하나가 영재교육입니다.

사람이 무슨 토마토입니까? 온실 속에서 물 주고 비료 주면 크게 자라납니까? 사람은 안 그래요. 예측 불허의 존재가 사람입니다. 한국 사람들이 영재교육에서 맹목적인 게 잘못된 가족주의 때문이에요. 내 자식을 품에 끼고 내 맘대로 할 수 있다는 그런 욕망이 나중에는 사회적인 이데올로기로 발전하죠. 교육에서도 똑같아요. 영재교육이란 게 과연 있을까요. 그 점에서 레슨과 교육이 똑같아요. 레슨도 결국 교육이라는 말이니까, 교육을 통해서 영재가 나온다? 이건 가짜 영재입니다. 레슨을 하면 나오고, 안 하면 안 나오는 건 재능이 없다는 증거이죠.

재능 있는 자들은 어떻게 나오는가 하니, 평균적으로 학생들의 교양 수준을 올려놓으면 거기서 예측 불허로 분출하는 게 재능입니다. 처음부터 아무것도 안 가르쳐 주고 교육 환경이 아주 열악하고 0인 곳에서 재능이 나오기 어렵죠. 그런데 마찬가지로 우리처럼 주문생산 하듯이 영재교육하면 더 안 나와요. 안 나오기는 마찬가지입니다. 오히려 아무것도 없는 곳에서 나와요. 차라리 저는 그 확률이 더 높다고 생각을 하는데 오염이 안 되는 자연적인 곳에서 나오는 거니까요.

실제로 우리가 바람직한 교육이라고 하는 건 전반적으로 또는 평균적으로 교육의 역량, 학생의 교육의 수준이 높아 있는 상태에서 강요받지 않는 내면의 어떤 자발성에 의해서 재능 분출이 되는 거예요. 그것만이 진정한 의미의 창조성과 창의성 또는 그것들이 모여서 경영력이 나오는데 우리 경우에는 지금 이게 없습니다.

지금 한국 학생들이 정말 심각한 문제인 게 고등학교 3학년 졸업할 때까지 완벽하게 수동적인 학습을 합니다. 언뜻 보면 선행 학습 받고 해서 청산유수로 말 잘하고 아는 거 많고 어디 내놓아도 안 빠지고, 그래서 하버드대 유학 가면 수석하고 이런 학생 있으니까 엄청 잘되고 있는 것처럼 보여요. 그런데 속으면 안 됩니다. 2년 전인가 어떤 보도가 있었느냐 하면 거의 매년 외국의 수학 경시 대회, 과학 경시 대회 또는 문제 해결 능력 시험 이런 거 하면 한국의 학생들이 1, 2, 3등 중에, 금, 은, 동 중에 늘 하나는 가지고 와요. 대개 문제 해결 능력은 한국 아이들이 1등입니다. 그런데 OECD 국가 포함해서 50~60개 정도 나라에서 대학생들의 수학 능력을 검사하면 짐작하신 대로 우리는 꼴찌 그룹에 속합니다.

점점 나빠지는 학교

학생들에게 영어 철학책 한 권 주고 한번 번역해 보라고 하면 확실히 제가 대학교 처음 들어왔을 때보다는 요즘 아이들이 영어 해독 능력이 더 좋아요. 그럼에도 불구하고 문맹입니다. 그래서 무엇을 읽든지 시험 텍스트로 봤기 때문에 글을 읽으면서 상호작용을 하면서 글을 읽을 수 있는 능력 그리고 전체를 이렇게 자기 스스로가 읽고 해독해 내는 능력이라고 하는 게 거의 0이라고 생각하시면 돼요.

이것도 이유가 있는데, 모든 시험 텍스트는 표준적인 텍스트여야 합니다. 아무리 어려운 것도 어떤 시험에 나오는 텍스트는 말하자면 정답을 찾을 수 있는 것이어야 하고, 규격화되어 있는 거예요. 그런 의미에서 토익, 토플 시험 볼 때 "전부 다 생각하고 풀면 다 못 풀어요. 1번은 이래서 안 되고, 2번은 이래서 안 되고……." 이런 식으로 가르치잖아요. 모든 시험이라고 하는 건 규격화되어야만 하기 때문에 시험을 통해서 공부하는 데 길들여진 아이들은 텍스트를 볼 때 절대로 그 텍스트를 말하자면 육성으로 듣지 못합니다. 제가 항상 하는 이야기 중 하나가 책이라고 하는 건 친구와 이야기하는 거라고 생각해야 되는 겁니다. 이게 종이 위에 쓰인 문자지만, 2천 년 전에 또는 1천 년 전에 살았던 사람이 지금 글자를 통해서 우리한테 말을 건네는 거라고 생각을 해야 해요. 그런 의미에서 인격적인 만남이라고 생각을 해야지, 이걸 그냥 정해진 뜻을 가진 기호처럼 생각해서는 안 된다는 이야기를 늘 하는데요. 이런 말 실제로 전달은 잘 안 됩니다.

이를테면 시를 교과서에서 또는 문제집에서 시험에 나올 수 있는 가능성 있는 지문으로서 18년 동안 또는 12년 동안 읽었다고 생각해 보세요. 그다음에는 시를 시로서 읽고 감상할 수 있는 능력은 0이 되어 버려요. 안 그런 게 이상한 거죠. 그런 상황인 데다가 학생들이 대학에 들어올 때 전부 점수에 맞춰서 들어가잖아요. 경쟁력, 한 우물을 열심히 자기가 좋아서 파야지 그것이 모여서 사회 전체의 경쟁력으로 모일 텐데, 학교에서 아이들을 대학에 보낼 때 어떻게 보내는지 그리고 그 아이들이 대학에 가서 뭘 하는지 생각해 보십시오.

제가 이 책을 쓸 때만 하더라도 서울대 출신들 가운데 사법고시 합격한 학생들 중에서 비법대 출신이 법대 출신보다 아슬아슬하게 적었습니다. 999명이 합격했던 해에 333명이 서울대 출신이었는데 그중에 54퍼센트 정도가 법대고, 46퍼센트가 비법대였어요. 서울대 학생들이 아무리 시험 선수라고 하지만 333명 중에 한 46퍼센트가 비법대로서 합격했다고 한다면, 철학과, 수학과, 국문과, 더러는 사대 학생들도 다 고시에 매진을 했다는 게 되겠죠. 몇 명쯤 매진하면 그중에 한 명이 됐을까요? 4 대 1일지, 5 대 1일지, 6 대 1일지 모르겠지만 기본적으로 간단히 말씀드리면 철학과에 들어와서 철학 공부를 하지 않고 고시 공부를 하는 학생이 철학 공부를 하는 학생보다 훨씬 더 많았다는 이야기가 분명하다는 것을 말해 주죠.

그러면 연대나 고대 간 학생들은 무엇을 합니까? 반수 하죠. 반수가 뭔지는 다 아실 테니까 말할 필요도 없을 거고. 그 아래의 서열에 있는 학생들의 경우는 어떻게 하겠어요. 조금이라도 높은 서열의 대학으로 옮겨 가기 위해서 편입 시험 공부를 열심히 하고, 지방 대학에 있는 학생들은 수도권 대학으로 옮겨 가기 위해서 편입 시험 공부를 하고요. 그런 걸 생각을 하면 한국 대학은 공부하는 대학이 아니에요.

더 큰 문제는 대학들이 그런 상황 속에서 무엇에만 신경을 쓰는가 하니, 대학 서열에만 신경을 쓰기 때문에 수능 성적 그다음에 고시 숫자에만 신경을 써요. 그런데 수능 성적, 고시 숫자라고 하는 건 다 학부의 일입니다. 대학원과 아무 상관이 없어요. 가슴 아픈 게 대학의 경쟁력은 대학원의 경쟁력이에요. 물론 대학도 무의미한 것 아니고, 다 중요한 거죠. 대학은 그래서 문제이고요, 대학원은 학교에서 방치되어 있다시피 합니다. 왜냐하면 대학 서열과 별 상관이 없기 때문이죠. 이런 나라에서 뭔 경쟁력이 있겠어요.

대학원에 베트남에서 온 유학생도 있고, 베트남 사회과학원과 같이 하는 일들이 많아서 오기도 하고 가기도 하는데요. 베트남에 갈 때마다 첫 번째 갈 때는 모르겠더니 '야~ 참 길어야 10년 있으면 한국은 슬럼이고 베트남이 아시아의 꽃이겠구나.' 하는 생각을 요새는 합니다. 우리는 슬럼이에요. 졸업을 하고 나면 이런 곳에서 학생들이 제대로 된 직장을 얻을 수 있겠습니까.

우리나라 대학생들이 가지고 있는 능력이라고 하는 건 딱 하나밖에 없습니다. 시험 볼 수 있는 능력입니다. '너 뭐 할래?'라고 물었을 때 상상력의 끝이 시험이에요. 다양한 시험, 시험의 다양성. "저는 서울대 또는 연대나 고대니까 고시 한번 해 보죠.", "저는 9급 공무원 시험요.", "저는 7급 공무원 시험, 저는 임용 고사요.", "저는 삼성 도전해 보려고요." 다 시험입니다.

시험을 통해서가 아니면 자기실현의 가능성을 스스로 발휘할 수 없는 청년들이 절대 다수가 사는 나라가 이 나라입니다. 그런 나라. 슬픈 이야기를 하려고 하면 끝도 없어요. 그래서 학생들이 "선생님, 졸업하고 나서 뭐 해야 좋을지 모르겠어요.", "그렇게 걱정을 하지 말고, 나한테 자네가 뭘 하고 싶은지 이야기를 해 봐." 라고 하면 당황합니다. 왜냐하면 뭘 하고 싶은지 생각해 본 적이 없으니까요. 국사사자음미체를 다 100점 맞아야만 서울대를 가니까 처음부터 그렇게 살아온 학생이 내가 뭘 잘하고 뭘 못하고 뭘 좋아하고 뭘 싫어하는지 알 수가 없어요. 그냥 억압되어 있습니다. 남이 부러워하는 건 자기도 하고 싶은 거고, 고작해야 그 정도인 거죠.

그래서 대책이 뭐냐고 물으면 딴 거 없어요. 가장 큰 틀에서는 대학이 평준화되어야만 합니다. 한국에 국립대학, 사립대학 여러 대학이 많은데 어떻게 할 수 있을까요. 최소한 빠른 시일 내에 단기적으로 국립대학이 50퍼센트가 되어야겠지요. 여기서 시작을 해야 됩니다. 50퍼센트 국립대학을 다 평준화시켜야 합니다. 그거 다 어떻게 평준화시킬지 방법을 설명할게요.

지금 서울대가 법인화가 되어서 저걸 국립이라고 해야 할지 사립이라고 해야 할지 모르겠어요. 만약에 법인화가 되었으니까 사립이라고 한다면 그냥 빼되 예산은 한 푼도 주지 말고 알아서 운영하라고 하면 됩니다. 만약에 국립이니까 국가 예산을 달라고 하면 다 같이 집어넣으면 되고요. 일단 수능 4등급 정도는 되어야 최소한 대학에 들어와서 공부할 수 있다고 할 수 있겠죠. 그러니까 평균 4등급으로 합시다. 더 이상 요구하는 건 필요 없어요. 4등급도 경우에 따라서는 전 과목을 할 수도 있고, 한두 과목 정도만 할 수도 있습니다. 예를 들어 철학과 가고 싶다면 국립대학 전체에서 철학하고 싶은 학생들을 모집하는 거예요. 1지망, 2지망, 3지망 쓰게 하고요. 1지망, 전부 다 서울대 쓰겠죠? 2지망, 광주에 사니까 전남대 쓰고, 가까이에 순천대나 제주대학 3지망 쓴다고 합시다. 그러면 전부 다 서울대 썼으니까 훨씬 더 많겠죠? 그러면 가차 없이 추첨을 해 버려야 해요.

그런데 "너무 억울해요. 서울대 철학과에 훌륭한 교수들이 많다고 하던데 추첨에 떨어져서 거기서 공부를 못 하게 됐어요."라고 할 수도 있죠. 다른 대안이 있습니다. 다른 모든 공무원은, 판검사들도 순환 보직을 해서 광주로도 갔다가, 부산으로도 대구로도 다니는데, 무엇 때문에 교수들은 한 자리에 앉아서 철밥통 끼고 앉아 있어야 합니까. 그래서 "5년에 한 번씩 교수들도 뱅글뱅글 도니까 걱정하지 마세요. 정말로 당신이 공부를 하고 싶다면 대학원에는 교수 따라서 아무 데나 가게 해 줄게요." 그러면 거기서 교수들은 뱅글뱅글 돌아다니는 거니깐 한군데에 저걸 붙박고 있지 못하니깐 학생이든 할 것 없이 다 그렇게 돌겠죠.

이게 지금 첫 번째 가장 단순하고 가장 중요한 별로 돈 들지 않는 일입니다. 그리고 이걸 위해서 필요한 것은 자각밖에 없어요. 그런데 자각이 그렇게 힘든 것인데 거기에 대해서 행여 너무 패배적이지 않아도 됩니다. 지금 한국의 학벌 체제는 임계점을 지나서 또는 정점을 지나서 하강 곡선을 그리고 있는 중이라고 저는 봅니다.

무너지는 학벌 체제

왜냐하면 학벌 체제가 유지되기 위해서는 아무리 악한 체제라고 할지라도 최소한의 합리성이 있어야 해요. 오늘 모든 이야기 중에서 유일하게 희망적인 이야기입니다. 지금까지 "아, 그래도 공부를 해야 되잖아요. 알아야지 우리가 몰라서 식민지도 되고 몰라서 당했는데 공부를 열심히 해서 우리나라를 훌륭한 새 나라로 만들어야지요." 하고 그렇게 공부, 공부 했던 거예요. 그것에 대한 인센티브로서 학벌 보상이 있어 왔던 것이고요. 또 다른 하나는 학벌 경쟁의 공정성의 신화가 5년 전까지만 하더라도 유지되어 왔다는 것입니다. 그래서 "너도 할 수 있어. 공부는 자기가 원하기만 한다면 다 할 수 있는 거야. 열심히 해서 출세해. 공부해서 남 주냐." 이렇게 이야기를 할 수 있었죠.

그런데 지금은 아닌 거 아시죠? 처음부터 공정한 경쟁, 동등한 경쟁에서 낙오된 아이들이 3분의 1이에요. 너무 많게 잡았습니까? 서울이나 경기도에서 계시면 많게 보일 수 있어요. 그런데 저는 최소한으로 잡은 게 3분의 1입니다. 1학년에서도 낙오되어 있는 학생들, 군 단위로 오시면 제가 드리는 말씀이 무슨 말인지 아실 거예요.

이런 이야기도 잘못하면 언어에서 차별이 될 수 있기 때문에 조심스러운데요. 예를 들어서 한국의 다문화 가정이 몇 퍼센트일까요? 다문화 가정이라고 해서 다 똑같지는 않지만, 군 단위로 가면 저학년인 경우에는 절반 이상인 데가 비일비재합니다. 그래서 우리나라 전체가 온통 비정규직이 넘쳐 나는 상황에서 다문화 가정까지 포함하면 사회적으로 완전히 방치되어 있는 3분의 1이 처음부터 낙오되어서 시작한다는 전제가 관념적인 이야기는 아니라는 건 인정하실 수 있을 거예요. 그러고 나서 3분의 1은 불안하게 안 할 수도 없고, 할 수도 없고 하면서 이렇게 하고 있어요.

광주의 화순 너릿재 고개 또는 터널을 지나가면 화순 읍내가 나오는데 거기에 학원이 없죠. 학원을 다닌다고 하면 버스라도 타고 광주 쪽으로 나와요. 한 달에 5만 원 주고 단과반 듣는 아이들이 바로 아무것도 안 하는 아이들 바로 위이고, 그래도 좀 낫다 싶으면 화순 같으면 20만 원 주고 종합반 듣는 거예요. 그런데 한 달에 20만 원 내고 종합반 듣는다고 강남 사모님들을 당해 낼 수 있겠습니까. 안 되는 거예요. 그런 까닭에 저는 학벌체제가 붕괴하고 나서는 학벌은 유지되기 어려워진다고 봅니다.

사실은 제가 오늘 제가 서울대 욕하고 만날 명문대 욕하고 이런 강연을 하고 있지만 실은 그럼에도 불구하고 한국 사회에서 이른바 일류 대학이라고 하는 대학들, 서울대를 정점으로 한 대학들 출신들이 사람들에게 무작정 적개심의 대상이 되지 않을 수 있는 까닭은 그 대학 출신들이 지난날 한국 사회의 발전 과정에서 가장 먼저 스스로를 희생했기 때문이기도 해요. 한국 사회 발전을 위해 제일 많이 감옥 가고, 제일 많이 희생하고 기여한 사람들을 배출한 대학이기도 하단 말입니다. 그런 부분에 대해 우리가 존경심을 가지고 있는 건 당연한 거죠. 한국인들 전체가 알음알음으로 다 알고 있습니다.

그리고 자기를 희생한 사람도 마찬가지예요. 나는 서울대 다니고 있지만 형님, 누나, 동생 가릴 것 없이 한 다리만 건너면 농촌에 또는 도시에 가난한 민중의 일원으로서 가족들이 있는 거거든요. 모두가 다 그렇게 일류 대학 가서 출세하는 거 아니니까요. 그것 때문에 중남미와 달리 동료 의식을 가질 수 있었던 거죠. 그래서 사회 정의감, 사회 부조리에 대한 울분과 함께 역사에 투신할 수 있었던 거죠.

그런데 여러분, 지금 서울대 들어가는 아이들, 고대나 연대 들어가는 학생들한테 그걸 기대할 수 있으리라 생각하십니까? 학교에서 가르친다고 가능하지 않아요. 기본적으로 자기밖에 모르고 그다음에 확고한 계급의식을 가지고 있습니다. 왜냐하면 처음부터 우리 사회에 계급 문화가 진행이 된 거예요. 그 아이들은 클 때 "걔하고 놀지 마." 하면서 컸어요. "아파트 몇 십 평인 애들하고는 놀지 마."라며 큰 아이들입니다. 대책이 없어요. 지금은 대가족도 아니고 핵가족화 되어서 생활 감정이 달라진 아이들이 역사에 자기를 던지리라고 기대하기 어렵습니다.

그리고 이른바 일류 대학에 대한 존경심이 대중들 사이에서 사라지고 난 다음에는 이야기가 어떻게 바뀔까요. "전남대 철학과가 잘되는 까닭이 무엇인지 아세요? 서울대 출신 교수가 하나도 없기 때문이에요. 그 사람들 와 봤자 뽑아 놔 봤자 아이들 무시할 줄만 알지. 그분들 보고는 훌륭하신 분들이니까 관악산에서 또는 신촌에서, 안암골에서 자기들끼리 천년만년 이렇게 타워팰리스 짓고 살라고 하세요. 우리는 못난 놈들끼리 우리끼리 살고." 이야기가 이렇게 되기 시작하는 겁니다.

그래서 이전까지는 학벌이 계급 이동의 어떤 통로처럼 이야기되어 왔었습니다. 그것 자체도 썩 현실에서 맞는 이야기는 아닙니다. 맞는 이야기였다면 전태일이 대학생 친구라도 하나 있었으면 좋겠다고 분신 안 했겠죠. 그때나 지금이나 본질적으로는 비슷하지만, 그래도 학벌이 통로가 되었는데, 지금 와서는 조건들이 엄청나게 달라졌습니다. 결국 역사라고 하는 건 그렇게 내적인 모순이 극한에 이르면 노자 말처럼 반자도지동反者道之動이라고 결국에는 이렇게 바닥을 치고 돌아오는 게 역사여서 한국 사회의 누적된 학벌 모순이라고 하는 것도 그렇게 지금 조금씩 흔들리고 있는 게 지금 상황이죠.

그런데 문제는 이 사이에 놓여 있는 시간, 옛 시대는 서서히 종말을 고하고 있지만 새로운 시대는 아직 도래하지 않은 이 시간을 견디는 게 상당히 어렵습니다.

선생님들께서 학교에 계실 때 차라리 10년, 20년 전보다 지금 훨씬 힘든 까닭이 과도기에 방향은 정해지지 않았다는 데 있습니다. 아까 말씀드렸던 가족 모임에서 그렇게 저와 토론을 벌였다던 그분도 일종의 비명을 지르는 거거든요. 교사로서 견딜 수가 없는 거죠. 그리고 넓은 안목에서 성찰할 수 있는 노력을 하지 않으면 그냥 조건반사적으로 "세상에 아이들이 선생님한테 이럴 수가 있냐는 말이지, 또 학부모들이 어떻게 교사에게 와서 이런 식으로 행패를 부릴 수 있냐." 이것만 남게 되는 것이고요. 어찌 보면 개인의 입장에서는 또 충분히 이해할 수 있는 일이죠. 그게 얼마나 고통스러운 일상일까 하는 건 당연히 이해할 수 있는 일이죠. 지금 우리가 서 있는 자리가 어려운 까닭입니다.

차라리 애들 쥐어 패면서도 성적 올려서 일류 대학 보낼 수 있으면 된다고 믿고 그렇게 할 수 있든지, 아니면 또 거슬러 올라가 예전으로 돌아가자고 하든지 말이죠.

사실은 한국의 신교육이 거슬러 올라가면 올라갈수록 좋았습니다. 저는 교사 중에 교사라고 할 수 있는 가장 위대한 교사가 한국 신교육 역사에서 함석헌이라고 생각합니다. 《뜻으로 본 한국 역사》를 쓴 함석헌은 동경고등사범학교 나오고 오산학교에서 10년 동안 선생을 했어요. 원래 평양고보 들어간 수재였는데 고3 때 3·1운동에 참여해서 적극적으로 평안도 학생 총책쯤 됐죠. 참여해서 퇴학된 뒤에 낭인 생활하다가 오산고등학교 들어가서 거기서 인생이 바뀌었어요. 이분이 일생 중에 10년 월급 받은 유일한 직업이었습니다.

함석헌 선생이 뭐니 뭐니 해도 옛날 교육이 좋았대요. 일제시대 때 교육이 좋았던 까닭은 하나입니다. 모두가 교육을 했기 때문입니다. 한 마을에서 학생이 하나 나오면 우리 모두 그 학생인 거예요. 그리고 그 학생 역시 모두를 위한 공부를 한 거예요. 함석헌 선생이 늘 이야기하던 것처럼 전체와 통한 교육인 것입니다. 그런데 지금 우리 교육은 전체와 통한 교육 아닙니다. 자기만을 위한 교육이죠. 4·19만 하더라도 고등학생 운동이잖아요. 대학생들보다 중고등학생들이 많이 나왔죠, 이 모든 것은 그 시대의 반영인데 부마항쟁 자료들을 뒤지다 보면 종종 나오는 얘기가 있습니다. 1960년대 마산에서 초등학교를 다닌 학생들의 추억 중에 하나가 교장 선생님이 훈화하러 올라오기만 하면 3·15 의거에 대해서 연설했다는 거예요. 의에 죽고 참에 산다는 3·15 정신을 말이죠. 마산에서 3·15 의거가 4·19의 도화선이 된 거 아닙니까. 그런데 언제부터 아무것도 없어졌어요. 그러니까 우리는 지금 그야말로 이러지도 못하고 저러지도 못하고 모순의 한복판, 교차로에 서 있습니다.

교사들에게 드리는 말

교사를 위한 조언을 하면 직업으로서 교사가 되면 안 된다는 뜻을 말씀드립니다. '돈은 학원에서도 벌 수 있다는 사실'을 잊지 마십시오. 루소의 말을 인용합니다. '나는 교사의 자격에 관해서는 단 한 가지만 말하려 한다. 그것은 교사는 어떤 경우에도 돈으로 살 수 있는 사람이 아니어야 한다는 것이다.' 지금 한국 교육의 제일 큰 문제가 우등생들이 고시 공부하듯이 임용 고사 쳐서 교사가 되는 거라고 봅니다. 이거 아니에요. 잘못되었어요. 놀기 좋아하고 사람 좋아하는 사람이 교사가 되어야 하는데 공부 잘하고 1등인 사람이 교사가 되는 바람에 직업이 된 것입니다. 이거 안 돼요.

다음으로 전체의 편에서 생각하고 판단해야 한다는 것입니다. 대다수 교사들이 학생 전체의 입장에서 판단하지 않고 있어요. 자기가 딱 마주 보고 있는 학생을 위해서 좋거나 나쁜 것이 무엇인가 생각한다는 것이 무슨 말인고 하니 애를 두들겨 패서라도 성적을 올리면 애를 위해서 좋은 것이라고 생각하는 거예요. 전교조 강연 가서도 그런 선생님들을 꽤 많이 만났습니다. 그런데 그거 아니에요. 함석헌 선생님이 늘 하던 이야기 중에 하나가 '부질없는 잘못된 열심'이라는 표현이에요. 한 사람이 선의를 가지고서 학생을 두들겨 패서 60점을 80점으로 만들잖아요. 그럼 다른 선생님들은 그렇게 못 합니까? 또 60점을 패서 80점을 만들어요. 광주에서 두들겨 패서 80점을 100점으로 만들어 놓으면 대구에서 또 보고 두들겨 패는 악순환에 빠집니다. 그런데 결국 서울대는 3천 명밖에 못 들어가거든요. 마지막에는 모두가 100점 돼도 소용없어요. 그러니까 제발 전체의 입장에서 생각하라는 것입니다. 그런 면에서 게으른 교사가 좋은 교사라고 저는 생각합니다.

그다음에 교육 활동 그 자체가 교육 운동이어야 한다고 하는 거예요. 지금 전교조 참교육 운동 시작한 게 벌써 20년이 훨씬 넘었죠. 그런데 우리 교육 상황이 여전히 이 수준이라는 건 전교조 조합원이 적은 것도 아닌데 그분들이 학생들에게 감동을 못 줬다는 이야기와 똑같아요. 그러니까 밖에서 연합 투쟁 안 해도 좋으니까 학교 현장에서 교육 활동을 보여 줘야 합니다. 그러니까 쉽게 이야기해서 공부 잘한다고 편애하고 공부 못한다고 질책하지 않는 것부터가 운동이에요.

제가 전교조 선생님들을 만나면 자주 드리는 말씀인데요, 똑같은 수업이라고 하더라도 다른 방식으로 해야 한다고 말합니다. 공부 잘하는 학생들은 학원에서 이미 다 배웠을 테니까 뒤로 가서 각자 알아서 자습하고, 학원에 못 다녀서 뭔지 모르는 학생들 앞으로 나오라고 제가 교사라면 싸우면서라도 그렇게 수업해야 된다고 말합니다.

가르치다 보면 잘하는 사람, 중간 사람, 못하는 사람은 어디나 다 똑같이 있어요. 어디에다가 기준을 맞춰서 해야 되냐고 물으니까 칸트가 교육학에서 대답을 하기를, '중간에 맞춰야지. 천재는 내버려 둬도 알아서 하고, 둔재는 가르쳐도 소용이 없으니까.' 독일에서는 맞는 말인데요, 한국에서는 틀린 말입니다. 제가 교사라고 한다면 선행 학습을 못 한, 학원에 못 다니는 학생만 앞으로 불러서, 집안에서 가슴 아픈 사연들이 많은 학생들을 앞으로 불러내서 "그래 자네들하고만 공부하자. 다른 학생들은 어차피 부모 잘 만나서 비싼 데 가서 다 배워 왔으니까 우리끼리 하자." 이런 식으로 발상 전환이 필요하다고 생각해요. 그래서 학교 내에서부터 교실에서 약자와의 연대가 필요합니다.

제가 지금 드리는 말씀이 두서없는 이야기이고, 그냥 관념적인 이야기일 수 있는데 어떤 식으로든 학교 현장에서 약자와의 연대를 실천하지 않으면 어렵다는 것이고요.

그다음에 지식인의 사명은 진실을 말하는 데 있다는 것입니다. 예를 들면 학벌과 관련해서 제일 심각한 문제에 관해서 말을 해야 한다는 것입니다. 일주일에 딱 한 번, 월요일 조례 또는 종례 시간에 "여러분, 학벌이 계급인 사회에서 여러분 보고 공부해라, 하지 마라는 소리는 내가 못 하겠지만, 그러나 일류 대학 나왔다고 대접받고 대학 못 나왔다고 차별받는 사회는 병든 사회입니다. 그러니까 여러분도 공부 잘한다고 까불지 말고 공부 못한다고 주눅 들지 마세요."라고 말이죠. 끊임없이 똑같은 말이라도 이야기해 주는 교사와 이야기하지 않는 교사, 그리고 그런 이야기를 듣는 학생과 듣지 못한 학생은 천양지차입니다.

우리가 현실을 바꾸기 위해서 손 하나 까딱하지 못한다고 할지라도, 그래서 계속 악하고 불의한 현실로 남아 있다고 할지라도 그것이 잘못되었다는 것을 말하는 것과 안 하는 것, 알고 있는 것과 모르고 있는 것은 천양지차예요. 알고 있으면 바뀝니다. 그래서 말씀해 주십사 부탁을 합니다.

다음 조언은 학생을 인격적으로 대해 달라는 것입니다. "너 점수 몇 점이냐?"라고 묻는 거 말고요. 상투적인 이야기이지만 꿈과 희망에 대해서 그리고 슬픔과 고통에 대해서 나눌 수 있어야 해요. 그런데 교사 자신이 학생의 고통에 대한, 학생의 어떤 희로애락에 대한 감수성을 잃어버리는 순간 교육은 교육이 아닌 게 되죠. 그야말로 사고파는 게 되어 버리는 거예요. 그래서는 안 되지만 결과적으로 그렇게 되는 거죠.

다음은 성적에 따라서 학생들을 차별 대우하지 말라는 것입니다. 이건 아무리 강조해도 지나치지 않습니다. 그다음에 "어떠한 일이 있어도 학생들한테 폭력을 행사하지 마십시오." 제가 요새는 이런 이야기는 안 해도 될 것 같습니다. 그리고 하면 된다고 학생들한테 말하지 마십시오, 해 봤자 안 돼요. 그다음에 진학 지도를 제대로 해 달라고 하는 부탁입니다.

나쁜 거 말하면 한이 없지만 예를 들어 볼게요. 실화입니다. 집이 가난해서 의대 가서 돈 벌고 싶다는 학생을 죽어라고 학교에서 윽박질러서 서울 농대를 보냈어요. 아버지가 트럭 하나 가지고 야채 배달해서 먹고사는 아이인데 한을 품고 공부를 해서 공부를 좀 잘했어요. 그 아이가 서울 농대 싫다고 그냥 지방 의대 가겠다고 했는데, 서울대 합격생 몇 명이 뭐라고 윽박질러서 서울 농대를 보냈어요. 결국은 자퇴하고 다시 시험 봐서 지방

의대 갔습니다. 무슨 짓들인지 모르겠어요. 이런 아수라장이 없어요.

이건 극단적으로 아주 나쁜 경우이고, 좀 더 적극적인 방법이 있습니다. 예전에 한나라당 국회의원 중에 한 사람이 전교조 조합원들 많은 학교, 적은 학교 명단 뽑고 그랬잖아요. 선생님들이 더 권력자예요. 그런 사람들이 국회의원들만 있습니까? 그런 사람들이 교수들도 있잖아요. 그럼 텔레비전에 나와서 만날 헛소리하는 대학교 학과를 체크해 놓으셨다가 진학 지도를 할 때 좀 잘 하세요. 그래서 거기에 맞는 아이들을 그런 대학에 보내 주시면 돼요.

저도 대학에서 노력해요. 저희 철학과에서는 정규 고등학교 나온 학생들보다 대안학교 나온 학생들이 더 나아요. 그리고 우리가 그쪽 학생들 지원을 해야 되기 때문에 3~4년 전부터 그 학생들을 위해서 수시 전형에서 따로 뽑기로 했어요. 세 명은 대안학교 출신, 한 명은 검정고시 출신으로 네 명을 따로 뽑았어요. 이 아이들이 미꾸라지들 사이에 메기예요. 서른 몇 명 중에서 네 명밖에 없는데도 과 분위기가 확 달라졌어요. 그래서 3년 해 보니까 좋은 결과가 나 이번에 두 배로 늘렸어요. 대안학교 여섯 명, 검정고시 두 명, 앞으로 더 늘려 갈 생각이에요. 그러니까 딱 보고 계시다가 모니터링을 하셔야 합니다. '아무개 교수가 무슨 대학 무슨 과? 그래, 아무개를 저 학과에 보내면 되겠구나. 생각 없는 사람끼리 잘 놀라고. 그리고 저밖에 모르는 사람들끼리 잘 놀라고 보내면 되겠구나.' 그리고 딱 보시다가 '아, 재는 전남대 철학과 보내면 딱 맞겠다.'

선생님들 권력을 왜 안 쓰세요. 지금은 농담 같지만 아까 말씀드렸죠. 맹목적인 학벌 피라미드가 지금 그렇게 흔들린다고, 흔들리는 이유가 그런 도덕적인 이유도 있다고 말씀드렸잖아요. 그거 사소하지 않아요. 그래서 그것이 5년이 지나고, 10년이 지나고, 15년, 20년이 지나면 "아, 어느 대학 출신들은 그래도 달라."라는 이야기가 나오게 돼요. 어느 대학 무슨 과 하면서 선의의 경쟁을 하게 됩니다.

저희가 벌써 세 번째로 새누리당 정 아무개 국회의원이 명예 철학 박사 학위를 받겠다고 하는 걸 기를 쓰고 막고 있습니다. 이유가 뭡니까? 남의 동네에 와서 영업 방해하지 말라는 거예요. 제가 어디 나가서 "저, 전남대 철학과인데요." 하면서 이런 이야기 저런 이야기를 막 했습니다. 강의를 하고 갔는데 다음 날 신문에 새누리당 정 아무개 재벌 국회의원한테 전남대학교에서 명예 철학 박사 학위를 준다고 신문에 났어요. 그럼 사람들이 뭐라고 하겠어요. "저거 사기꾼이다. 우리한테 와서는 온갖 좋은 이야기 다 하고, 자기네 학교에 가서는 돈 몇 십억 받고 정 아무개 국회의원한테 명예 철학 박사 학위를 줬다더라." 물론 그건 철학과 교수들이 결정권이 하나도 없어요. 대학 본부에서 해요. 하지만 모르시잖아요. 고려대학교에서 400억인지, 500억인지 건물 하나 받고 이건희한테 명예 철학 박사 학위 주었듯이. 그 사람들 어지간하면 박사 학위 다 있어요. 우표 수집하듯이 다 있는데 없는 게 철학 박사 학위였나 봐요. 우리가 기를 쓰고 그걸 막았던 까닭이 다른 이유가 아니에요. 영업 방해이기 때문입니다.

그래서 미시적으로 들어가서 보면, 교육부에서, 신문사에서 등수 매겨서 경쟁시키는 것만 학교 분위기를 바꾸는 게 아니에요. 그리로 몰고 가는 게 아닙니다. 장기적으로 선한 뜻을 가지고 있는 사람들이 계속 끊임없이 자기가 할 수 있는 일을 하면 그건 그거대로 세상을 바꾸는 힘이 돼요. 그래서 현실적으로 학교에 계신 분들이기 때문에 제발 1차적으로는 학생들의 적성에 대해서 관심을 가져 주시고, 꿈과 희망에 대해서 관심을 가져 주시라는 것입니다. 2차적으로는 제도권 내에서 제한되어 있고 우리가 운신의 폭이 좁지만 진학 지도 때 제발 성적이나 맹목적인 학벌 서열, 그것에만 매이지 마시고, 그나마 할 수 있는 것을 포기하지 말고 해 주십사 하는 거예요.

다음은 한국의 학교에서 학생은 죄수이고, 간수라고 하는 거, 이건 그냥 위로하려고 드리는 말씀입니다. 학생들이 싫어하는 모든 관행에 저항해야 되는데 선생님들이 너무 모범적인 분들이 많기 때문에 잘 안 되거든요. 안주머니에 사표를 써서 갖고 다닌다고 생각해야 되는데, 그런 결기가 없으면 안 돼요.

다음으로 교사 자신이 문제집만 보지 말고 책을 읽어야 합니다. 학생과 교사 사이에, 부모와 자식 간에도 마찬가지이지만 "나는 이런 책 읽었는데……."라는 식의 대화가 필요해요. 인간이 조화로운 인간성을 함양하기 위해서 필요로 하는 여러 가지 학습 내용들이 있잖아요. 시험을 위한 공부가 아니고 말이죠. 첫째 가는 게 책을 읽고 그걸 소화하고 자기 걸로 만드는 건데, 그런 걸 어른이 먼저 모범을 보여 주지 않으면서 아이들한테 하라고 할 수는 없어요. 제가 드리고 싶은 간곡한 부탁이, 선생님 자신들부터 먼저 책을 읽어야 한다는 것입니다.

한국의 인문 교양서가 팔리지 않는다고 하는 건 한국의 교사들 책임이에요. 가장 큰 독서 시장은 직업군으로 보면 원래가 교사여야 합니다. 그런데 늘 제가 아쉽게 생각하는 건 교사들이 책을 읽을 시간이 너무 없기도 하지만 또 그런 의욕도 없는 것도 사실이죠. 그것이 별로 학교 현장을 바꾸는 것과 상관없는 것처럼 여겨질 수도 있지만, 그렇지 않습니다. 한국의 학교가 제일 크게 문제인 까닭은 교사인 동시에 학자가 아니기 때문이에요. 저는 그런 의미에서 저와 대학에서 공부하고 있는 학생들에게 이야기할 때도 좋은 교사가 되지 않고 좋은 교수가 될 수 없다고 자주 이야기합니다.

교사와 교수 사이에 장벽이 그어져 있는 게 우리 사회의 제일 심각한 문제 중 하나예요. 이게 왔다 갔다 순환이 되지 않는다는 게 문제입니다. 예를 들면 프랑스의 경우 고등사범학교라는 학교가 있어요. 그냥 사범학교예요. 그런데 거기가 철학자들의 요람 아닙니까. 조금 유명한 철학자 보면 다 고등사범학교 출신이에요. 고등사범학교가 서울대 같은 곳이냐고 하면 그렇지 않아요. 그냥 사범학교, 직업학교입니다. 그런데 그게 프랑스 교육의 저력인 거예요. 기본적으로 독일도 마찬가지이고, 미국은 모르겠지만 다른 유럽의 여러 나라들을 보면 교육의 힘은 거기에 있는 겁니다. 선생님들께서 스스로가 학자로서 공부하는 사람으로서의 자기 정체성을 가져야 해요. 지식인 또는 지성인으로서의 자기 정체성 말입니다. 단순히 직장인이 아니고요. 지식인 또는 지성인으로서의 자기 정체성을 가지는 것이 한국의 장기적인 교육 계획을 위해서 엄청나게 중요합니다.

마지막 말을 맺으면서, 제가 최근에 광주에서 시작한 일을 소개할게요. 기아자동차가 광주 공장이 제일 큰 공장이에요. 그런데 기아자동차 광주 공장에서 작년에 위원장이 바뀌었어요. 지회장이 찾아와서는 "이제는 노동운동도 옛날 식으로 만날 머리에 띠 두르고 투쟁만 해서는 안 됩니다. 공부를 해야겠습니다. 노동자 인문학 강좌를 개설해 주세요."라고 요청했어요. 첫 번째에 세 개를 개설했는데, 제가 했던 것은 '그리스 비극', 사회학자가 와서 '문화 이론', 또 하나는 광주의 잘 알려진 소설가가 '내 인생의 자서전 쓰기'를 했습니다. 자동차를 조립하는 노동자들도 세상을 바꾸기 위해서는 공부부터 해야겠다고 깨친 거예요. 얼마나 눈물겨운 줄 아세요. 2교대예요. 강의 시간이 6시부터 8시까지예요. 도시락 식판 이만한 걸 앞에 놓고 먹으면서 공부합니다. 주간 조에서 나온 분, 야간 조에 들어갈 분들이 같이 앉아서 공부를 합니다. 6월에 다시 2기를 시작하는데요. 아무튼 마지막으로 드리고 싶은 말은 우리가 공부해야 한다는 것입니다.

언제부턴가 선생님들 강좌가 부질없다는 생각을 하게 되었습니다. 부질없다는 건 우리 운동이 한 단계 업그레이드되어야 한다는 뜻입니다. 앞으로 이런 모임에서도 일방적으로 말하지 않고, 선생님들이 책을 읽고 오셔서 세미나 형식으로 발제하는 게 필요한 거죠. 이를테면 나름대로 미리 생각하고 말할 거리를 가지고 와서 저를 앞에 세워 놓고 청문회 하듯이 "이건 뭐예요, 저건 뭐예요."라고 이야기를 할 수 있다고 한다면 그때 비로소 우리 운동이 한 단계 업그레이드되는 거라고 생각해요.

여기 계신 선생님들보다 훨씬 공부 못한 노동자들도 그걸 자각하는 상황인데 모든 직업군 중에서 가장 지적으로 계몽되어 있어야 할 직업이 교사들이지 않습니까. 그런 의미에서 선생님들의 수준이 우리 사회 전체 교양 수준이에요. 그런 뜻에서 스스로 찾아서 읽고 공부하는 이런 모임들이 학교 안에서 많아져야 하지 않나 하는 생각입니다. 읽고 토론하다 보면 선생님들 사회에서도 뭔가 다른 의미의 동지애 또는 연대 의식 같은 것도 생길 수 있고 그것이 또 위로가 되고 힘도 되고 또 그걸 통해서 스스로 뭔가 길도 찾을 수 있고, 그런 것들을 스스로 조직화해 내실 수 있다면 좋지 않을까 하는 생각들을 해 봅니다.

그래서 이런 모임이 앞으로 한 걸음 더 나아갈 그런 새로운 운동의 밑거름이 되고 씨앗이 될 수 있다면 이런 만남이 의미가 있으리라 생각이 됩니다.

사회자 저는 처음에 학벌 사회와 대학 체제 개편에 대한 철학적인 반성에 대한 말씀만 기대했었는데 교육 본질에 대한 말씀까지 주시고, 특히 우리 교사들이 어떤 자세로 살아가야 될 것인가, 당연한 이야기 같으면서도 너무 우리가 잊고 살았던 부분들에 대한 말씀들을 조목조목 들려주셨습니다. 특히 교직 사회가 지금 처해 있는 현실들을 인정하면서도, 거대한 잘못된 흐름들에 직면하고 있는 교직 사회의 내적인 성찰, 그리고 그것에 기초하는 교사 운동의 필요성을 몇 가지 핵심적인 내용들로 들려주셨는데요.

저 개인적으로는 교육 활동이 교육 운동이어야 한다는 말씀들이 사실은 '교사, 입시를 넘다'라는 등대지기 학교를 갖게 된 굉장히 중요한, 어떻게 보면 거의 유일한 문제의식이라고 할 수 있을 겁니다. 왜냐하면 우리 사회에서 교사들은 학교 현장의 교육 문제가 왜 안 풀리는가, 또는 이 왜곡이 계속 반복되는가 하는 부분에 대해서 대체적으로 그건 학벌 사회, 대학 서열 구조, 우리 사회 불평등 구조를 많이 생각하면서 그 모순에 압도되어서 그 문제에 눌려서 살면서 일부 교사들은 그 문제를 풀기 위해 바깥으로 나가고 교사 대부분은 바깥으로 나가지 않고 안에서 절망하고 이렇게 살아가는데, 우리가 살아가는 생활 공동체 또 우리가 아이들과 함께 학습하고 가르치는 교육 공동체의 일상적 구조가 전체 사회구조의 모순 속에서 균열의 그 지점을 찾아서 변화를 시도할 수 있는 굉장히 중요한 구조다 하는 부분에 대한 문제의식이 저희들에게는 좀 있었습니다.

그 부분에 대해서 여러 가지로 정리를 해 주시고, 개인적으로는 맨 마지막 부분에서 교사는 끝까지 교사가 아니고 교직을 그만둘 수 있어야 한다는 이런 부분들은 어떤 의미에서 말씀하셨는지 궁금했었는데요. 여러분의 질문이 있으면 두세 분 정도 받고 정리를 할까 생각합니다.

제가 한 가지 질문을 드리고요. 다른 분들이 말씀을 주시면 좋겠는데, 아까 우리 사회 대학 서열 체제는 학벌 사회가 모순이 극한으로 있기 때문에 이것은 더 이상 합리적인 체계로 인정받지 못하고 그 자체의 모순 때문에, 반작용 때문에 하강 곡선을 그리다 나중에 허물어질 수도 있다고 말씀을 하셨는데 만약에 그렇다면 어찌 보면 교사들이 그 일과 관련해서, 사회가 그 일과 관련해서 할 일이 별로 없을 것 같고 자동적으로 그 일들은 가능할 수 있을 것 같으니까요. 그런데 한편으로 교수님께서 우리 교사들이 할 일에 대해서 여러 가지를 말씀해 주셨는데 그 실천과 학벌 체제 균열과 어떻게 만날 수 있을지와 또 지금 교직 사회를 보시기에 지금 말씀하신 몇 가지 지침들, 흐름들이 지금 교직 사회에서 어느 정도 보이는 것을 좀 감지하시는지 아니면 그 가능성이, 실제로는 그 전망이 어떻게 되는 것인지 말씀도 주시면 좋겠습니다.

강사 하도 우리가 절망적인 사회에서 살다 보니까 희망 자체가 낯설기도 한데요. 아까 제가 언뜻 한국에 학생운동은 고등학생 운동 또는 중고등학생 운동이었다고 말씀을 드렸고, 4·19까지 고등학생들이 가장 먼저 나오면 그다음에 대학생들이 따라 나오고 그다음에 시민들이 따라 나오는 거란 말씀을 드렸어요. 지금 우리는 상상 못 하지만 원래 그런 거라고요. 아까 함석헌 선생 경우에도 평안도 학생 총책이었다는 말씀을 드렸지만 대학이 없어서 그때는 더욱 그랬다고 하더라도 대학이 많이 생기고 대중화되기 시작한 뒤에도 4·19 때까지는 으레 고등학생들이 학생운동, 전체로서 민중운동의 어떤 선구적인 역할을 담당했다고 하는 건 그만큼 정치적이고 그만큼 성숙해 있었다는 뜻이지요.

그때가 끝이에요. 그때 이후로 중·고등학생이 한국 사회의 어떤 진보적인 시민적 각성이나 운동을 촉발하거나 선구적으로 견인하는 경우가 없었습니다. 이거 아무것도 아닌 것 같지만 엄청난 일인 겁니다. 외국 뉴스를 보면 프랑스에서 데모하면 교사와 학생들이 같이 나와 버리잖아요. 어떤 의제가 딱 주어지면 교사와 학생이 같이 데모하는 것 아닙니까. 그런데 한국은 아니었던 까닭이, 할 수가 없는 거예요. 창살 없는 감옥에 가 있거든요. “너 똑똑한 줄 알아. 너 정의감도 아는데, 너 지금 사회를 위해서 뭐 한답시고 중뿔나게 돌아다녀 봤자 너 삼류 대학 가면 인생 끝이야.” 그거예요. “너 일단은 공부해. 공부해서 너 착하고 훌륭한 거 다 아니까 서울대만 가. 서울대에 가서 네가 데모를 하든지 감옥에 가든지 나 안 말려. 서울대만 나와 봐라. 감옥 갔다 와도 국회의원 된다. 그게 훈장이 되는 거야.”

학벌만 좋으면 한국 사회에서 도대체 어떤 굴곡진 삶을 살더라도 결국은 그게 모든 게 보장되는 그런 사회니까, 나올 수 없는 거예요. 못 나오는 거죠. 그런데 아까 서서히 균열이 일어나고 있다고 말씀드린 실증적인 첫째의 증거라고 할까, 그것이 무엇이냐 하면 벌써 4년 전이에요. 촛불 때입니다. 제가 그때 가장 놀란 건 여중생들이 촉발했다고 하는 사실들이에요. 자기들이 촛불 들고 피켓 들고 만들어서 나왔다는 사실인데, 이건 설명 불가한 겁니다.

그 이전의 우리 교육의 상황 속에서는. 오직 이렇게만 생각할 때 설명할 수 있다고 저는 생각하는데 제 가설이 이겁니다. 여중생들이 피켓 만들고 양손에 바리바리 싸 들고 초저녁에 교문 밖으로 나갑니다. 선생님이 묻습니다. "야, 어디 가냐?", "데모하러요. 광우병 소고기 먹고 못 살겠어요." 그럼 뒤에 대고 선생님이 그랬겠죠. "내일모레가 중간 시험인데 너희들 미쳤냐? 그래서 다 낙오하지." 그때 여중생들이 싹 돌아보면서 그러는 거예요. "선생님, 우리 이미 낙오한 거 모르셨어요? 아직도 하면 된다고 사기치는 거예요? 얼마나 더, 다 비정규직인데. 우리 엄마, 아빠." 하고 나온 거 아니면 불가능합니다.

무슨 말이냐 하면 "나 이미 낙오했어. 나 건드리지 마. 잘난 너희들이나 공부해서 서울대, 연대, 고대 가고 나는 건드리지 마라."라는 의식이 아니면 그거 가능하지 않아요. 그것이 제가 말하는 균열의 시작입니다. '나는 어차피 안 된다.' 주먹이나 쓰든지 아니면 선량한 아이들의 경우에는 그런 일들이 생겼을 때 촛불 들고 나오든지 둘 중에 하나예요. 그래서 이후에도 그때 그 경험이 글쎄 얼마나 대단한 긍정적인 경험으로 가라앉았을지 어떨지 우리가 가늠할 수 없습니다. 그 역사는 엄연히 4·19 이후에 처음이에요. 한국의 학생들은 천재지변이 일어나도 학교에서 나오지 않습니다. 나가라고 해도. 왜냐하면 시험을 쳐야 하기 때문에, 공부를 해야 하기 때문에……. 그런 학생들은 집단적으로 그렇게 지속적으로 스스로 자발적으로 뛰쳐나왔다는 건 그 약발이 끝났다는 걸 의미하는 거예요.

두 번째로 사회 경제적인 조건 속에서 지금 어찌할 수 없이 낙오된 학생들이 많이 있는 상황인데요. 저는 학교 폭력도 낙오된 학생들이 많다는 것과 무관하지 않게 연동되어 있다고 봅니다. 그런데 이런 조건에서 "우리가 아무것도 안 해도 되나?"라고 물으신다면 당연히 아니겠죠. 왜냐하면 붕괴된다고 해서 모든 게 다시 세워지는 건 아니거든요. 박정희, 전두환 독재가 끝났다고 해서 새로운 세상이 오지 않아요. 우리가 새로운 세상이 올 줄 알았어요. 군부독재만 무너지고 나면, 새로운 세상이 올 줄 알았죠. 지금도 갑자기 옛날 생각이 나네요. 5월의 봄 때, 그때 이미 저는 졸업을 했어야 될 학번이었음에도 불구하고 졸업 못 하고 도서관 전부 다 책상 밀어 놓고 노래 부를 때 노래나 가르치면서 서클 룸에 앉아 있는데 후배가 문을 팍팍 차고 들어오면서 그러더라고요. "사흘 뒤에는 우리가 중앙청을 점거할 거야." 제가 하도 어이가 없어서 "야, 점거해서 뭐할 건데?"

그런데 실은 그게 철없는 대학생들만의 생각만이 아니었어요. 이 사회에 그렇게 생각할 줄 아는 사람들이 없습니다. 미리 준비하는 사람들이 없습니다. 매번 우리 역사의 문제가 그거예요. IMF 때 금고 비기 사흘 전까지 금고가 빈 걸 모르는 나라니까. 그러고 나서 허겁지겁 금 모아 달라고 해서 금 모아 줬더니 그다음에는 재벌 개혁하라니까 정리 해고로 보답하는 나라니까 대책이 없는 나라예요. 그러니까 무너진다고 해서 교육이 새롭게 거기서 새싹이 오르지 않습니다.

지금 우리가 고민해야 할 건 어떤 허물어져 가는 교육의 과정에서 상처받는 아이들을 어떻게 보듬을 거냐 하는 것입니다. 허물어져 간다고 하는 것은 동시에 끊임없이 상처받는 거거든요. 지진이 나고 집이 무너지면 그 과정 속에서 무수히 많이 상처받는 개인들이 나오게 마련인 거죠. 그로부터 어떻게 새로운 교육 제도, 교육 체제가 수립될 수 있게 그 저변을 확대해 나갈 거냐고 하는 게 정말 절박하고 중요한 문제인 거죠.

그렇지 않다면 끊임없이 하나가 잘못되면 또 다른 잘못이 나오고, 또 다른 잘못이 나옵니다. 지금 보십시오. 자사고 광풍이 그런 거잖아요. 그러니까 이미 잘못되어 가고 있는 걸 대놓고 그러겠다는 거 아닙니까. 예전과 같은 식의, 공정하게 모두에게 기회가 주어지는 입시 경쟁, 없는 겁니다, 그러니까 안 되는 애들은 대충 알아서 낙오하고, 천재 한 명을 키우자고 하잖아요. 원래 한 사회에서 한 사람이 3만 명을 먹여 살린다면서 말이죠. 이 이야기가 나오기 시작하는 게 자사고예요. 그러면서 1년에 수천만 원 수억 원을 들여서 그 최고의 아이들을, 국제 학교 만들고 어쩌고 하면서……. 그게 무너져 가는 과정에서 나오는 다른 어떤 정반대의 카운터 파트입니다.

이렇게 됨으로써 우리 전체 속에서 학벌 좋은 사람들에 대해서 존경심은 생기지 않고 계급적인 적대감만이 부글부글 끓어오릅니다. 그것이 학교 폭력으로 나타나는 거고요. 물론 그렇다고 해서 반에서 1등 하는 애들이 맞을 리 없는 거 다 알고 계시죠.

원래 폭력배들도 영악하기 때문에 권력자들은 절대로 손 안 대잖아요. 그래서 희생자들은 꼭 중간에 애매한 곳에서 나오는 거니까요. 그런 아수라장 속에 있는 것이지, 제가 말씀드린 게 학벌 체제가 흔들린다는 것이 문제가 해결되어 가는 과정이라는 이야기가 아니었습니다. 이것이 하나의 계기가 되어서 이 계기를 우리가 어떻게 건설적인 방향으로 이끌어 가고 그로부터 우리가 바라는 새로운 어떤 공교육의 틀을 만들어 나갈 수 있는 거라고 하는 건 그것과 무관하게 우리가 고민해야 될 것이므로 선생님들께서 여전히 계속하시는 것을 염려하지 말라는 말씀을 드리고 싶습니다.

사회자 그러니까 처음에 비유를 드셨는데 학교가 감옥이고 그 속에서 아이들은 죄수이고 교사들은 간수인데, 우리 교사들이 할 수 있는 최선은 궁극적으로는 감옥으로서의 학교를 변화시키기 위해서 애를 쓰는 것이고, 또 하나는 좋은 간수가 되는 것이겠지요. 지금 교수님께서 저희에게 주신 몇 가지 팁은 좋은 간수로서의 역할인지, 아니면 감옥을 깨기 위해서 교사가 학교의 일상 속에서 할 수 있는 일로 말씀을 해 주신 건지 아니면 그 모든 것인지, 어떻게 우리가 이해를 해야 되겠습니까?

강사 모든 것이죠. 굳이 그렇게 물으신다면 비유는 비유니까요. 사실 얼마나 참담한 이야기예요. 얼마나 모욕적인 말이고. 제가 입에 올릴 수 있는 이야기는 아니죠. 학교는 감옥이고 학생은 죄수고 교사는 간수라는 말이. 하지만 어쩔 수 없이 현실이 그러니까 그리 말씀드리는 것이지만 이건 비유는 비유죠. 제가 말씀드리는 것은 현실은 교사가 간수인데, 진짜로 간수면 안 되잖아요. 좋은 간수가 되자고 말씀드린 건 그 와중에서 우리가 위로받고 용기를 내어서 좋은 교사가 되자는 뜻이죠.

그런데 제가 마지막에 같이 공부하자고 말씀드리고 학교가 평생 직장이라고 생각하지 말라며 이런저런 말씀을 드린 건 저도 해직 교수 출신이기 때문입니다. IMF 때 어느 작은 신학대학에서 해직되었어요. 제가 부자도 아니고, 가진 게 없죠. 아이들한테 그랬죠. "걱정하지 마라. 정 대책 없으면 아파트 16층 꼭대기에 올라가서 뛰어내리면 된다. 그러면 다 착하게 살았으니까 지상에서 영원으로 바로 가는 거다. 하여간 살아 있는 동안에는 인간답게 살아야지." 그런데 학교에서 나오게 된 것이 뭐 그리 대단한 거 아니에요. 아닌 걸 아니라고 그러면 이 사회는 나가라고 그럽니다.

성경 말씀에 '맞으면 맞고 아닌 거 아니라고 해라. 그 이상 가는 건 거기서 다 악이 나오는 거다.'라고 있어요. 그 말이 맞아요. 저도 공부밖에 모르는 사람이에요. 세상에 남의 일에 대해서 간섭하는 사람은 별 거 없어요. 그런데 아닌 것을 아니라고 해야 하는 게, '학생에 관한 건 아닐 때는 아니라고 해야지.'라는 게 제 교육자로서의 신념입니다. 그런데 선생님들 만나면서 '아, 이 분들이 그게 없구나.'라고 느껴지는 게 가슴 아픕니다. 죄송하고 외람된 말씀인데 그런 교사를 만나는 건 쉽지 않습니다. 왜냐하면 이게 직업이 되어서 그렇거든요. 차이가 뭔지를 생각해 봤어요. 저도 생활인이고 가족이 있고 똑같아요. 나오면 저도 대책 없기는 마찬가지입니다.

그런데 왜 그게 가능했을까, 이유는 단 하나예요. "아, 내가 교수 되려고 공부한 건 아니니까." 내 친구들이 현장에 들어가고 감옥에 갈 때 내가 대학원 간 건 잘난 교수 되자고 간 건 아니니까, 지금 누군가는 학문을 해야 한다고 생각한 거죠. 이 미쳐 가는 세상에서 그것 때문에 공부한 거지 교수 되자고 한 건 아니죠. 학교에서 쫓겨나면 월급은 안 나오겠지만 공부는 할 수 있잖아요. 아무 상관이 없어요. 제가 언제 칼럼을 썼는데 강사로 있는 7년 동안 혼자 이름으로 쓴 책이 다섯 권입니다. '학벌없는사회' 안 만들었으면 제가 1년에 한 권씩, 최소한 1년에 한 권씩 썼을 사람이에요. 그런데 대학 들어오고 나서 지금 《기업은 누구의 것인가》가 나와서 세 권이 됐는데 그 칼럼 쓸 때까지 6년 동안 두 권밖에 못 썼어요. 너무 창피하더라고요. 그러니까 아무 상관이 없어요. 공부는 어디서나 할 수 있습니다.

그리고 요즘에는 인터넷이 워낙 좋아서 예전에는 독일에 가지 않았으면 볼 수 없었을 200년, 300년 또는 1천 년 전 책들을 지금은 다 볼 수 있어요. 어지간하면 인터넷에 다 올라와 있으니까, 아무 상관없이 돈 없이 다 공부할 수 있으니까 '내가 교수가 아니지만, 훌륭한 학생이 되는 것은 내 맘대로 할 수 있지.'라고 해서 그 시간을 견딜 수 있었어요. 다시 대학에 못 들어갈 줄 알았는데 하여튼 7년 전에 광주에서 느닷없이 오겠냐고 해서 지금 거기에 있는데요.

그러니까 차이가 그거더라고요. 예전에 함석헌 선생님이 교사 생활을 10년 했다고 했잖아요. 그분이 학교를 그만두게 되기 전에 《뜻으로 본 한국 역사》를 쓴 게 서른 살 초반 교사 때입니다. 지난 100년간 한글로 쓴 책 중에 가장 위대한 책이에요. 이건 저 혼자 이야기가 아니고, 교수신문에서 50년 이후 가장 영향력이 큰 고전으로 평가한 책이죠. 이 책을 교사로 역사와 수신 그러니까 윤리 교사로 있을 때 썼습니다. 그런 시절이 있었다니까요. 그런데 이런 사람이었기 때문에 '내가 교사지만, 교사로 있었던 게 직업으로서 교사 그거 아니면 먹고살 데가 없기 때문에 내가 지금 붙어 있는 거다.' 이것 때문이라고 생각을 안 하는 겁니다.

문제는 다른 직장에 다니는 사람들은 가능성을 가지고 계시는데요. 교사들은 스스로 그 가능성을 완전히 딱 차단해 놓고 있어요. 차라리 삼성에 있다가 '내가 쫓겨나면 딴 데 가서 하지 뭐.' 이런 식이죠. 그러니까 교사에서 퇴출되는 건 공포 그 자체입니다. 그래서 저항할 수 없어요. 너무 죄송한 말씀인데, 그리고 저항도 꼭 집단적으로만 하려고 해요, 연합 투쟁. 저는 진정한 저항은 혼자 하는 저항이라고 생각합니다. 그리고 교육 현장서 하는 저항이 진정한 저항이에요. 그래야 바뀌어요. 나가서 익명성 속에 파묻혀서 수로 밀어붙이는 저항은 저항 아닙니다. 천상천하 유아독존이라고 세상이 다 틀리다고 하더라도 "나는 이거 옳다고 생각해. 너희들이 틀렸어."라고 말하는 게 저항입니다. 그 결기가 없으면 힘듭니다. 그게 지식인의 힘 또는 지성인의 힘이거든요. 그런데 이게 실종되어 있는 게 지금 우리 교육의 현장이라고 생각을 하게 됩니다. 그런 의미에서 선생님들께 마지막에 힘드시더라도 조금씩, 언제나 떠날 수 있다는 자세가 필요하다는 말씀을 드렸던 거죠.

사실은 제가 송인수 선생님 처음에 '좋은교사' 운동할 때와 달리 그 이후에 제가 좀 깜짝 놀란 것이 사실은 저도 해직의 경험을 가지고 있지만 해직은 해직대로 힘든데요, 그러나 그건 남이 해직해 버리는 거니까 그냥 오기로 될 대로 되라, 갈 때까지 가보자라는 게 되는데 스스로 내가 운동하기 위해서 이걸 내려놔야겠다고 하는 건 참 그건 열 배쯤 더 힘들 거거든요. 그래서 제가 이분이 정말 보통 교심이 아니구나 하고 생각했었는데 어떻든 그런 거예요. 그래서 어렵죠.

사회자 마지막으로 어떤 강사분에게나 저희가 드리는 질문인데 제일 어려울 수 있고, 내가 이미 다 이야기했는데 왜 또 이야기를 시키냐고 할 수도 있는 질문인데요. 좀 요약, 정리를 한다고 할까요, 우리 교사들은 또 그런 걸 좋아하니까. 지금 하신 말씀 저희들에게 여운이 남는데요. 교수님을 이렇게 끌고 가는 힘이라고 할까요. 우리는 그걸 원해요. 말씀하신 것처럼 내려놓을 수도 있고 어떻게 해야 하고 이걸 다 아는데, 그렇게 할 수 있는 힘, 자기를 그렇게 흥분시키고 좀 난제 앞에서 자기를 돌파시키게 하는 그 힘을 찾아가는 것이 우리의 숙제인데, 그것이 있는 사람과 없는 사람의 문제인 것이죠. 그래서 교수님은 그 힘을 도대체 어디서 끌어오는 것인지요?

강사 제가 철학과에 처음 들어오는 1학년 학생들을 맞이하게 되면 하나 물어보는 질문이 있습니다. '철학의 이해', '철학 입문' 같은 수업을 하다가 "여러분 훌륭한 철학자가 되기 위해서 가장 필요한 재능이 뭘까요? 가장 필요한 소질이 뭘까요?"라고 제가 물어요. 그럼 결코 일류 대학이라고 말할 수 없는 가슴의 아픔을 가지고 들어온 전남대 철학과 학생들이 자기들이 선망해 왔던 대학교를 졸업한 교수에 대한 묘한 위화감을 느끼면서 대답을 못 하고 눈만 끔벅거리고 있습니다.

제 대답, 분노예요. 분노입니다. 오늘은 제가 그나마 점잖게 강연을 마치는데 저는 그냥 분노의 도가니입니다. 편하게 강연을 하라고 하면 분노의 도가니예요. 세상에 화가 나는 일들이 너무나 많습니다. 그런데 그 분노는 증오와 다른 거예요. 저는 누구도 미워하지 않아요. 어떤 개인도. 전두환조차 미워하지 않습니다. 그건 인간이 그 누구도 정죄할 자격이 없다고 하는 어렸을 적 배웠던 신앙 탓이기도 하고요. 아무도 미워하거나 그렇게 단죄하는 건 배우지 못했어요. 하지만 분노는 어떤 공적인 거부감입니다. 그런데 그게 왜 생기나요? 왜 생기냐면 아픔 때문에 생겨요.

저한테 가끔 사람들이 열정에 대해서 물을 때마다 말하는 건데요. 제가 열정이라는 뜻을 담고 있는 낱말 가운데서 제가 배운 언어들 가운데 가장 잘 보여 주는 낱말이 독일의 '라이덴샤프트Leidenschaft'라는 말입니다. '라히덴'이 원래는 동사예요. 영어로 'suffer'가 제일 가깝고 명사로는 'suffering'이겠죠. 그래서 때로는 슬픔이기도 하고요. 괴테의 유명한 소설《젊은 베르테르의 슬픔》이 'Die Leiden des jungen Werthers'예요. 그리고 거슬러 올라가면 라틴어의 '파시오passio' 그다음에 그리스어의 '파토스pathos'가 같은 계열의 말들입니다. 그런데 이 말이 뭔고 하니, 이게 열정을 뜻하는 말인데 '샤프트'는 보편화시키는 의미예요. 무슨 뜻입니까. 보편화된 고통이에요. 열정이라는 건 세상의 고통이 자기의 고통이 되는 게 열정이에요. 세상의 아픔이 자기의 아픔이 되는 거죠. 사람이 아프면 움직이게 되어 있잖아요. 병든 사람이 고통을 느끼면 움직이게 되어 있습니다. 약을 찾게 되어 있어요. 의사를 찾게 되어 있습니다. 지병일 경우에는 자기가 의학 공부를 해서 의사가 되어 버리기도 합니다.

열정이라고 하는 게 뿌리박고 있는 게 무엇이냐, 보편적인 고통이에요. 그런데 한국적인 열정은 선착순의 열정입니다. 이게 문제예요. 낙오하면 죽는다는 공포에 기초하고 있는 것이죠. 그리고 간간이 고통도 있어요. 시험 성적이 나쁘면 맞는다고 하는 두려움 등등입니다. 이런 모든 공포는 아리스토텔레스가 《수사학》에서 정의했던 것에 따르면 임박한 고통에 대한 의식이거든요. 공포와 고통이라고 하는 것이 다 같이 맞물려 있는 거예요.

그런데 그 공포 때문에 또는 자기 개인적인 고통 때문에 생기는 열정이라고 하는 건 노예적인 열정입니다. 그것이 지나가고 나면, 자기 고통이 사라지고 나면 더 이상 아무것도 하지 않게 됩니다. 내가 1등했는데, "나 서울대 들어갔어요. 공부 안 해도 돼요.", "나 고시 합격했어요. 아무것도 안 해도 돼요. 골프만 치고, 만날 폭탄주만 마시고 다니면 돼요." 공부하지 않습니다. 아무것도 하지 않아요. 그런 것이 한국의 열정적인 모습입니다. 선착순 끝나고 나면 더 이상 할 필요 없어지는 것이에요.

그런데 고통이 보편적일 때 인생은 고해기 때문에 보편적인 고통에는 끝이 없습니다. 마르지 않아요. 그래서 그것에 대해서 감수성을 가지고 있는 아이는 끝끝내 후줄근해질 수 없어요. 늙어 죽을 때까지. 그 고통의 감수성이 그 사람을 보다 더 높은 또는 보다 더 밝은 빛을 향해서 스스로 분투하고, 상승하도록 부추기는 거란 말입니다.

그런 의미에서 이걸 말씀드리는 까닭은 이게 교육의 문제이기 때문입니다. 한국의 학생들 아무도 열정 없습니다. 퇴폐 그 자체입니다. 보고 있으면 미치겠어요. 회칠한 무덤들이고요, 시체들입니다. 유령들이에요. 살아 있지 않습니다. 타인의 고통에 대한 감수성이 마비되어서 자랐어요.

여러 해 전에 강남의 어느 8학군에 있는 좋다는 학교에서 심장판막증을 앓고 있는 아이를 1년 내내 교사가 모르게 학대해서 심장판막증이 정신병까지 와서 호주로 이민 가게 됐는데, 그 가

해자들이 반장을 비롯한 학교, 학급 임원들 1등급들이었습니다. 워낙 파장이 컸기 때문에 다 구속되었어요. 그 아이들의 인생도 완전히 망가진 거죠. 형사가 물었어요. "온갖 종류의 방식으로 고문할 때 그 아이가 비명 지르고 고통스러워할 때 기분이 어땠냐?"라고 물었더니 그 아이들 대답이 뭐였는지 아십니까? 우스웠다는 것이었습니다. 끔찍한 나라입니다. 우리 속에 들어 있는 악마성이라고 하는 것을 생각하면 끔찍합니다.

중앙정보부에서 고문하던 수사관들도 그렇게 쉽게 우스웠다고 말하지는 못했을 거예요. 루소의 《에밀》에 보면 그런 말이 나옵니다. '사람이 열여섯 살이 되면 고통이 무엇인지 알게 된다. 하지만 그것이 다른 사람도 자기와 똑같이 고통받는 인간이라는 걸 알게 해 주는 것은 아니다.'라고 하는 충격적인 말이 있습니다. 타인도 나와 똑같이 고통받는 인간이라는 감수성이 한번 퇴화되고 나면, 개발되지 못하면 끝이에요. "아프냐? 나도 아프다, 인마." 연속극 대사의 한 구절입니다. 남이 아픈 건 몰라요. 자기 아픈 것만 알아요. 자기가 아프기 전까지는 사회의 어떤 일에 대해서도 무감동하다가 자기가 아프면 사생결단을 하고, 그게 한국인들의 자화상입니다.

결국은 인간을 위대하게, 고귀하게 만드는 건 열정인데요. 열정은 결국은 고통입니다. 자기의 고통이 아니고 타인의 고통, 세계의 고통, 그 고통에 대한 견딜 수 없는 감수성 때문에 왜 세상에 이렇게 많은 고통이 널브러져 있냐, 어떻게 하면 이걸 조금이라도 덜게 할 수가 있겠냐, 그 많은 고통이 자기 고통이 되어서 시달릴 때 거기에서 비롯되는 영혼의 운동만이 인간을 진정한 의미에서 고귀한 자리에까지 이끌어 올립니다. 그렇지 않으면 아무것도 아니에요.

저의 경우이기도 하고, 제가 학생들을 만날 때마다 언제나 "무엇을 아파하는가, 그대는……." 하고 묻는 이유입니다. 아픔이 우리를 살아 있게 하지 않는다면 먹고 싸는 물건이지 인간이라고 할 수 없는 거죠. 악에 바쳐서 여기까지 왔어요. 공부 왜 하냐고 물으면, 악에 바쳐서……. 그래서 아무 상관도 없는 《학벌 사회》 쓰느라고 교육학자 다 되었지요.

저도 전공이 있어요, 형이상학입니다. 형이상학이 뭔지 아세요? 왜 아무것도 없지 않고 무언가 있는가 하는 것을 묻는 거예요. 저는 그것만 해도 미치겠어요. 밤에 잠들기 전에, 우리 모두 어디서 온 겁니까? '나는 어쩌면 생겨 나와 이 이야기를 듣나.' 김소월의 시입니다. 저한테 제일 큰 고통은 그것인데요. 그런데 나 말고도 다른 일로 아파하는 사람들이 너무 많아요. 그래서 교육학자 되었다가 최근에는 비정규직이 넘쳐 나는 세상에서 경제학자가 다 되어서 《기업은 누구의 것인가》 써서 한참 욕 듣고 있습니다.

만나서 무지 반가웠고요. 선생님들, 하여튼 좋은 자리에서 또 다시 뵐게요. 오늘 참 행복한 마음 안고 갑니다. 고맙습니다.

입시
사교육 제로
그 해답을
찾다

김승현

김승현

숭실고등학교 영어 교사로 일했다. 현재 사교육걱정없는세상 부설 대안 정책 연구소 정책 실장과 영어 사교육 포럼 부대표를 맡고 있다. 영어 사교육 문제에 대해서 깊이 있는 대안 정책들을 만드는 데 전념하며 사교육 문제 해결에 온 힘을 쏟고 있다.

제 소개를 간단히 드리면서 교사 등대지기 학교를 대하는 저의 태도와 생각을 잠깐 나누고 내용으로 들어가려고 합니다. 저는 2008년 9월에 '사교육걱정없는세상'에 처음 왔습니다. 그 전까지는 전교조 활동을 한 적도 없고 좋은교사 회원도 아니었던, 고등학교에서 영어를 가르치는 평범한 교사였습니다. 문제의식은 조금 있었지만, 어떻게 보면 약간은 부적응한 문제 교사 같은, 일탈을 꿈꾸는 그런 교사였습니다.

저는 분노는 안 했던 것 같아요. '입시 제도하에서 나나 너희나 참 고생이다.' 애들이랑 약자의 연대감은 좀 있었던 것 같아요. 고등학교니까 입시 교육을 막 시켜야 하는데 오히려 애들이랑 놀고, 공부를 잘하는 아이들보다는 약간은 발랄한 문제아 같은 애들을 더 좋아하고 이랬던 것 같습니다.

그렇게 지내던 2008년 9월에 '영어 사교육 광풍 속에서 살아남기' 행사를 했었어요. 우리 학교 선생님의 부인이 영신여고 영어 선생님이세요. 그런데 영신여고의 재단에 영신여실, 지금은 간호비즈니스고등학교가 되었는데 거기에 임종화 선생님이 계세요. 임종화 선생님이 학교 선생님들한테 등대지기 학교 엽서를 나눠 준 거예요. 그게 흘러 흘러서 저한테까지 온 거죠. '아, 이런 걸 하네.' 하다가 일정은 안 되어서 등대지기 학교는 못 듣고 인터넷에서 검색해 봤더니 마침 영어 토론회를 그다음 날부터 하더라고요. 워낙 관심 있던 주제였으니까 가서 들어 봐야겠다고 하고 갔습니다.

그때 인상적이었던 거예요. 제가 2008년 9월 24일에 남긴 글이 있습니다. 그날, 그다음 날인가? '저는 숭실고등학교에서 영어를 가르치고 있는 김승현이라고 합니다. 어제 토론회는 참 감사하고 유익한 시간이었습니다. …… 개인적으로 참 답답하지만 이 문제를 해결해 갈 수 있는, 우리 사회에 어떤 출구를 만들어 가는 데 무력하게 느꼈었는데 사교육걱정없는세상 같은 단체를 알게 되고 이병민 교수님같이 영향력 있는 전문가들을 만날 수 있어서 감사했습니다. 진단과 해법을 제시하기 위해 노력하고 계신다는 사실이 저한테는 무척 위로와 감동이 되는 시간이었습니다.' 제가 진짜 글 쓰는 거 안 좋아하는데 한 세 시간에 걸쳐서 토론회 후기를 열심히 쓴 거예요. 글 올린 시간이 밤 11시 42분에요. 입사 원서 쓰는 기분으로, 잘 써야 내가 여기에서 뭘 해 볼 수 있겠지, 정성 들여서 한 세 시간, 네 시간에 걸쳐서 A_4용지 두 장이 채 안 되는 글을 썼었어요.

1 토론회를 왔다가 후기를 쓴 거거든요. 그리고 4 토론회에 '김승현 시민 논찬'이 생겼어요. 원래 여기에 내정이 안 되고 '시민 논찬 1, 2'로만 되어 있었는데 김승현 이름이 올라간 것이 2008년 10월이죠. 그해 11월, 12월에 영어 사교육 포럼이라고 하는 조직을 통해서 이후 지속적으로 이 문제를 풀어 가자는 이야기를 나누고, 2009년에 학교에 있으면서 1년 동안 영어 사교육 포럼을

진행했었습니다. 그리고 2010년에 바로 휴직을 했죠. 토론회 참가부터 시민 논찬, 영어 사교육 포럼 부대표, 휴직, 정책 실장으로 상당히 빠른 과정을 거쳤습니다. 그래서 제가 지금은 어떤 사람이냐면 초·중·고 교육 및 대학 체제, 노동 시장 전반을 꿰뚫으며 우리 교육의 갈 길을 정확하게 말하는 현장 기반 전문가가 되었습니다. 제가 제 약력을 보고 깜짝 놀랐어요. 어쨌든 과정이 그렇습니다.

제가 휴직 인사로 썼던 글인데요. '불혹에 찾아온 치명적인 유혹.' 제가 2010년에 딱 마흔이 됐었거든요. 마흔이면 불혹이라고 하고 유혹이 없다는데 저는 유혹을 만났다는 이야기입니다. '사교육걱정없는세상을 만나기 전에 교사로서 제 삶은 충분히 예측 가능한 것이었습니다. 교사로 산다는 것은 5년 뒤, 10년 뒤 제가 어떻게 지낼지가 예측 가능하니, 오늘과 똑같은 내일인 거죠. 사실은 미래라고 이야기할 수 없는, 미래라고 하는 것은 어떤 예측 불가능한 것이 있어야 하는데 말이죠. 1년 반이 채 안 되는 시간에 상상하지 못했던 휴직을 하게 되었고 지금은 사무실에 나와 앉아 있습니다.' 그때 2년 휴직하고 나왔는데 학교에서 저한테 '너 2년 있으면 올 거냐?'라고 물으면 '1년도 채 못 채우고 잘릴지도 몰라요.' 이런 이야기들을 했습니다. '마흔 살의 나이가 되는 시점에 오히려 불투명함이 제 삶에 찾아온 것을 감사하게 생각하고 있습니다. 불투명함을 달리 표현하면 삶의 새로운 가능성이고, 역동이라고 말할 수 있을 것 같습니다. 누구나 쉽게 찾아오기 힘든 행운이 제 삶에 찾아온 것이라 여기고 있습니다.'

휴직 인사라고 했던 건데요. 교사 등대지기 학교 주제가 '교사, 입시를 넘다'잖아요. 사실은 저는 부적응이라고 말씀드렸던 것처럼 입시에 막 집중하지도 못했어요. 선생님들 중에 정말 입시 교육 열심히 하시는 분들도 계시잖아요. 그런데 저는 고3 담임도 계속 피해 다니고 안 하고 그랬어요. 상위반 잘 안 맡으려 했지만 사표를 쓰고 다니지는 않았어요. 그런데 등대지기 학교를 통해서, 사교육걱정없는세상과 만남을 통해서 그것에 어떤 태도 변화가 생겼던 것 같아요.

10년이 넘어가면서부터 저도 어느 순간 잔소리가 많아지고, 예전에는 아이들과 같이 잘 지냈었는데 약간 꼰대 선생님 되어가는 느낌을 받았습니다. 그 와중에 사교육걱정없는세상이 저한테는 큰 계기였던 것 같고요. 교사 등대지기 학교가 선생님들께도 방향 전환, 태도 변화의 계기가 되면 좋겠습니다. 그게 공간 이동을 의미하는 건 아니죠. 휴직을 한다거나 이런 의미가 아니라 어떤 자리에 있든지 간에 우리가 좀 같은 생각을 가지고 같은 지향을 가지고 갔으면 좋겠다는 마음으로 교사 등대지기 학교 기획 단계에서 의견을 이야기했었고, 제가 강의도 하겠다고 했던 것 같습니다.

오늘 나눌 이야기는 '2020년 대한민국에서 입시 사교육은 사라집니다'라는 주제입니다. 김상봉 교수님이 강의 중에 '두 가지가 필요하다.'고 말씀하셨잖아요. 그 하나가 철학 원칙인데 그것이 자유였죠. 자유를 신장한다는 말도 참 인상적이었어요. 제가 들은 자유 중에 어떤 분의 말씀이 기억나는데요. '자유는 몸으로부터 벗어나려는 것이 아니라 내가 어디어디에 적극적으로 묶이겠다는 선택이다. 기본적으로 자유는 어디로 도피하는 것이 아니다.' 그러니까 '자유는 신장이다.'라고 하실 때 굉장히 인상적이었는데 어쨌든 교육철학이 있어야 한다고 했고, 교육사가 있어야 한다고 했잖아요. 그리고 미래를 바라보는, 해외를 돌아보는 이런 게 있었고요.

그런데 저는 선생님 강의 가운데 한 가지가 빠진 게 아닌가 싶습니다. 교육철학과 우리나라 교육이 흘러온 맥락 위에서, 현재의 교육 환경과 제도, 즉 내가 서 있는 학교를 어떻게 평가할 것인가가 문제입니다. 그리고 미래를 조망하면서, 꿈만이 아니고 현재로부터 구체적으로 합리적으로 상상하는, 합리적으로 기획하는 미래에 대한 이야기가 좀 필요하다고 생각합니다.

오늘 그 이야기를 나누려고 합니다. 지난 4년간 200회가 넘는 '국민이 길을 찾다' 연속 토론회와 강연, 조사 사업의 결과물로 책자 수십 권을 발간했습니다. 이 일에 수많은 전문가가 함께 했고 내부에서 치열한 토론의 과정을 거쳤습니다. 그런 과정을 통해서 정리한 내용들을 선생님들과 나누려고 하는 거고요.

1. '선행 학습형 (사)교육 금지 특별법'을 제정하여 수학 사교육 등을 획기적으로 경감합니다.
2. 영유아의 정상적 발달을 방해하는 '영어 유치원'을 비롯한 조기 영어 교육을 바로잡습니다.
3. '선지원-후추첨' 고교 입학 전형을 전면 도입하여 중학생들의 고입 사교육을 해결합니다.
4. '선진국형 학교 성적 산출 제도'를 도입하여, 5년 내 학교 시험 대비 사교육 문제를 해결합니다.
5. '수능 자격 고사 및 선진국형 학교 성적'으로만 대학 가는 제도를 10년 내 전면 도입합니다.
6. 사교육 부담 없이 진로 적성에 맞추어 갈 수 있는 '좋은 대학 100개'를 육성합니다.
7. '학력/학벌 차별 금지법 등 취업 공정 경쟁 4대 법을 만들어, 불안을 해소합니다.

크게 일곱 가지입니다. 첫 번째, 두 번째는 선행 학습 금지법과 관련해서 수학, 영어에 대한 설명입니다. 그리고 1·2번, 3·4·

5번, 6·7번 이렇게 나눈 이유가 있습니다. 3·4·5번은 고교 입시와 고교 체제 그리고 내신제도, 대입 제도와 관련된 이야기입니다. 그리고 6·7번은 대학, 대학 체제, 노동시장 연계와 관련된 문제입니다. 보시면 일곱 가지가 별개의 것이 아니죠. 선행 학습 금지는 사실은 지금 유치원, 초·중·고 전체에 걸쳐 있는 문제이고, 특히 유, 초, 중학교가 심각한 상황이죠.

일곱 가지 공약 가운데 선행 학습 금지법을 추진하는 1·2번은 우리 사회에 경종을 울리고 멈추게 하려는 단기 처방, 긴급 처방이라고 한다면 3·4·5번 같은 경우는 고교 입시와 고교 체제의 같은 문제이고요. 그리고 내신제도는 초·중·고가 얽혀 있는 문제이고, 대학 입시가 5번 공약이죠. 6번이 대학교, 대학 체제 관련이고, 그다음에 노동 시장 진출과 관련된 7번 공약입니다. 그런데 사실은 공약 7개와 정책이 긴밀하게 연계가 되어 있습니다. 그렇기 때문에 따로따로 떼어서 생각할 수 없고 정책을 추진해 나가는 선후도 중요하고 서로의 정책이 맺고 있는 연관 관계와 우선순위 등의 문제들이 중요한 대목입니다.

입시 사교육이 사라지기 위한 일곱 가지 제안

첫 번째부터 설명을 드리겠습니다. 선행 학습 금지법을 최근에 저희가 의욕적으로 추진하고 있습니다. 첫 번째는 선행 학습 금지법 제정을 통해서 수학 사교육을 획기적으로 변경하겠다는 건데요. 지금 수학 사교육을 왜 받느냐고 물어보면 52퍼센트가 선행 학습 목적이라고 대답을 해요. 복수 응답이긴 합니다. 또 하나는 크게 내신 대비가 있습니다. 어쨌든 사교육 수강의 목적은 내신 대비와 선행 학습 두 가지입니다. 그리고 학부모들은 70퍼센트 정도가 선행 학습이 필요하다고 대답을 하고 있어요. 어떤 과목이 필요하냐고 물어보면 영어와 수학에 75~78퍼센트 정도 응답을 하는 상황입니다.

선행 학습 실태 2011년 한국 수학 교육 현안 조사 연구(한국과학창의재단)

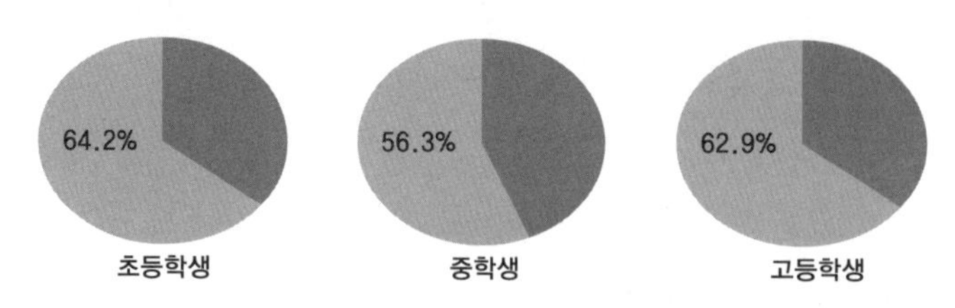

● 1학기 이상 선행학습 경험 있다

	초등학교	중학교	고등학교
동일한 연도	248(35.84%)	292(43.65%)	319(37.09%)
1학기	265(38.29%)	259(38.71%)	361(41.98%)
1년	100(14.45%)	68(10.16%)	141(16.40%)
2년	55(7.95%)	35(5.23%)	31(3.60%)
3년 이상	24(3.47)	14(2.09%)	8(0.93%)

위 표는 한국과학창의재단에서 연구했던 건데요. 초등학생, 중학생, 고등학생이 수학에서 한 학기 이상 선행 학습을 하는 비율이에요. 초등학생 64.2퍼센트가 한 학기 이상 선행 학습을 하고 있는 거죠. 동일한 진도에서 공부하고 있는 학생은 초등학생이 36퍼센트, 중학교의 43퍼센트 정도밖에 안 돼요.

제가 선행 학습 금지법을 처음 시작할 때는 정책적으로 접근을 했었어요. 그런데 선행 학습 금지법과 관련해서 실태 현황을 알아보다 보니까, 정책 논리가 아니라 아이들을 구출해야 되겠다는 느낌을 많이 받았습니다. 그리고 교육의 문제가 아니라 아동의 인권, 행복권 문제라는 생각을 했습니다.

중학교 대상 학원 수학 프로그램을 보면 중학교 1학년이, 상위권 학생들 대상이긴 하지만, 10상 문제 풀이를 하고 있습니다. 10은 고1 것이고 9는 중3이죠. 이보다 더 잘하는 아이들이 영재반으로 옮기는데, 기하학, 대수 특강 듣고 문제 풀이하고 있어요.

선행 학습이 공부를 못하는 아이들에게 도움이 안 되는 것은 당연한 거죠. 보충 학습이 필요한데 선행을 하고 있으니까요. 그러면 상위권 아이들을 위해서는 필요할까요. 저는 상위권 학생들도 선행 학습의 굴레에서 벗어나지 않으면 안 된다고 생각해요. 우리나라의 똑똑한 아이들 다 망치고 있습니다.

선행 학습은 그냥 진도 앞지르기예요. 현재의 것을 공부하면서 앞에 있는 개념이 차용될 수 있는데 지금 우리나라의 선행 학습은 앞선 진도를 당겨 와서 쭉 나가는 거거든요. 러시아의 영재교육 기관에는 진도를 앞서서 나가지 않는다는 규정이 있다고 해요. 진도는 그때 배우면 되는 것이지, 당겨 와서 배울 이유는 전혀 없는 것이죠. 오히려 교사의 편의 때문에 그렇게 이루어지는 측면이 크다고 해요. 수월성 교육 차원에서도 현재의 선행 학습 경향은 심각한 상황이에요. 정말 공부 잘하는 아이들을 구해줘야 해요. 특히 사교육 과열 지역에 있는 아이들은 얼마나 힘들겠어요.

오늘 캠페인 팀에서 만든 포스터입니다. 식물이 말라 죽은 게 아니라 물을 너무 많이 줘서 죽은 거예요. 지금의 선행 학습이 그런 거죠. 애들한테 너무 빨리, 너무 많이 줘서 아이들이 제대로 성장할 수 없는 거예요. 그래서 때로는 극심한 경우에 극단적인 문제 행동들이 발생하는 거라고 저는 봅니다.

시작된 거는 특목고 때문인 거 아시죠? 저도 예전에 중3, 고1 때 다음 학기 것을 공부하고 정석 문제를 풀어 본 적은 있었어요. 그런데 2년, 3년 앞당긴 선행은 특목고 입시에서 경시대회 성적이 들어가고부터죠. 특목고 초반에는 수학 시험도 봤었어요. 그런데 외고도 마찬가지이지만, 교육과정 수준을 훨씬 뛰어넘는 수학 시험을 보고 토플 같은 것을 해 놓고 하니까 애들이 특목고에 들어가기 위해서는 선행 학습을 할 수밖에 없었죠. 하지 않으면 떨어지니까요. 지금은 사실은 진입 단계에서 입시 개선은 상당히 된 상황입니다.

또 학원의 필요에 의한 요인들이 있었죠. 하나는 선행 학습은 일단 학원 입장에서는 편한 거죠. 개별화할 필요가 없으니까요. 선행 학습은 지금까지도 학원에서 몇 년 동안 효자 상품이었다고 평가를 합니다. 왜냐하면 똑같이 모르니까 못하는 애들 따로 반 구성하고, 잘하는 애들 따로 구성할 필요 없이 대규모 강의실에서 스타 강사 하나 고용해서 진행할 수 있는 방식이니까요. 그래서 수익 구조를 창출할 수 있는 가장 편한 방식이었다고 해요. 학원 이미지를 얻기에도 좋고요. 후행 전문 학원은 없잖아요. 다 선행 전문 학원이죠.

"대학생도 못 푸는 수리·과학 논술… 학원 다닐 수밖에 없어요"

사교육만 배불리는 수시 논술전형

2012학년도 주요 대학 논술중심전형 모집인원과 경쟁률

최근에 들어서는 특목고 입시는 개선이 되었는데요. 고교 체제가 훨씬 더 서열화가 심화되고, 이런 와중에서 다양한 문제들이 발생하고 있습니다. 작년에 저희가 발표했던 건데, 18개 중학교를 조사해 봤는데 고등학교 1, 2학년 교육과정 문제를 14개 학교에서 내고 있었어요. 그리고 자율형 사립고는 절반이 넘는 학교가 1년 동안 배워야 되는, 고등학교 1학년 올라가면 수학이 어려워진다고 하는데 그 1년 동안 배우는 수학을 한 학기 만에 끝내는 학교가 많아요. 그러니까 선행 학습을 유발할 수밖에 없는 거예요.

선행 학습이 도움이 되는 건 아니지만 선행 학습을 했을 때 경쟁에서 유리한 요소는 계속 남아 있는 거죠. 그렇기 때문에 선행 학습을 막 시켰을 때 소화해 낼 수 있는 똑똑한 애들이 있잖아요. 그것이 정말 성장하는 것이냐, 정말 그 아이의 능력을 키워 주는 것이냐는 별개의 문제로 그걸 소화해 내는 애들이 입시나 학교 시험에서 유리한 구조가 아직 남아 있는 거죠.

그리고 위 사진은 저희가 발표해서 한국일보에 1면 헤드라인과 3면 전면에 났던 건데요. 대학교 논술 고사에서 대학 과정을 그냥 출제를 하는 거죠. 지금 저희 수학 팀 선생님들이랑 건국대

홍진곤 교수님이랑 2012년 문제를 전수해서 분석하고 있습니다. 2013년 6월 말이나 7월 초에 기자회견을 통해서 발표할 예정인데요. 작년에 저희가 이 세 가지 문제를 쭉 제기했었죠. 그래서 금년에는 조만간 교과부에서도 이 세 가지와 관련해서 선행 학습을 유발하는 요인들을 어떻게 잡을 것이냐 하는 대책을 발표할 예정인 것으로 알고 있습니다.

저희는 특별법을 제정하자고 하는 것이고, 우리나라 수준은 자족 능력을 상실했다, 조절 능력을 잃어버렸다, 그렇기 때문에 캠페인 차원으로 될 문제가 아니다, 법률로써 금지를 해야 한다는 거고요. 그리고 금지법의 대상은 사교육 일체가 아니라 선행 학습형 사교육에 한정하자고 하는 것이고, 사교육 기관만이 아니라 공적 기관에서 유발하는 원인에 대한 규제도 포함하자고 하는 것입니다.

선행 학습을 규제한다고 할 때 보통 갖는 오해가 있어요. '원인은 내버려 두고 프로그램만 규제한다는 것은 규제의 실효성을 얼마나 확보할 수 있느냐?' 저희 선행 학습 금지법 조항 안에 보면 프로그램을 규제하는 것과 함께 선행 학습을 유발하는 학교 시험이라든가 교육과정 운영이라든가 그리고 대학별 고사 등을 규제할 수 있는 조항들이 있습니다. 그러니까 교육과정을 준수하도록 하는 조항들과 이를 어겼을 때 대학이나 중·고등학교가 어떤 행정 조치나 처벌을 받도록 규정을 명시하려고 합니다.

사실은 선행 학습 사교육을 금지하는 건 어떤 지렛대 역할을 하는 거고요. 그 지렛대 역할을 통해서 그 선행 학습을 유발하는 근본 원인을 해결하려는 것이죠. 들어가다 보면 고교 체제와 입시 문제까지 갈 수 있기 때문에 저희가 선행 학습을 1번 공약으로 배치하고 이 운동을 벌여 나가는 거라고 이해하시면 될 것 같습니다. 이 문제는 저희가 제안을 한 뒤에 꽤 뜨겁게 논쟁이 되고 있어요. 논쟁이 되고 있다는 것 자체가 저는 좀 의미 있는 일이라고 보고요.

첫 번째는 위헌 논란이 있는데 정당한 입법 목적을 생각하면 충분히 가능하다고 봅니다. 학원 10시 이후 영업 규제 조항이 작년에 시행됐는데, 똑같은 경우예요. 자기가 공부하고 싶다는데 국가가 규제할 수 있느냐, 내가 자녀를 11시, 12시까지 공부시키고 싶은데 그걸 규제할 수 있느냐는 논란에도 불구하고 너무 심각하기 때문에 그리고 학생의 건강권 차원에서 규제가 가능하다고 판단을 내렸던 거거든요. 그런 차원에서 선행 학습 금지법도 접근할 필요가 있겠다는 거고요.

그리고 모든 것을 규제하는 것이 아니라 선행 학습 금지법에서 문제를 삼되 가장 극심한 영역만 규제가 가능하게 하려는 거예요. 수학이라든가 조기 영어 관련한 특정한 부분에 한해서 실효성 있고 구체적인 방식으로 규제를 하려고 하기 때문에 실효성을 확보하는 방법도 큰 문제가 없을 거라고 보고 지금 법률 팀과 함께 작업을 진행하고 있는 중입니다.

두 번째는 영어 유치원과 관련된 이야기예요. 영어 유치원도 제가 선행 학습 금지법 안에 포함하려고 하는데요. 2008년에 영어 몰입 교육 파동 기억하시죠. 어륀지 파동이잖아요. 2008년, 2009년 지나면서 영어 사교육비가 8천 억 증가했어요. 그리고 초등학교에서 2008년 한 해만 11.4퍼센트 증가했더라고요. 3조 3천억 원인가, 3조 4천억 원인가 증가했어요. 그런데 여기에는 유아 사교육비는 잡히지도 않은 거거든요. 사실 영어 사교육비

초등어학원		중등어학원								국정 영어 교과서	인증 시험 Score (iBT)
4-Way 전문관		4-Way 전문관		TEST 전문관							
초1-6		중1-2		중1-3		중3		중1-3			
Group	Level	Group	Level	Group	Level	Group	Level	Group	Level		
Atlantis	AO							녹지원			100~
											90~99
											80~89
				Test	T4	Expert	E3				74~79
					T3		E2				64~73
					T2						50~63
					T1		E1				고3 실전
Glide	GA	Moun-tain	MA							고3	
	GI		MI							고2	
	GB		MB							고1	
Jump	JA	Horizon	HA							중3	
	JI		HI							중2	
	JB		HB							중1	
Dash	DA									초6	
	DI										
	DB										
Leader	LD										

는 훨씬 더 증가한 거죠.

아발론이라고 하는 데 프로그램을 갖고 온 건데요, 초등학교, 중학교 레벨이에요. 그런데 어떻게 이야기하냐면, '우리는 초등학교 이 과정은 중학교 1학년 수준이야. 그다음에 초등학교 이 정도 레벨의 과정은 고2, 고3 수준이야. 이쪽으로 가면 그것도 넘어서 ibt 토플 수준이야.' 영어 전문 학원들도 다 이런 식으로 선행 학습을 하고 있어요.

여기는 규제하기 좀 어렵죠. 수학 같은 경우는 진도를 가지고 한 학기 딱 이렇게 해서 규제를 하는 것이 가능한데 영어 같은 경우는 진도로 규제하기는 좀 어려운 측면이 있어서, 이 부분을 선행 학습 금지법 안에 포함시키는 건 조금 어렵다고 보는데요. 어쨌든 영어도 이렇게 선행 학습의 경향으로 가고 있고요.

심각한 건 조기 영어 교육입니다. 저희가 선행 학습 금지법에

	MON	TUE	WEB	THU	FRI
Circle Time					
1	IPC Seminar	IPC Seminar	IPC Seminar	IPC Seminar	IPC Seminar
2	IPC Seminar	Drama in Education	Writing	Drama in Education	Writing
3	Phonics	A.C.C.	Phonics	A.C.C.	Phonics
4	Grammar	IPC Library	Reading Master	IPC Library	Grammar
Lunch					
5	Math	Cartoon Network	Arts&Crafts	Call	Good Manners
6	Speech	Science	P.E.	Music	Math
Wrap-Up					

서 구체적으로 문제 삼고 규제하려고 하는 부분은 영어 유치원을 비롯한 조기 영어 교육 부분인데, 이것은 유치원 시간표예요. 대학교 시간표가 아니라 유치원 만 5세, 6세 우리나라 나이로 6, 7세 아이들이 받는 수업 시간표라고요. 월, 화, 수, 목, 금 이렇게요. 육아 정책 연구소에서 연구한 게 있는데요, 영어 학원의 하루 이용 시간은 다섯 시간이라고 대답한 게 30퍼센트, 여섯 시간 24.5퍼센트, 세 시간 21.6퍼센트예요. 5세, 6세 아이들이 일주일에 영어를 배우는 시간이 한 30시간 가까이 돼요.

앞에서 말씀드렸지만, 처음에는 정책으로 접근했다가 우리 사회가 상식이 있는 사회인가, 아이들을 이렇게 교육시키고 있다고 하는 게 이게 말이 되나 하는 생각이 드는 거죠. 영어 유치원 유아 단계는 일주일에 두 번, 세 번 잘 안 다니거든요. 영어 학원 다니는 아이들한테 물어보니까 5일 이상 다닌다는 아이들이 84.6퍼센트였어요. 영어 유치원을 다니는 아이들의 숫자가 5~8퍼센트까지 나오더라고요. 일단 5~8퍼센트라도 애들이 이런 교육을 받고 있다는 게 심각한 문제이고요. 이것의 선도 효과가 있는 거거든요. 영어 유치원이 이렇게 끌고 가면서 전체 조기 영어 교육 시장을 키우는 거고, 부모 입장에서 보면 위화감이 생기죠. 애들한테 해 줘야 하는데 경제적인 부담 때문에 못 해 준다고 하는 미안함에서 시작되는 갈등과 심리적인 부담의 요소로 작용하고 있기 때문에 영어 유치원은 수치로 보면 5~8퍼센트이지만 이것이 사회에 미치는 악영향과 파장이라고 하는 것은 굉장히 크다고 볼 수 있죠.

2011년 S초등학교 1학년 교육과정 편성

교과목	국어 기준 시수	증가 시수	감축 시수	본교 시수	비고
국어	210	4.5		214.5	
수학	120	7		127	
바른생활	60	15		75	
슬기로운생활	90	21		111	
즐거운생활	180	2.5		182.5	
영어		277		277	
창의적 체험 학습	170		-13	157	2학년과 순증 통합
증감 시수 소계		+314			
계	830			1,144	
연간 총 수업 시수	1,144				

최소한 영어 유치원은 규제해야 되겠다고 보고 있는 거고요. 저희가 또 깜짝 놀란 게 사립 초등학교예요. 영어 유치원이 저렇게 되는 이유가 있어요. 서울 사립 초등학교 40개를 자료를 받아서 분석을 했어요. 초등학교 1학년 시간표예요. 초등학교 1학년에 영어가 277시간이 편성되어 있어요. 초등학교 1, 2학년이 매일 6교시 수업을 해요. 저는 이게 영훈초등학교나 이런 몇 개 초

등학교 이야기인 줄 알았어요. 그런데 40개 초등학교를 받아 봤거든요. 이 40개 초등학교에서 거의 일반적인 현상이에요.

적게는 두 시간, 대부분이 4시간, 6시간, 8시간, 많은 경우에는 14시간. 1, 2학년 애들이 매일 6교시, 7교시를 해요. 그것도 레벨테스트를 해서 수준별 분반 편성을 하고요. 1학년짜리가 분반 편성을 한다는 게 이게 말이 되나요. 초등학교가 그렇게 하면서 우리는 단어 인증 시험을 보는데 초등학교 6학년은 고3 수준이고, 초등학교 1학년은 중1 수준이라고 교육 계획서에 자랑하고 있는 게 지금 현실입니다. 최근에 공교육 밀집 지역의 국립 초등학교에서도 1, 2학년에 한 시간, 두 시간 편성하고 있습니다. 그래서 선행 학습 금지법 안에 이런 사립 초등학교를 비롯한 과도한 경향은 좀 잡아야겠다는 것입니다.

No.	단어	뜻	No.	단어	뜻
1	admit		39	contrast	
2	conversation		40	convince	
3	aptitude		41	critic	
4	assign		42	define	
5	attend		43	describe	
6	attitude		44	doubt	
7	award		45	genius	
8	brilliant		46	guess	
9	college		47	insight	
10	complete		48	inspire	
11	concentrate		49	notice	
12	discipline		50	potential	
13	educate		51	precise	

이게 몇 학년 것인 줄 아세요? 제가 일부러 뜻 다 지웠어요. 이렇게 해서 180단어인가를 외우게 하는데요. 초등학교 6학년

이에요. 단어 인증 시험을 보는 거예요. 제가 고등학교에 있어서 아는데 최소한 고2, 고1 수준은 넘어요. 지금 이런 거를 초등학교 아이들한테 외우게 하고 시험을 보고 있으니까 초등학교 1학년에 들어가서 수준별 반 편성을 하면, 그래서 영어 유치원을 다니는 아이들이 상위 반이 된다는 거예요. 그러니까 사립 초등학교를 가려는 아이들은 전부 조기 영어 교육을 하고, 그것도 영어 유치원을 통해서 교육을 강화하는 거죠.

영어 유치원과 공동육아에 다니는 아이들의 창의력 비교 연구 결과

	언어 창의력	도형 창의력
공동육아 시설 어린이	92	106
영어 유치원 어린이	68	85

자료:동덕여대 우남희 교수 연구 팀

우리나라 조기 교육의 문제에 대한 연구 결과가 있어요. 6, 7세 영어 유치원을 매일 다니니까 언어 창의력, 도형 창의력에서 아이들이 떨어지는 결과가 나온다고 하죠. 소아정신과 의사들이 농담 겸 진담으로 영어 유치원 10곳이 생기면 소아정신과 한 곳이 생겨난다고 해요. 그리고 우리나라 환경에서는 사실 학생 효과 측면에서 높지 않은 거거든요.

저희는 선행 학습 금지법에 조기 영어 교육 관련 조항을 포함시켜야 하겠다는 거고요. 첫 번째는 초등학교 3학년에 시작하고 있기 때문에 유치원 단계와 아까 보신 것처럼 학교에서 영어 편성해서 진행하는 것을 엄격히 규제, 금지해야겠다는 거고요. 유치원도 지금 누리 교육과정 이런 게 시행되면서 거의 공교육화 되고 있잖아요. 그렇기 때문에 학교 교육과정과 맞아야 하거든

요. 그런데 국가가 투자하고, 국가가 돈을 대서 아이들을 교육시키는데 유치원에서 선행 학습을 시키는 건 교육과정에 안 맞는 거죠. 유치원 단계에서 영어 교육은 금지하는 것이 맞다, 그리고 초등학교 1, 2학년도 물론이고요.

그리고 방과 후 교육을 하잖아요. 초등학교 1, 2학년도 그렇고 유치원에서도 하는데, 사교육 영어 유치원이 있고요. 그 부분은 전면 금지를 할 수 없고 수업 시수를 제한하는 방식을 택하려 해요. 주당 수업 시수, 예를 들어서 한 아동에게 40분 단위이면 80분 이상의 프로그램을 제공하지 못하게 하면 영어 유치원은 자연스럽게 잡히거든요. 영어 유치원 아까 보여 드린 것처럼 25시간에서 30시간의 교육을 시키고 있으니까 수업 시수를 제한하는 방식으로 접근을 해야겠다고 생각합니다.

공교육 단계에서의 유치원, 초등학교 영어 교육은 금지하고, 방과 후에 하는 사교육은 시수로 규제를 하는 방식으로 영어 유치원 문제는 최소한 해결을 하겠다는 것입니다. 그리고 교육과정 안에서 유치원 교육과정과 초등학교 1, 2학년 과정을 연계해서 방과 후 교육을 진행할지 관리 부분이 포함이 되어야 하겠죠.

그리고 그것과 함께 저희가 규제만 하는 게 아니라 영어 교육에 대한 요구가 있는 거니까 그러면 영어 교육을 적기에 받는다고 할 때 영어 교육을 어떻게 할 건지에 대한 모델과 대안 제시가 필요하고요. 이 부분에 대해서 저희가 '다독'이라고 하는 학교 실용 영어 교육을 새 대안으로 제안한 바가 있습니다. 그래서 선행 학습 금지법을 제안하면서 하반기에는 평범한 중학교 하나, 초등학교 하나, 두 군데 정도 정하려고 해요. 혁신학교 같은 모델이 될 수도 있는데 영어 프로그램이 되는 거죠. 그래서 초등학교

나 중학교에서 적기 교육을 통해서 그리고 다독 기반 실용 영어 교육을 통해서 충분히 우리가 목적하는 실용 영어 능력을 키울 수 있다고 하는 것 그리고 사교육에 의존하지 않고 공교육이 중심이 되어서 가능하다고 하는 모델을 만들어 볼까 계획하고 있습니다.

저희가 그동안 만난 전문가들이 있거든요. 이런 프로그램들을 운영하는 전문가들이랑 그다음에 멘토 그룹으로 결합할 열 명에서 열다섯 명 정도의 그룹, 이렇게 해서 한 1년, 2년 진행하면 성과가 금방 나올 거라고 저는 보거든요. 한편에서는 선행 학습을 규제하면서 한편에서는 이런 방향으로 가야 한다는 대안 모델을 만드는 일을 해야 되겠다 싶었습니다. 사실은 제가 개인적으로 영어 교사니까 하고 싶었던 일인데, 낮에는 정책 실장, 밤에는 영업 실장을 하다 보니까 제가 시간이 없어요. 이렇게 하면 되겠다는 게 다 있는데 사람이 없었거든요. 지금 그것을 할 사람이 드디어 나타났습니다. 저희가 지금 특별 공약 국민 운동이라고 붙였잖아요. 이게 특별 공약을 제안하는 게 아니라 이것을 끌고 가는 운동을 하겠다는 거거든요. 그러니까 아까 말씀드린 것처럼 저는 여기에서, 학교 현장에서 각자의 역할들을 나눠 질 수 있지 않을까 하고 생각해 봅니다.

선행 학습 금지법이 추진되면서 추가 효과도 있을 거라고 저는 생각해요. 선행 학습 금지법에 교육과정 준수를 명시하면, 규제를 할 수 없겠지만 학교에서는 선생님들이 교육과정 준수 운동을 하는 거죠. 지난번에 김상봉 교수님도 말씀하셨잖아요. 배운 애들은 오히려 좀 옆으로 가라고 하고 배운 애들이 좀 불편해지는 구조, 그리고 미안해지는 구조, 내가 반칙을 했다는 것을 깨닫게 하는 구조로 선행 학습 금지법에서 선험적으로 조항을 넣고 그런 운동들을 한편에서는 벌여 나가는 거죠. 취지에 동의하는 학교의 교장 선생님과 선생님들은 우리 학교는 안 배운 걸로 가정을 하고 수업을 하겠다고 선언하는 거예요. 배운 애들은 옆에서 자습을 한다든가, 그 아이들을 괴롭힐 수는 없겠지만 어쨌든 배우고 온 애들이 수업 시간에 덜 재미를 느끼는 방식으로 교육과정을 준수하는 운동을 학교 차원에서 벌여 나가는 일이 필요하다고 생각합니다. 저는 선행 학습 금지법 제정을 계기로, 그동안은 수세적이었다고 한다면 학교가 공세적으로 해 나갈 수 있지 않을까 생각해 봅니다.

그리고 세 번째는요. 고교 입시와 고교 체제 문제입니다. 선지원 후추천 고교 입학 방식을 전면 도입하고 중학생들의 고입 사교육을 해결하자고 했는데요. 학교를 다양화한다고 해 놓고 사실은 학생의 성적에 따라서 갈 수 있는 학교 유형만 다양해진 거죠. 2011년 중학교 졸업할 때 최상위 5퍼센트 이내 학생 비중이 일반고 5.7퍼센트, 외고 53퍼센트, 자율형 사립고 18퍼센트예요. 그리고 경제 수준도 저희가 조사한 결과 똑같은 비율이에요. 결국 지금의 고교 체제는 자기 성적과 부모의 경제적 능력에 따라서 오히려 선택권을 제한하는 구조예요. 선택권을 보장하는 것이 아니라, 나는 저 학교 가서 좋은 교육을 받고 싶은데 50퍼센트 안 되니까 못 가, 그리고 부모님이 지원해 줄 수 없으니까 못 가, 선택권을 박탈하는 구조인 거예요.

서울의 H고등학교 사례예요. 저는 우리나라 학교가 너무 철학이 없다는 생각을 자주 하게 되는데요. 2009년에 일반고였다가 2010년은 자사고가 된 학교예요. 상위 10퍼센트 학생이 이렇게 늘어났다는 거죠. 일반고일 때는 상위 10퍼센트 학생이 42명 들어왔는데 자사고로 전환했으니까 128명 들어왔다고 그래프까지 만들어서 지역에 자랑하는 거죠. 이런 식으로 가면 지금 고교 체제는 심각한 거죠. 이것은 바로잡아야 되는 문제이고요.

신입생 전체

중학교 내신	2009년	2010년
-10%	42	128
-20%	52	105
-30%	51	106
-40%	51	54
-50%	37	34
-60%	47	0
-70%	44	1
-80%	38	0
-90%	31	0
-100%	26	1
합계	419	429

단위: 명

중학교에서 어렵게 시험 문제를 내는 이유가 있어요. 특목고 입시는 개선이 된 건 틀림없는데 지금 내신 중심으로 가잖아요. 외고는 영어 내신으로 보거든요. 그리고 과고는 수학, 과학 내신으로 가고요. 그러니까 밀집 지역에서는 변별을 해 줘야 하는 거예요. 문제를 조금만 쉽게 내 주면 1등급이 안 나오고 항의가 막 빗발친다는 거예요. 그런 요소들이 사실은 있는 거죠. 그래서 지금의 고교 입시 제도는 사교육을 분명히 잡은 효과가 있는데 중학교 교육 정상화라는 측면에서 보면 오히려 문제 풀이, 고난이도, 서열 내신 이런 필요를

진학 희망 고등학교 유형별 월 평균 사교육비 및 참여율(학부모 대상 설문)

구분		일반고	특목고 (외고/국제고/과고)	자율고 (자사고/자공고)	특목고 (예고/체고/마이스터고)
사교육비 (연 만 원)	초등학생	21.8	33.4	28.3	23.5
	중학생	26.1	40.1	36.7	21.8
참여율 (%)	초등학생	83.5	92.4	88.5	81.9
	중학생	73.5	86.8	83.1	64.3

자료: 교육과학기술부(2012. 2)

더 증대시킨 결과죠. 그렇기 때문에 고교 입시와 고교 체제는 반드시 해결해야 되는 상황이고요.

월평균 사교육비 보면 일반고도 높지만 21만 원이고, 특목고는 34만 원이거든요. 특목고가 훨씬 더 사교육비 지출도 큰 거죠. 연대 강당에 학부모들 모여 있고 설명회하는 모습을 보면 대입 설명회가 아니라 고입 설명회예요. 고입 체제가 변하면서 새로운 현상들이 최근에 생기고 있어요. 그래서 고교 입시 예측 및 학교 선택 전략 설명회를 사교육 기관에서 연세대를 빌려서 하고, 계단까지 빼곡히 들어와 있는 현상이 발생하고 있는 거죠.

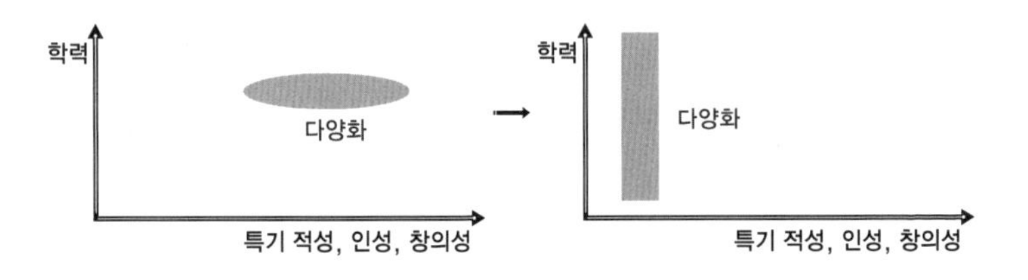

위 그래프는 이주호 장관의 《평준화를 넘어 다양화로》라는 책에 있는 거예요. 고교 체제를 다양화하면 이렇게 될 거라고 본인 책에 그래프로 그려 놨어요. 고교 체제를 다양화하면, 300 프로젝트를 도입하면, 학교의 수준은 전체적으로 학력은 올라갈 거고 훨씬 더 특기나 인성, 창의성에서는 다양한 교육이 될 거라고 쓰고 있거든요. 그런데 지금의 현실은 학교의 서열은 훨씬 더 예각화되고 교육 내용은 편명적으로 다양화되지 못하고 더 획일화된 거고요.

저희가 수직적 다양성만 추구하는 결과가 되었다, 서열화 되었다는 이야기를 2010년에 했었어요. 제가 수평적 다양성을 추

현행 고교 체제

고등학교

일반계고	특성화고	특목고	자율고	영재 학교
	전문계 특목고	과학고	자율형 공립고	
	특성화고	외고 국제고	자율형 사립고	
	전문계고	예술 체육고	기숙형고	
		마이스터고		

자료:고등학교 선진화를 위한 입학 제도 및 체제 개편 방안(교육과학기술부, 2009. 12)

구하다 수직적 다양성, 서열화만 하게 되었다고 했는데 요즘에는 그 이야기를 다 하더라고요. 그 이야기는 저희가 언어 특허가 있습니다. 그때 저희가 저 안에서 토론하면서 이것을 획일화, 평준화라고 표현하기는 조금 낡은 말이니까, '너희는 지금 다양성을 추구한다더니 수직적 다양성만 됐다.' 그랬더니 이 말이 쫙 퍼지더라고요. 그래서 토론회를 가면 수직적 다양성이 안 되고 수평적 다양성을 추구해야 된다는 말을 다 써요.

위 표를 10초 보여 드리고 지운 다음에 그려 보시라고 하면 아무도 못 그릴걸요. 일반고, 특성화고, 특목고, 자율고, 영재 학교가 있고 또 밑에 이렇게 주렁주렁 매달려 있어요. 이게 고교 체제예요. 그러니까 입시 설명회에 저렇게 안 모이겠어요? 저희 주장은 외고와 자사고는 일반고로 전환하자는 거고, 과고는 지금 너무 많으니 대폭 축소해서 좀 제대로 된 영재 학교를 만드는 것이 좋겠다는 거죠. 외고나 국제고, 그리고 과고가 축소될 때 영재 학교로 전환되는 나머지 과고들은 그냥 일반고로 와서 교육과정을 특성화하는 학교로 가자는 거예요. 굳이 고교 체제를 복잡하게 성적으로 자르고 등록금을 달리할 필요가 없으니 그냥 일반고로 다 단순화하고 교육과정을 특성화하는 게 바람직하다는 겁니다.

영재교육이 필요하니까 과고 중에 몇 학교를 제대로 된 영재학교를 만들면 되는 거죠. 자사고도 자율권을 확대해 주면 되는 거니까 그것 때문에 굳이 성적과 부모의 경제적 수준을 선택권을 제약할 필요가 전혀 없고요. 그냥 일반고 안에서 자율권을 보장하고 다양한 교육을 하면 되는 겁니다. 그러니까 헷갈리게 하지 말고 단순화해서 일반고로 들어오라는 거예요. 지금의 예술고, 체육고랑 실업계 고등학교는 진짜 특성화 된 프로그램이니 특성화고로 다 묶으면 됩니다. 이렇게 하면 단순화되는 거 아니냐는 거죠.

좀 단순해지나요? 이렇게 정리하니깐 저도 마음이 시원했어요. 현 상태에서 고교 체제를 어떻게 할까 고민하기보다 깔끔하게 정리하니깐 시원한 느낌이 들더라고요. 그리고 이제 선발 방식은 일반고는 선지원 후추첨 선발을 하자는 거예요. 저는 뭐 개인적으로는 근거리 배정하는 방식도 나쁘지 않다고 봅니다. 그런데 워낙 지금은 선택권 요구가 커서 되돌리기 어렵다고 하면, 그리고 일반고가 정말 다양한 교육을 실시한다고 하면 입시 경쟁 선택권이 아니라 정말 다양한 교육에 대한 학생과 학부모의 선택권을 보장하는 것은 오히려 좀 긍정적으로 작용할 수 있겠다고 보여서 일반고는 선지원 후추첨하는 방식으로 가자는 겁니다. 지금 서울시 교육청이 하는 방식이 되겠죠.

제가 선후가 잘못되었다고 말씀드렸잖아요. 그러니까 선지원 후추첨을 먼저 하는 게 아니라 고교 체제를 먼저 단순화하고 선지원 후추첨을 도입해야 하는 거죠. 고교 체제를 단순화하고 다양성 자율권을 보장하고 선지원 후추첨으로 가야 하는데 이 순서가 바뀌어 있는 거예요. 특성화고는 관련 과목 내신 성적 같은 걸 볼 수 있겠죠. 예술고는 음악, 미술 관련 성적이라든가, 그리고 서류 면접 실기 시험을 볼 수 있겠죠. 애니메이션고등학교, 자동차고등학교 이런 데에서요. 부산 영재 학교 같은 경우는 입학사정관제 선발을 지금도 잘하고 있거든요.

제가 교사로 재직했던 숭실고등학교는 일반 고등학교잖아요. 고교 체제가 이렇게 되고 선지원 후추첨이 되면서 고등학교가 어떤 방식으로 대응하는지 아세요? 일반고도 살아남아야 하니까 상위권 애들을 더 특별하게 관리하기 시작해요. 상위권 애들이 얼마 안 들어오잖아요, 자사고로 빠지니까. 제가 애들한테 그랬어요. "너희 똑같은 돈 내고 대우 참 다르게 받는다."라고, 등록금은 똑같이 내는데 공부 잘하는 애들은 완전 귀빈이에요. 교장 선생님까지 이름을 다 알아요. 그래서 특별반을 편성해 주고, 도서실도 특별실을 따로 해 주고, 그 아이들만 해서 어떻게 서울대, 연고대 성적 내 볼까 하는 방식으로 대응을 하거든요. 그래서 이게 정책만이 아닌 게, 제가 운동이라고 말씀드렸잖아요. 학교에서 이런 부분들에 다른 선택을 할 수 있어야 될 거라고 봐요. 왜 정말 우리는 그런 방식으로밖에 대응을 못 하는지, 교육현장이 너무나 천박해졌다는 그런 느낌이 되게 강하거든요. 고교 체제와 관련해서도 그런 고민을 해야 될 것 같습니다.

네 번째는 내신제도와 관련 이야기인데요. '선진국형 학교 성적 산출 제도를 도입해서 5년 내 학교 시험 대비 사교육 문제를 해결하자.' 한 줄 세우기, 단답식, 주입식, 패턴화 된 학교 시험이 내신 시험 대비 사교육에 근본 원인이죠. 옆 학교 A학교, B학교, C학교가 다 똑같은 진도로 똑같은 방식으로 나가니까 내신 대비가 가능한 거잖아요. 선생님이 할 수 있는 일도 별로 없고, 그러니까 대학들은 고교 성적을 무시하죠. 선생님들은 재미없고……. 저는 교사 등대지기 학교도 그렇고, 사교육걱정없는세상에 와서 사실은 제가 행복해지는 길을 이렇게 찾고 있는 거거든요. 자기 효능감이 높은 거예요. 자기 효능감 질문은 '나는 아이들한테 긍정적인 영향을 끼치고 있다.'인데, 우리나라 교사들은 그렇지 않다고 대답하고 있는 거고요. 저한테 물어봐도 좀 그런 것 같았어요.

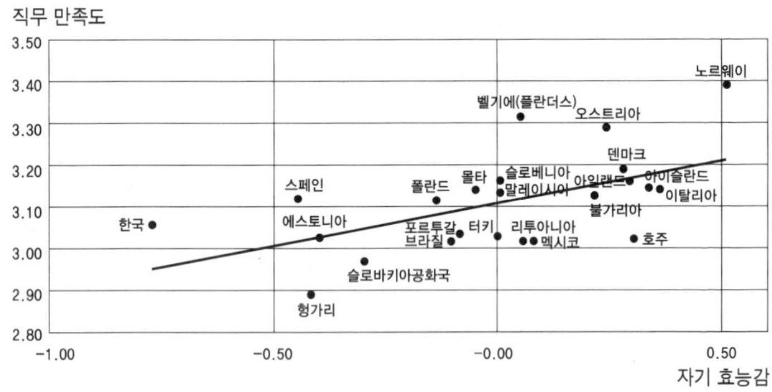

자료 출처 : OECD, TALIS 데이터 베이스(2009)

대안은 절대평가로 가야겠죠. 그리고 학년 평가에서 학급별, 교사별 평가로 가야 합니다. 그런데 현 정부에서도 절대평가 발표했거든요. 아까 말씀드렸지만 고교 체제가 서열화 되어 있는 상태에서 절대평가를 도입하는 것은 아주 위험합니다. 그래서 고교 체제를 해결하는 것, 그리고 입시 제도와 맞물려서 가야 되는 문제가 있는 거고요. 최근에 이런 논의들은 아주 활성화되어 있는 상황인 것 같아요.

그런 이야기 많이 들으셨죠? 미국에도 SAT 대비 사교육은 있어도 내신 대비 사교육은 없다는 이야기 말이죠. 다 다르니까요. 이게 미국에만 있는 게 아니라 대구에도 사례가 있었다고 해요. 대구의 능인중학교에서 국어 선생님들이 수행평가를 교사별 평가로 한 거예요. 그러니까 동네에 있는 학원이 능인중학교 학생들은 우리 학원에 오지 말라고 했대요. 대비해 줄 수 없다고요. 그런 방식의 실천들이 시작되고 있어요. 저희가 해 보려고 2~3년째 꽤 애를 쓰고 있습니다. 내신제도를 바꾸면 새로운 학교 성적표를 만들 수 있을 거라고 생각해요. 학생 평가 결과를 가지고 만든 피드백 자료가 되는 거죠.

유럽이나 미국에서 학교에 가면 교과 담임 선생님과 교과에 대한 이야기를 많이 할 수 있다고 해요. 학부모는 성적표와 학생이 수업 시간에 작성한 자료들을 가지고 이야기를 나눌 수 있는 거죠. 성적표가 대화의 매개 고리가 되는 거죠. 대학은 미사여구로 점철되는 것이 아니라 학생의 교과에 대한 열정과 잠재력 등을 종합적으로 평가한 자료라고 하면 신뢰도 높은 입학 자료로 쓰일 수 있지 않겠는가 하는 거고요. 저희가 그런 운동을 벌였는데 지금은 조금 정체 상태에 있지만, 이번 교사 등대지기 학교가 이 부분에 대한 새로운 돌파구가 되어 주면 좋겠습니다.

그런데 저희가 해 보니까 개인 단위 실천은 굉장히 어려운 것 같아요. 그래서 최근에 혁신학교처럼 모일 필요는 분명히 있는 것 같아요. 아까 말씀드린 것처럼 선행 학습처럼 교육과정 준수 운동을 벌이고, 한편에서는 학년으로 좀 모이고요. 물론 정책이 바뀌어야 되겠지만 초등학교, 중학교 정도에서는 학교장 차원에서만 정책적으로 배려해 주고, 의욕을 보이는 교사를 한 학년에 묶어 주고, 그 교사들끼리 협의가 잘될 수 있으면 지금도 충분히 할 수 있거든요. 그런데 학교에서 혼자 하는 건 힘든 것 같아요.

저는 개인적으로 사실은 혼자 학교에 있는 경우 너무 애쓰지 마시라고 말씀드리고 싶어요. 제가 약간 그런 방식이거든요. 저도 약자고 피해자인데, 너무 좋은 교사가 되려다 보니까 선생님들이 너무 피곤한 것 같아요. 오히려 약자인 학생과 연대해서 놀 궁리를 찾아보시는 게……. 제가 〈완득이〉 보면서 위로를 받았어요. 〈완득이〉에 나오는 교사, 그 배우가 학교에서 보면 좀 불성실한 교사더라고요. '아, 그래. 내가 추구하는 롤모델이야.' 애들이랑 끈끈함이 있고, 정확하게 정서를 교류하는 게 있잖아요.

학교 단위로, 최소한 학년 단위로는 모일 필요가 있겠다는 거예요. 그래서 초등학교 같은 경우 한 학년으로 모이는 게 있잖아요. 서울 교육청에서 수행평가, 정기 고사하고 수시 고사 체제로 가자고 하니까 이제 수시로 객관식 시험을 보는 체제로 가서 힘들어졌는데, 그런 방식이 아니라 학년으로 좀 모일 수 있다고 하면 그때는 그 학년에서 할 수 있는 게 가능하죠.

선진 내신제도 도입을 위한 6대 지원 요소

선행 학습을 없애기 위해 필요한 6대 지원 요소를 발표했습니다. 선행 학습 금지가 교사의 능력, 헌신으로만 되는 게 아니니까요. 고교 입시와 고교 체제 단순화가 되어야지 중학교에서 할 수 있는 거예요. 지금 영어와 수학, 과학 내신을 반영하는 구조에서는 촘촘한 서열을 내야 하기 때문에 그런 시도를 할 수가 없어요.

정책 대안(3):선진 내신제도 도입을 위한 6대 지원 요소

제1요소:고교 입시 해소와 고교 서열 체제 단순화
제2요소:수능 자격 고사 전환
제3요소:대학별 고사 금지를 비롯한 대학의 자의적 선발권 규제
제4요소:모집 단위(전공)별 특성에 따른 필수 교과(내신과 수능 반영 과목) 지정
제5요소:선택 교과에 대한 논/서술형 절대평가 '수능II' 도입
제6요소:정보 공개 활성화와 평가제 실명제 등 내신 부풀리기 방지 정책 시행

홍세화 선생님이 지난 강의에서 인상 깊은 말씀을 하셨어요. 프랑스 교사가 너희 나라 선생님들은 대단하다고 했다는 거예요. 나는 A, B, C, D 정도로밖에 구분을 못 하겠는데 너희는 어떻게 그렇게 촘촘하게 구분할 수 있냐고 말이죠. 객관식으로 시험을 내서 서열을 세웠을 거라고는 상상을 못 하는 거죠. 그러면서 어떻게 얘는 99점이고, 얘는 98점이고, 얘는 97점인 것을 교사가 알 수 있냐고 의아해했다고 해요. 지금은 제도가 그걸 요구하고 있거든요.

물론 나라마다 문화적인 면이 있지만, 제도적인 면이 더 크다고 봐요. 최소한 고교 입시에서 제도적으로 풀어 주면 가능하죠. 지금 대학 입시 같은 경우 워낙 치열하게 경쟁이 붙고 있기 때문에 어려운 면이 있지만, 초등학교, 중학교, 고등학교에서 실험하기 시작하면 충분히 가능하다고 봅니다. 1단계로 고교 입시 문제와 고교 서열 체제를 단순화하면 초등학교, 중학교에서는 지금 당장 전면 도입할 수 있죠. 그걸 실험하는 학교들이 나오면 되는 거예요. 고등학교는 선택 교과부터 우선 도입하자는 거고요. 그

선진국형 내신제도 3단계 도입 방안

	선진 내신 적용 범위	선진 내신 지원 요소
1단계	•초등학교와 중학교 전면 도입	•고교 입시 해소와 고교 서열 체제 단순화
2단계	•고등학교 선택 교과 우선 도입	•수능 자격 고사 전환 •대학별 고사 금지 •모집 단위(전공)별 특성을 고려한 필수 교과 지정 •선택 교과에 대한 논/서술형 절대평가 '수능 II' 도입 •내신 부풀리기 방지 정책 시행
3단계	•고등학교 전면 도입	*선진국형 내신제도가 고교에서 정착되고 사회적 신뢰도가 높아지는 시기에 전면적으로 확대

리고 선택 교과를 우선 도입하기 위해서는 수능은 자격 고사로 전환되어야 하고, 대학별 고사는 금지되어야 하고, 3불 정책은 법제화되어야 하고, 모집 단위별 특성을 고려한 필수 교과 지정과 수능2 도입 등이 필요합니다.

그리고 선진국형 내신제도가 정착되고 사회적 신뢰도가 높아지는 시기에 전면적으로 확대되는 과정을 거칠 거라고 보는 것입니다. 이렇게 3단계로 제안했고, 이 과정은 시간이 10년 정도 걸릴 것으로 예상됩니다. 그래서 2022년으로 정했던 거고요. 막연한 상상이 아니라 합리적으로 계획하고 기획해 볼 수 있는 상상이라고 생각해요.

다섯 번째는 수능 문제와 대입 제도의 문제입니다. 수능 자격 고사 선진국형 학교 성적으로만 대학 가는 제도를 10년 내에 전면 도입하자는 것입니다. 현황 및 문제점은 선발의 공정성과 객관성만이 지배하는 대입 전형의 폐해가 크다는 것이고, '죽음의 트라이앵글'보다 더한 입학사정관제가 문제라는 것입니다. 박도순 전 교육과정평가원 원장님과 허경철 박사님이 사석에서 농담을 하셨다고 해요. "애들 대학 뽑을 때 사실은 가위바위보 해서 뽑아도 된다, 그러고 잘 가르치면 된다, 이렇게 할 필요 없다."라는 이야기이거든요. 고등학교는 방학 때가 닥치면 보충수업 교재 정하는 게 일이에요. 저는 나름대로 꼼꼼하게 했었거든요. 열 개 책을 갖다 놓고 보면서, 힘들었어요. 일정 연수 가서 다른 학교 선생님께 어떻게 하시냐고 물어봤더니 그분이 뭐라고 대답했는지 아세요? 방학 때 되면 출판사에서 보충 교재로 써 달라고 가져다 놓은 책들을 잡아서 휙 던진대요. 그리고 제일 멀리 가는 거 선택한대요.

제가 그 이야기를 듣고 눈이 열리는 것 같은 깨달음을 얻었어요. 저는 그런 태도가 우리 교육에 필요하다고 봐요. 그래서 그걸 가지고 잘 가르치는 거죠. 사실 큰 차이 없다는 거예요. 김상봉 교수님 말씀 중에 제일 인상적이었던 건, 평균적인 수준까지 이끌어 주면 거기서 뛰어난 애들은 나온다는 말씀이었어요. 그런 제도로 가자는 거예요. 그 방식이 수능 자격 고사로 가는 방식이고, 그다음에 선진국형 학교 성적 내신제도로 뽑는 것이고, 이것을 촘촘하게 변별하겠다고 하면 안 된다는 거예요.

최근에 그런 문제의식을 가지고 입학사정관제를 도입은 했죠. 입학사정관제가 이런 방식의 철학은 아니죠. 현재의 입학사정관제는 정규 수업과 문제 풀이, 객관식, 줄 세우기 같은 평가는 그대로 하면서, 꼭 사교육이 아니더라도 딴 데 가서 스펙을 쌓아 오라고 하기 때문에 문제가 되는 거예요. 그러니까 고등학교는 어떻게 하는지 아세요? 상위권 애들 들어오면 따로 특별 관리하는 것 중에 하나가 선생님 한 명 붙어서 관리해 주는 전공 동아리를 만드는 거예요. 애들은 전공도 못 정했는데 이런 해프닝들이 벌어지고 있거든요. 지금 입학사정관제도 학교 밖에서 스펙을 쌓는 것은 제대로 된 방식이 아니라는 것입니다. 죽음의 트라이앵글이 아니라 죽음의 펜타곤, 죽음의 헥사곤이 되는 거죠.

서울대학교 2012학년 정시 모집 단위별 수능 반영 방법

모집 단위(계열)	언어	외국어	수리	사회/과학/직업 탐구	제2외국어/한문
인문 계열	100	100	125★	75	25
자연 계열	100	100	125	75	

서울대부터 수리 영역에 가중치를 주는 거예요. 우리나라 대학들이 이런 방식의 철학을 가지고 있어요. 국문과를 가려면 수학을 잘해야 한다, 국문과를 가려는 애가 수학 능력이 뛰어날 리가 있나요? 그러니까 국문과에 가기 위해서 입시 준비를 어떻게 해야 하냐면, 자기는 국어에 관심이 있고 열정이 있는데 국어 시간은 줄이고 수학 사교육을 받아야 되는 거예요. 수학은 혼자 하기 어려우니까, 자기 적성이 아니니까요. 서울대 국문과에 가기 위해서 중학교 고등학교 과정에 자기가 관심이 있는 국어에 대한 관심을 줄이고 수학 선행 학습 학원을 다녀야 해요. 그게 지금 우리의 입시 구조예요. 그런 입시 구조를 고등학교 교사들이 더 이상 타협해서는 안 돼요.

수학 사교육 포럼 대표하시는 최수일 선생님은 중학교, 고등학교 시험 문제를 쉽게 내야 한다는 거예요. 제가 "그럼 학부모들이 항의할 텐데요."라고 하면, "아니, 그래서 만점이 나와도 1등급이 안 나오고 그래야지 사람들이 강남에 안 몰리고 다른 데로 이사 갈 거 아니야."라고 이야기하세요. 제가 서울 교육청에 같이 갔을 때 또 깜짝 놀랐어요. 서울 교육청 수학 관련 담당 장학

관이 같은 이야기를 했더니, 어떻게 강남에 있는 애랑 지역에 있는 애랑 1등급이 같을 수가 있냐는 거예요.

이게 말이 되는 이야기인가요? 중학교에 교육과정이 있고 성취 기준이 있는데 교육청의 수학 담당 장학관의 생각 속에는 강남의 1등급과 지역의 1등급은 다르다는 생각을 갖고 있어요. 최수일 선생님은, "아니, 강남에서 교육과정에 근거해서 시험 문제 내고 100점이 많이 나오면 거기에 몰려 사는 사람들이 책임을 져야지 교사가 타협하면 안 된다."고 주장하는 거예요. 깔끔하잖아요. 저는 사실 생각이 좀 많은 편이거든요. 선생님 입장도 이해가 되고, 학부모들 입장도 이해가 되고, 제도도 바꿔야 되고 이걸 어떻게 해야 할까 하는데 최수일 선생님은 깔끔하게 정리하시더라고요. 그냥 교육과정에 근거해서 내면 되고, 그렇게 하면 사람들이 이사 안 오고, 있는 사람들이 이사 간다는 거죠.

그런 실천이 필요한 것 같아요. 그런데 이것은 혼자 하기는 힘드니까 모여서 하는 거죠. 사교육걱정없는세상이 교사 등대지기 학교를 끝내면, 졸업 여행을 갔다 와서 이런 이야기를 집단적으로 하는 그룹이 우리 사회에 생기는 거죠. 교사 등대지기 학교가 그런 출발점이 될 거라는 강력한 기대가 사실 있습니다. 그런 교사들이 응집력을 발휘하는 어떤 출발점이 될 것이고, 그렇게 모인 교사들이 지금 200명이 채 안 되지만, 다양한 방식으로 목소리를 내기 시작하면 거기서 나오는 사회적 영향력은 훨씬 클 거라는 확신 같은 기대감이 있습니다.

저희가 수리 논술을 분석하고 있는데, 수학 선생님들이 전수조사하고 있거든요. 한 열 개 대학 정도 수리 논술 문제를 싹 조사해서 제일 나쁜 대학을 하나 골라서 총장님한테 선행 학습 부추김 상 드리려고 쫓아다니는 거죠. 그렇게 쫓아다니면서 '선행 학습을 이렇게 부추겨 주셔서 감사드립니다.' 하고 총장님한테 반드시 전달하고 마는 식으로요. 고등학교 교사들이 진짜로 그렇게 해야 돼요. 고등학교 교사들이 당신네 대학들 정말 이딴 식으로 하면 안 된다는 강력한 메시지를 보내야 해요. 우리 교사들은 좌절하거나, 뺀질거리거나, 어떤 분들은 아주 열심히 해 주시거나 대체로 이 세 가지 방식이잖아요. 그러니까 다른 방식의 실천이 시작되어야 할 것 같아요.

수능 자격 고사는 학교가 수능 준비 부담에서 벗어나 다양한 수업과 평가를 시도할 수 있는 기본 환경을 제공하는 역할에 그쳐야 한다는 것입니다. 수능으로 줄 세우기 해서는 불가능하거든요. 고교 입시 해결해 주면 중학교는 학교에서 이제 하기 나름이에요. 학교에서 못 하는 거지 제도가 막는 요소는 사실 없습니다. 지금도 사실 초등학교는 제도가 막는 요소는 없는 거예요. 문화가 막는 거고, 학교장이 막는 거고, 동료 교사가 막는 거고, 학부모가 막는 거지 정책과 제도가 막는 요소는 없어요. 그러니까 모이면 할 수 있거든요. 중학교도 고교 입시, 고교 체제만 해결되면 할 수 있어요. 지금도 국어, 사회 교과에서는 할 수 있어요. 국어, 사회 교과에서도 정책과 제도로는 아무런 문제가 안 돼요.

그리고 고교 입시, 고교 체제를 해결하면 수학, 과학, 영어도 할 수 있는 거고요. 수능이 바뀌면 대학교에서도 선택 교과부터 시작할 수 있어요. 절대평가 5등급의 객관식으로 실시해야 한다는 것은, 상대평가 100명 중에 열 명 쓰고 이런 게 아니라 수우미양가로 나눴을 때 10퍼센트 정도 수가 나올 거라고 하면 거기서 더 줄 세우기는 하지 말자는 거고요. 그리고 3불 정책은 법제화하자는 겁니다.

그러면 남는 것은 제대로 된 변별력을 어떻게 확보할 것인가입니다. 점수 위주의 변별에서 제대로 된 변별력을 확보하는 방식은 학습 성장 기록부에 있습니다. 초등학교, 중학교부터 우리가 학습 성장 기록부를 만들어서 5년, 10년 후 고등학교로 밀고 올라온다면, 선택 교과가 시작되고 그 과정에서 입시 제도가 호응하는 방식으로 조금씩 변해 주고, 대학이 그런 걸 유도하는 방식으로 전형을 운영해 간다면 충분히 가능합니다. 수능과 내신으로 기본적인 역량이 되는 학생들을 뽑을 때는 '아, 네가 얼마나 국어에 관심이 있었는지, 너의 고등학교 수업 경험으로 한번 보자.' 이렇게 되는 거죠. 점수는 이만큼이니까 됐고, 점수는 치워 두고 그동안 국어 시간, 사회 시간에 했던 수업 속에서 얻은 경험을 적은 자기 소개서를 읽어 보는 거예요. '아, 너는 수업 시간에 이런 깨달음을 얻었구나.' 하고 알 수 있는 경험들을 적게 하고, 그런 결과물들을 교사들이 추천하면 대학은 그걸 보고 뽑으면 되죠. 그리고 좀 덜 뽑혀도 돼요.

좋은 대학 100개가 만들어지기 시작하면 지금 가나다군이니까 가군에서 떨어지면 나군의 대학에 합격하면 되고, 다군에 합

수능II 시험 체제(예시)

교시	영역	출제 범위
1	인문 선택	국어, 화법, 작문, 독서, 문법, 문학, 한국사, 동아시아사, 세계사, 도덕, 철학, 논리학, 심리학, 교육학, 종교학 등
	수리 선택	수학, 수학 I, 수학 II, 미적분과 통계 기본, 적분과 통계, 기하와 벡터
2	사회 선택	사회, 한국 지리, 세계 지리, 법과 정치, 경제, 사회 문화
	과학 선택	과학, 물리 I/II, 화학 I/II, 생명과학 I/II, 지구과학 I/II

격하면 되거든요. 자기가 대충 원하는 대학에 들어가는 거고, 그 다음에 가르치는 경쟁하면 되는 거죠. 그럼 그 속에서 제대로 된 학생이 천재가 되기 위해 공부하러 대학원에 가는 거죠. 대학원에 가서 제대로 공부하는, 이런 체제가 만들어져야 하는 겁니다. 그리고 그 과정에서, 과도기에서 논술형 수능2가 필요합니다. 지금은 대학이 논술을 진행하니까 문제가 되잖아요. 그러니까 국가가 관리하는 방식으로 바꿔야 합니다. 거기에 더해서 무분별하게 변별력을 확보하는 방식이 아니라 전공별 모집 단위를 지정해서, 그 단위에서는 어떤 공부를 했으면 좋겠다는 정도를 정하는 거죠. 그리고 한 학생이 인문계 논술도 보고 수리 논술도 볼 수 없도록 아예 1교시에 선택을 하도록 하는 거예요.

국가가 관리하면서 교육과정을 착실하게 준수하게 하는 방식을 과도기 10년 동안 고민해 볼 수 있다는 것입니다. 그리고 궁극적으로는 이것도 학업 성취도 평가 수준으로 격하시키고 입시 선발 자료로는 쓰지 말고, 수능 자격 고사랑 학습 성장 기록부만 가지고 선발하는 체제로 궁극적으로 이행하자는 거고요. 정보 공개가 되면 추천한 사람들이 실명으로 남기 때문에 대학교에서는 그것들을 효과적으로 축적하고 그것을 대학교 안에서 네트워크, 공동 관리를 할 수 있거든요. 제도가 바뀌고 정보가 공개되면 충분히 가능하다고 봅니다.

처음 절대평가 도입했던 시기와 지금의 상황은 분명히 다르다고 봅니다. 그때를 기억하면서 많은 분이 절대평가, 교사별 평가에 대해서 트라우마를 갖고 계신데 분명히 다른 상황이 전개되고 있다고 보고요. 그 내용을 정리한 10년의 로드맵입니다.

그리고 사교육 영향 평가는 당장 시작하자는 거예요. 연구원

선진국형 내신 100퍼센트 대입 전형 도입을 위한 로드맵

연도	정책 방향	주요 내용
2012년 말	새로운 대입 제도 예고	•수능 시행 계획 3년 전 예고
2013~2015년	현 대입 제도 유지 및 운영 개선	•쉬운 수능 기조 유지 •대학별 고사 금지 •모집 단위/전공별 특성화 전형 실시 •내신에 대한 과정 평가/질 평가를 통한 입학 전형 점진적 확대
2016~2020년	새로운 대입 제도 시행	•자격 고사 수능 •선진국형 내신 중심 선발 확대 •과도기 수능II 시행
2021년 이후	선진국형 내신 100퍼센트 대입 전형 정착	•수능II 폐지

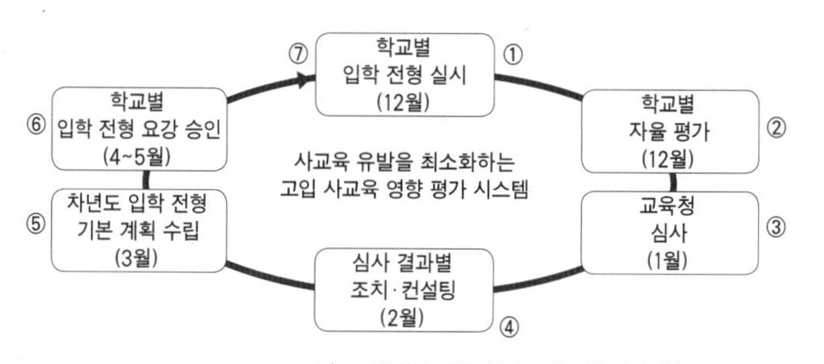

자료:고등학교 입학 전형 사교육 영향 평가 매뉴얼(교과부, 2010)

들이랑 다 같이 고생해서 12개 대학 대입 전형 평가를 해 보니까요. 사교육 유발 영향 평가를 할 수 있겠더라고요. 그래서 대학교의 입시를 고교와 학생과 학부모가 감시하고 견제하는 기능들을 수행해야겠다고 생각합니다. 대학을 혼내는 방식이 아니라 대학과 합의하는 방식으로 할 수 있겠다는 겁니다. 이런 논의들도 상당히 진행되고 있습니다.

지난 대선 후보 중 한 사람이 내건 교육 공약을 말씀드릴게요. 수능과 내신 위주로 입시 제도를 단순화하고, 평준화를 강화해 특목과와 자사고를 포함하여 학교 체제를 단순화하겠다고

합니다. 입학사정관제도를 폐지하고, 사회적 약자를 위한 전형을 강화하겠다는 공약입니다. 정몽준 이야기였어요.

지금 우리 사회에 두 가지 현상이 있는 것 같아요. 저희 눈에 주로 보이는 하나는 신자유주의 경쟁이죠. 우리나라 보수의 특성, 못 버리는 어떤 습성이라고 볼 수 있어요. 그런데 한편에서는 교육 문제에 대한 합의도 형성되고 있는 것 같아요. 정몽준의 공약이 상징적인 사건이라고 봅니다. 고교 체제를 단순화해야 한다, 수능 내신 위주로 된 입시를 단순화해야 한다는 게 그냥 몰라서 한 이야기일 수 있을까요? 보수가 이런 주장을 한다고 하는 건 어떤 흐름이 만들어지고 있다는 것이고, 이유는 다를 수 있겠지만 더 이상 보수의 입장에서도 지금의 교육을 그냥 둘 수 없다는 거죠. 이유는 다르고 그 안으로 들어가면 좀 논쟁이 생기겠지만, 소위 합리적 좌, 합리적 우라고 하는 그런 틀 속에서는 공감대가 만들어지고 있는 것이라고 봅니다.

저는 외고 입시를 보수 정권에서 개혁했다고 하는 것도 아주 상징적이라고 보거든요. 물론 우리 단체가 잘해서 된 것도 있죠. 그렇지만 정권 차원에서 의지가 있었던 것이거든요. 보수 정권에서 그 의지를 가졌다는 것이 사교육비라고 하는 정치적인 이유도 있지만 그것이 함의하는 바가 있다고 봐요. 김상봉 교수님도 그런 이야기하셨잖아요. 어떤 지점을 지난 것 같다고, 때가 무르익었다는 느낌을 곳곳에서 받아요. 진영 논리에 갇히지 않고 합리적인 이야기들과 소통하려고 하는 사교육걱정없는세상의 역할이 상당히 중요한 때인 것 같아요.

대학 체제 이야기들은 많이 들으셨죠? 사교육 문제를 해결하겠다는 교육 시민단체에서 대학 체제 개편을 이야기했던 이유가 있는 거죠. 정권이 바뀔 때마다 입시 제도를 개편해 왔는데 그 것으로는 근본적인 한계가 있다는 것이고 결국은 대학 체제에서 경쟁 자체를 완화해 줘야 하는 문제가 있다고 본 거고요. 좋은 대학 100개를 만들어야 한다는 거죠.

대학으로 인한 고통이 너무도 큽니다. 저희가 지금 선행 학습 금지와 대학 체제 개편 운동 두 가지를 강하게 밀고 있는데 정말 민생 이슈거든요. 저는 이 이야기를 어떻게 소통할 수 있을까가 고민이에요. 반값 등록금은 민생 이슈인데 대학 체제 하면 사람들이 조금 멀게 느끼거든요. 사실 대학 체제야말로 민생 현안이에요. 입시 교육에 시달리는 아이들이나 사교육 부담을 진 부모나 아니면 높은 대학 등록금을 내고 들어가서 교육을 제대로 못 받는 젊은이들이나 모두가 문제를 안고 있습니다.

대학이 지금 원수거든요. 뜨거운 감자예요. 대학을 안 갈 수는 없는데 정말 나한테 해 주는 것은 없고 나를 무지하게 괴롭히는 존재가 대학이거든요. 이 대학의 문제를 국민이 딱 잡아서 해결해야 한다고 나아가야 할 때이거든요. 저희가 작년부터 밀고 있는데, 질적인 도약의 시점까지는 아직 미흡하지만 그것을 만들어야 하는 과제가 우리한테 있는 것 같아요.

이번에 대학 체제 전국 공청회를 다녀왔는데요. 조선대학교에 걸려 있는 사진이에요. 대기업 취업 등용문 조선이공대학교 이렇게 되어 있고요. LG 몇 명, S-OIL 네 명, 공공 기관 열두 명, 직업군인 스무 명, 이게 학원에서 보던 장면이잖아요. 우리 사회 교육이 정말 갈 데까지 가고 있다는 거예요. 학원에서만 했는데 어느 순간부터 고교에서 하기 시작하더니, 이제 대학에서 이러고 있는 거예요. 이게 참 웃지 못할 일이죠.

지금 좋은 대학 기준이 이런 거예요. 그래서 작년에 좋은 대학 100개를 만들자고 24회에 걸쳐 전국에서 토론회를 열었어요. 진로 적성 성적 수준에 따라서 전국적으로 좋은 대학 100개를 만들면 문제를 해결할 수 있다는 거고요. 선택의 폭이 넓어질 것이고, 그러면 대학 입시가 갖고 있는 부담이 줄어들죠. 지금은 경쟁이 워낙 치열하니까 아무리 바꿔도 거기에서 다 하중을 받는 것이거든요. 그러니까 왜곡될 수밖에 없는 건데, 대학 체제 자체가 이렇게 좀 바뀌면 입시 제도가 훨씬 편안해질 수 있죠. 예를 들어서 특목고 고교 입시 체제가 치열하다고 하지만 사람들이 '그래, 못 가도 그만이지.'라는 마음이 어느 정도 있는데 대학은 그런 문제가 아니잖아요. 대학을 그렇게 만들어 줘야 해요. 심리적인 어떤 안정감을 줄 수 있는 수준을 만들어 줘야 하거든요. 그래야지 대학 입시 체제 고교 교육 이런 부분이 풀려 나갈 수 있는 거죠.

그리고 또 하나는 다양화, 특성화예요. 좋은 대학의 가치는 공공성과 다양성과 전문성이 있어야 한다고 봐요. 제가 생각하는 좋은 대학의 세 가지 가치는 공공성이 있어야 하고, 그건 정부의 투자도 그렇고 대학을 다니는 사람의 마음가짐도 그렇고, 공공적 마인드를 갖고 다녀야 하는 거예요.

또 대학은 다양성이 있어야 된다고 생각해요. 만약에 대학에 30~40퍼센트 정도 가는 때면 대학을 평준화해도 될 것 같아요. 거기는 학부니까 대학원에서 제대로 공부하면 되지 학부에서 촘촘하게 할 필요는 없을 거라고 저는 보거든요. 그래서 대학이 학문 중심으로만 간다고 하면 대학을 평준화하는 것이 아닐 수 있다고 생각해요. 그런데 지금의 사회에는 대학이 그것만 요구하고 있지는 않거든요. 개인 입장에서 봐도 대학을 가는 이유가 공부와는 다를 수 있어요. 내가 학문적으로는 관심이 없어도 내가 좋아하는 어떤 분야에 대해서는 고등교육을 받고 싶다고 생각할 수 있거든요. 그렇기 때문에 대학을 평준화하는 것은 어렵다고 저는 봐요. 그래서 대학은 다양성이 확보되어야 하고 선발의 기준도 다양해져야 하는 거다, 오히려 이렇게 보는 거죠.

그리고 그 다양한 대학 기관이 아이들을 뽑아서 전문적인 교육을 하는데, 공공적인 마인드 위에서 그 전문성을 길러 줘야 되는 거예요. 그것이 개인의 진로와 적성을 구현하고 실현시켜 주는 길이라고 보고 사회로 보면 사회에 도움이 되는 방식으로 소위 국가 경쟁력에 도움이 되는 방식으로 대학 체제가 변하는 거라고 봅니다. 이 두 가지의 방향성을 가지고 대학 체제 개편을 끌고 가야 한다고 보고요. 지금은 적대적 경쟁을 하는 옆에 있는 대학이 죽어야지 내가 사는 방식인데 그것이 아니라 옆의 대학과 역할 분담을 하는 방식이 되어야죠. 지금은 다 팔면서 제대로 된 물건은 없는, A대학도, B대학도 모든 걸 사람들한테 다 제공해 주면서 제대로 하는 건 하나도 없는 구조입니다. 그런데 역할 분담과 선택과 집중, 그러면서 대학 체제가 다양성을 확보하는 방향으로 가기 위해서는 대학이 적대적 경쟁을 벌이는 방식이 아니라 공동 협력하는 방식이 되어야 한다는 것이고, 그것을 정부가 책임지고 이끌어야 한다는 것입니다. 개별 대학은 시장에 맡겨 두면 돈 되는 방향으로 움직일 수밖에 없어요.

그런 방식의 선택과 집중이 필요합니다. 정부가 규제하려는 것이냐고 말씀하시는데 그런 다양성을 확보하기 위해서는 공공성을 확보하기 위해서는 정부가 개입해서 시장에 휘둘리지 않도록 끌고 갈 때 오히려 다양성은 확보될 수 있는 거고, 개별 대학에 자발성이나 창의성도 증진될 수 있는 것이거든요. 정부가 그런 방식으로 마스터플랜을 제시하고 끌고 가야 한다고 보는 거고요.

그 역할에서 고등교육위원회가 핵심이라고 봐요. 그래서 3단계 추진 전략을 세웠어요. 일을 하는 과정에는 층위가 있게 마련입니다. 현장에서 우리가 해야 될 일이 있어요. 개별적으로 해야 될 문제가 있고, 집단적으로 저항하고, 때로는 격렬하게 항의해야 될 때가 있고, 어떤 방식에서는 공동 실천을 모색해야 될 게 있고, 제도적인 요구를 해야 될 게 있습니다. 그런 것이 모여서 결국은 입법 청원 운동으로 가야 되는 거죠. 이 대학 개편 운동도 마찬가지로 법률화 작업, 입법 청원 운동으로 가야 하고, 선행 학습 금지법도 마찬가지고요. 그 법률을 기반으로 좋은 대학 공모 신청 공고 및 접수의 2단계, 성과 점검을 통한 좋은 대학 재지정 검토 및 추가 공모의 3단계 과정을 거칠 거라고 봅니다. 10대 법률이 있다고 저희가 뽑았습니다.

그러면 전체 대학 속에서, 저는 100개까지 간다고 했는데 저는 100개까지 만들어지지 않고, 열 개, 열다섯 개, 스무 개만 만들어져도 이 열다섯 개, 스무 개가 전체의 대학에 미치는 충격파, 대학 체제 개혁의 신호탄, 어떤 그 힘이 출발하는 진앙지가 될 거라고 봅니다. 다섯 개만 만들어져도 그 대학 다섯 개가 대학 체제 전반에 미치는 영향력은 상당히 다를 거라고 보고요. 서울시립대학교가 증명하고 있죠. 한 개 대학교에서 반값 등록금이 주는 충격파가 있잖아요. 그걸 말로 할 때와 한 개 대학교에서 그걸 실현할 때와 질적으로 다르거든요.

대학 담당하고 있는 김재용 간사가 페이스북에 남긴 글인데, '혁신 대학 폭탄 100개를 만들어서 대학 서열 피라미드 사이에 끼워서 펑 터뜨리면 서열 피라미드가 뒤죽박죽될 거다.'라는 표현이 있어요. 좋은 대학이 노리는 효과는 지금의 획일화된 서열 기준을 뒤죽박죽 만들어 버리는 것이거든요. 그냥 그 기준에서 좋은 대학 수가 늘어나는 게 아니라 좋은 대학의 기준 자체를 바꾸는 거죠. 그리고 사람마다 좋은 대학의 의미가 달라지는 거죠. 나한테는 A대학이 좋은 대학일 수 있지만, 옆에 있는 친구한테는 B대학이 좋은 대학일 수 있는 거죠. 그래서 서열 체제가 바뀌는 이런 거죠.

대학 체제도 운동이 필요한데요. 대안 배치표도 상당히 재미있을 것 같아요. 《내 인생을 바꾸는 대학》이라고 해서 미국 대학 이야기가 있어요. 어떤 미국인이 미국에 있는 대학을 발품을 팔아서 쭉 돌아다니면서 정말 제대로 교육을 시키는 대학을 찾은 걸 우리나라에 번역해서 소개한 것이거든요. 지방 공청회에서도 그런 이야기가 나왔었는데, 좋은 대학까지는 아니더라도 좋은 학과 찾기는 할 수 있을 것 같아요. 김상봉 교수님의 철학과 같은 자기의 색깔을 분명히 지키는 학과들이 있을 거예요. 그리고 의미 있는 교육을 시키는 학과들이 있을 거고, 그런 대학을 찾아서 우리가 알리는 거죠. 그게 대안 배치표가 되는 것이거든요.

그럼 고등학교 교사 입장에서는 지금은 점수를 가지고 맞추는 거잖아요. 그게 아니라 아이의 관심과 관심에 맞는 교육을 잘 시키는 대학, 학과가 어디 있나 하는 걸 찾아서 추천할 수 있겠죠. 이것도 한 번만 시작하면, 응집력을 발휘하기 시작하면 그 힘이 참 크잖아요. 저희가 대학 평가단을 경향신문사와 작년에 했었는데, 대학 체제 개편을 이렇게 우리가 지금 엄청나게 잘 만들어 놨다고 할 게 아니라 이 운동을 그냥 화끈하게 한 번 하면 되는 거 아닐까 하는 생각도 들더라고요. 저희가 선행 학습 금지법 가지고 7대 공약을 밀고 나가가듯이 말이죠. 아이디어는 많고 사람은 없습니다. 빨리 오셔야 합니다.

그다음 마지막, 학력·학벌 차별 금지법 만들어야죠. 지금의 노동시장 차별은 구조화된 문제이기 때문에 적극적으로 국가와 사회가 개입해서 보완하고, 보정해 줘야 하는 수준이라고 봐요. 수도권과 지방의 격차, 소득수준의 격차 그리고 소위 좋은 대학들, 명문 대학과 전문대학의 격차, 직업계 대학들이 받고 있는 구조적 차별에 세심한 배려가 필요합니다. 반값 등록금을 해도 전문대학 또는 지역에 있는 대학부터 하는 식으로 전면화 하는 방식보다는 차별화하는 방식이 더 필요할 수 있겠다고 생각을 하고요.

지금 우리나라 대학생 89퍼센트, 학부모 93퍼센트가 4년제 대학 이상의 학력을 갖춰야 한다고 생각하고 있대요. 지금 학력은 무조건 따야 하는 거예요. 이게 진짜 안타까워요. 제가 고등학교에 있을 때 보면 애들이 고3이 되면 일단 어디든 대학을 갑니다. 고등학교 1학년 때까지는 다 서울에 있는 명문대 간다고 했다가 3학년 되면 자기 현실이 나오죠. 그리고 제가 동네 맥주집에서 호프 한 잔 마시고 있으면 아르바이트하는 졸업한 애들을 만나게 됩니다. 걔들이 어떻게 하고 있냐면 군대 갔다 와서 아르바이트하는데, 대학 복학은 미지수라는 거예요. 이런 애들 진짜 많거든요. 대학교 그냥 1년, 2년 갔던 거예요. 지방에 있는 대학 기숙사에 들어가서 폐인 생활하는 거죠. 그러다 안 되겠으니까 빨리 군대 가겠다고 마음먹어요. 그렇게 군대 갔다 와서 복학하려니까 '복학을 해야 하나?' 고민이 되는 겁니다. 아르바이트하면서 어떻게 해야 할지 고민하는 아이들 동네에서 정말 많이 보거든요. 이 문제 해결해야 돼요.

다 아는 이야기지만 표로 보면 다르잖아요. 표를 보면 A은행에 고졸자 입사 비율이 이렇게 줄어들었다는 거예요. 1970년대에 93퍼센트였는데, 지금은 고졸 비율이 2퍼센트에 불과해요. 저는 고졸자 채용 할당 우대 정책, 지원책 정말 중요하다고 봐요. 대졸자들이 응시 못 하게 제한해서 고졸자한테 획기적인 할당을 해야 해요. 직무 분석해서 이게 대졸이 필요한 곳이 아니라고 하

A은행의 시기별 고졸-대졸 출신 입사자 비율

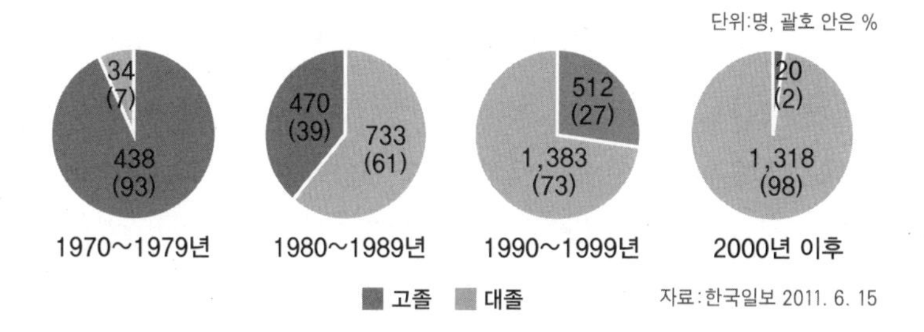

면 공공 기관부터 시작해서 대졸 이상은 지원 못 하게 하는 오히려 반대의 정책을 저는 적극적으로 검토해야 되고, 그것이 대학 체제 개편과 같이 가야 한다고 봐요. 그래서 고졸자 취업했다가 자기가 대학으로 가려고 할 때, 직무 관련 학과로 들어갈 때는 무시험 전형으로 하고 등록금 지원 대폭 하고요. 고용노동부에 1조 원이나 되는 기금이 있다고 그래요.

저는 아까 좋은 대학 운동보다도 고졸자 대폭 확대와 지원만 제대로 하자고 사회에 제안을 하고, 그것만 실현이 돼도 상당히 의미 있는 변화가 오겠다는 생각이 들더라고요. 대학 체제를 전체적으로 바꾸는 것이 아니라 어떤 미시적인 하나를 잡아서 주장해야 될 필요가 있겠다는 생각이 개인적인 고민입니다. 특정 학벌이 차지하고 있는, 특정 학벌이 공직에 너무 상위직을 일정 퍼센트 점유하는 걸 상환하는 거죠. 지금은 이게 쏠림 현상이 너무 심각하거든요.

제가 재작년인가 이 글을 인용해 토론회 발제를 하다가 찡해졌던 적이 있는데요. 한번 읽어 볼게요. 신입 사원 공채에서 자기 소개서에 해외 연수 경험을 쓰라고 한대요. '오는 사람들이 워낙 많다 보니 납득이 가지 않는 건 아니지만 진짜 힘이 빠진다. 해외 연수는 필수라고 생각하는 걸까?' 요새 왜 애들이 맨 토익 공부만 하고 있어 어른들이 이러잖아요. 그거에 대한 항변이에요. '왜 우리가 토익 공부만 할 수밖에 없는가. 토익은 3만 9천 원, 한 달 학원 수강료 12만 원 정도, 응시료 이만큼, 해외 연수는 1년에 1천만 원이 넘게 깨진다. 취업 준비생을 가장 괴롭히는 건 토익이 아니다. 취업 준비 과정에서 스스로 노력으로 해낼 수 있는 게 얼마 없다는 사실이다. 가장 치명적인 학벌이 열

아홉 살에 결정된다. 해외 연수, 형편이 어려우면 갈 수 없다. 수도권에 살지 않으면 불리하다. 명문 대학생들이 인턴 자리 독식한다. 여기에 목록이 하나 더 붙어서 새로운 불평등이 생겼다. 도서관은 토익 공부하는 학생들로 가득하다. 토익이 정말 그렇게 취직에 절대적인, 물론 중요하겠지만 그것보다 더 중요한 사실은 토익 외에 딱히 혼자 할 수 있는 게 없다.'

이것도 하나의 운동이 될 수 있죠. 학벌 빼라 내지 해외 연수 빼라, 부모란 삭제해라, 이렇게 요구할 수 있죠. 그래서 하여간 그런 운동을 그것도 좀 해 봐야 하는 것 아닌가 하는 생각도 들고요. 해외 연수는 당연한 항변이잖아요. 대학 교육 잘 받으면 기업이 뽑아서 직무 교육 시켜서 해야지 이걸 다 해 오라고, 지금 경쟁이 치열해지니까 기업들이 가볍게 대하는 측면이 있죠.

그래서 4개 법안을 추진하는 건데요. 학력·학벌 차별 금지법, 지방 인재 채용 할당제, 특정 대학 공직 점유 상한제, 고졸 채용 확대 지원책, 4개의 법안입니다. 네 개 법안을 학력, 학벌 차별 금지법, 해외 연수 폐지, 부모란 폐지 식으로 귀에 쏙 들어오는 방식으로 운동을 할 필요가 있다는 생각도 들고요.

마지막으로 제가 아주 좋아했던 분이 시민 논찬 마지막에 썼던 글을 소개합니다. 객관적 현실은 존재하지 않는다는 글입니다.

> 사교육과 관련하여 자녀 교육에 대한 불안을 이야기할 때, 누구나 객관적인 현실 때문에 어쩔 수 없다고 말을 합니다. 하지만 나의 의식 밖에 존재하는 '객관적'인 현실은 없다고 생각합니다. 언제나 현실은 나의 선택과 참여로 나의 삶에 자리를 잡게 되는 것이고 개인적으로 사회적으로 강화되는 것입니다. 만약 정말 '객관적'인

현실이 있다면 모든 이들의 현실 인식과 실천은 같아야 하지만 실제로는 그렇지 않습니다.

우리는 현실이 어쩔 수 없다면서 객관적 현실을 이야기하잖아요. 우리나라의 교육과 부동산이 대표적이잖아요. 사람들이 분노하지만 현실 때문에 어쩔 수 없다고 해서 그 현실이 나빠지는 것에 참여하는 이중적인 태도를 취하는 것이죠. 객관적 현실은 없다는 이야기가 설득력이 있었어요. 객관적인 현실이 진짜 있다고 한다면 그리고 그것이 정말 객관적이라고 한다면 사람들의 인식과 실천은 같아야 하는데 그렇지 않다는 거죠. 그래서 사실은 객관적 현실이라고 하는 것은 그 현실에 포섭된 사람, 그 현실을 객관적이라고 인정한 사람에게 불안과 공포로 다가오는 거고 그리고 그 현실에 잡히는 거라는 거고요. 그렇지만 그것을 삶에서 받아들일 수 없는 현실로 결단한 사람들이 그 현실에 다양한 방식으로 참여하지 않죠. 김상봉 교수님처럼 불덩이를 안고, 저는 그런 타입은 좀 아닌 것 같아요. 그런 분들도 계시고요.

어쨌든 다양한 방식으로 그 현실에 참여를 하지 않고 그런 사람들에 의해서 어쩔 수 없는 현실이라고 하는 것에 구멍이 생기는 거죠. 그리고 그 구멍이 넓어지고 좀 새로운 현실이 구성되기 시작하는 것 아니냐, 그래서 객관적인 현실을 새로운 현실이 대체하게 되는 것 아니냐 하는 이런 이야기입니다. 저희가 '초등학교 1학년이 고교생이 되는 2022년 대한민국에서 입시 사교육은 사라집니다.'라고 이야기하는데, 많은 분이 그냥 하는 말로, 좋은 말로 들으시는 것 같아요. 가끔 그런 인상을 받아요. 그런데 아까 제가 일곱 가지 쭉 설명드리고 10년의 과정 속에서라고 말씀드렸지만 저는 이렇게 그냥 해 본 말은 아니거든요. 그렇지만 거기에는 저희들의 이런 태도들이 개입되어야 하죠. 그렇기 때문에 그냥 10년 있으면 저절로 될 건 아니지만 저희들의 어떤 개입과 움직임 속에서 이것은 구체적인 현실로 충분히 다가올 가능성을 안고 있다고 말씀을 드리고 있는 거고요.

그런 의미에서 저희가 앞서서 강의를 같이 들었던 철학과 교육사적인 맥락 속에서 지금은 우리가 어디에 서 있고 앞으로 10년 동안 우리는 어떤 방향으로 가면서 서로에 대한 역할을 함께 그리고 집단적으로 연대해서 고민하자는 말씀을 드렸습니다. 감사합니다.

새로운
교사 운동이
나타난다

송인수

송인수

교사로 근무 중 교원 단체인 '좋은교사' 운동의 발전을 위해 2003년 퇴직, 2008년 좋은교사 대표직 임기 이후에 입시와 사교육 고통 문제에 대답하는 새로운 운동을 시작하기 위해 '사교육걱정없는세상'을 창립했고 현재 공동대표이다.

교사 성장에 관련된 여덟 가지 질문

오늘 강의는 저 개인적으로는 우리 교직 운동사에 매우 의미 있는 시간 그리고 여러분들이 교사로서 일생 동안에 참 중요한 시간이 될 것이라는 그런 확신을 가지고 여러분들 앞에 섰습니다. 오늘 저는 지금까지의 강의를 정리하면서, '교사들이 어떻게 입시를 넘을 것이냐. 내가 입시를 넘어서 행복한 것뿐만 아니라 내가 입시를 넘음으로 우리 아이들까지 함께 행복한 세상을 어떻게 만들어 낼 것이냐.'는 문제를 실천적으로 풀어 가는 길을 찾고자 합니다.

사람에게 어떤 변화, 자기 행동의 결정적 변화가 있을 때는 대개 그 전에 마음에 어떤 깨달음이 찾아옵니다. 저도 몇 번의 깨달음이 있었고 그 깨달음이 오늘 저를 여기까지 오게 했습니다. 물론 그 깨달음이 일생을 통해서 자주 오는 것은 아닙니다. 또 가끔 오는 깨달음을 자기가 굳건히 붙드는 과정이 없으면 안 되는데, 저는 오늘 여러분에게도 그런 경험이 있기를 원합니다. 왜 그런 소망이 있는가 하면, 우리 교육계와 아이들이 지금 처해 있는 어려운 상황을 타개하는 데 지금 여러분의 존재가 매우 중요하기 때문입니다.

'교사, 입시를 넘다'라는 주제로 교사 강좌를 시작할 때 우리는 지금 우리 교육 속에서, 학교 안에서 입시 경쟁 구도와 대결하는 '총체적이고', '전면적이고', '근본적인', '새로운' 교원 운동이 필요하다는 문제의식을 갖고 있었습니다. 그러나 저는 그런 일들을 교사들이 학교 교실 속 일상의 삶과 별도로 새롭게 하자는 것이 아닙니다. 교사들이 입시를 넘는 교사 운동에 참여하는 것이 교사 됨의 본래 의미와 탁월한 전문성과 깊은 인간적 만남을 회복하는 일과도 만나도록 하고 싶습니다. 즉, 교사가 입시를 넘는 어떤 일련의 활동을 하는 것이, 학교 교실에서 아이들과 함께 살아가면서 깊은 영적인 통찰 그리고 교사로서의 직업적 존엄성을 회복하는 것과 긴밀하게 잇대어 있도록 해야 하겠다는 것입니다.

이렇게 제가 말씀드리는 이유는, 과거의 운동 속에서는 그런 '잇대어 있음'이 많지 않기 때문입니다. 즉, 교실 속에서 아이들을 위해 열심히 수업을 하는 것과 교육 문제를 해결하기 위해 교실 바깥 거리에서 하는 교육 운동과는 결이 달랐다는 것이지요. 그런데 그렇게 하다 보면 쉽게 지칩니다. 그렇기 때문에 자신이 학교 내 교실 속에서 미시적으로 하는 교육 실천 그 자체가 세상과 교육을 바꾸고 입시를 넘는 거대한 운동과 연결되도록, 그렇게 설계해야 한다고 생각했습니다. 그렇게 하지 않으면 오래가지 못합니다.

이것을 달리 설명드릴게요. 교사로서 세상을 바꾸고 교육제도와 정책을 바꾸는 일에 나서지 않는다고 해도 내가 교실 속에서 아이들과 지지고 볶는 매일의 생활 실천, 내가 교실 속에서 감당하는 수업과 생활지도, 학급 운영 등 아이들과 만나서 씨름하는 그 모든 행위 자체가 한편으로는 나의 교사 됨에 그 본래적인 의미의 가치를 회복시키고 동시에 그것만큼 교육제도와 정책도 바꾸는, 그런 역동을 우리가 디자인해야 한다는 것입니다. 즉, 교사의 존엄성과 직업적 정체성, 선생으로서의 보람과 만족감 같은 '교사의 성장'과 학교와 세상을 변화시키는 소위 '시민적 역할'이 내가 아이들을 끌어안고 발버둥 치는 그 한 가지 행위 속에서 함께 실현되도록 하는 것이 새로운 교사 운동의 전략이라는 것입니다.

그럼 이야기를 '교사의 성장'으로 좁혀서 먼저 이야기를 해 보겠습니다. 선생님께 다음의 여덟 가지 질문을 드리겠습니다.

1. 나이가 들어 갈수록 현장에 기반을 둔 교육의 식견이 깊어지고 있는가?
2. 학습과 관련해서 아이들의 문제를 파악하고 개입해서 처방을 내릴 전문가적 통찰과 방법론을 쌓아 가고 있는가?
3. 교과 내용을 아이들에게 풀어 주는 데 지난 세월에 경험한 방법론이나 지혜가 하나의 체계로 잡혀 가고 있으며, 그것이 교사로서의 내 삶을 풍요롭게 하고 있는가?
4. 아이들은 수업에 만족하기는 하지만, 스스로는 수업과 관련해서 풀어낼 수 없는 과제들을 자꾸 발견하며, 이를 타개하기 위해서 많은 책을 읽고 있는가?

네 번째 질문을 부연 설명할게요. 이 경우는 스스로 수업을 하면서 풀어야 할 과제들이 자꾸 많아지고 있어요. 그러나 내가 무능해서가 아니고, 여전히 아이들은 내 수업에 환호하지만, 그렇기 때문에 내 고민이 있다는 것입니다. 나는 수업을 통해 아이들에게 만족을 주는데 내 자신은 그 만족과는 별도로 수업을 통해 새로운 고민이 생기고, 그 고민이 앎의 추구로 확장된다는 것입니다. 즉, 수업의 고민이 자신을 낙담시키는 것이 아니라 오히려 책으로 이끈다는 것입니다. 여러분이 지금 그렇게 하고 있느냐 하는 질문입니다. 다음 질문입니다.

5. 대학원과 연수를 통해서 풀어내야 할 수업과 교육에 대한 구체적이고 새로운 고민이 쌓여 가고 있는가?

그러니까 새로운 고민이 자꾸 쌓여 가서 나 이래서는 안 되겠다, 대학원에 가서 더 깊이 공부해야 하겠다, 아니면 연수를 받아 좀 더 성장을 시도해야 하겠다, 이런 어떤 욕구가 여러분 안에서 쌓이고 있느냐 하는 것입니다.

6. 우리 반 부모들이 나를 만나 아이들 문제로 상담하는 것이 두렵지 않은가?

학부모 대표들 한 다섯 명 정도가 담임교사를 불러서 "선생님, 아이들 성적이나 진로 문제로 한번 뵈었으면 합니다." 이렇게 청한다면, 우리 교사들은 어떤 마음이 생길까요? 그 학부모님들을 만나면 그분 자녀들이 어떤지를 물어볼 텐데, 과연 나는 그 아이의 담임으로서 아이들 한 명 한 명의 삶의 성장에 구체적인 지식과 통찰력을 갖고 있는가 하는 질문입니다.

7. 나는 내 수업 방법론, 교육에 대한 경험을 조직화시켜 이를 신입 교사들에게 여러 회에 걸쳐 가르칠 축적된 경험 체계가 있는가?
8. 아이들이 나를 좋아하고 나 역시 아이들 곁에서 늙는 것이 즐거운가?

질문은 이렇게 여덟 가지입니다. 이 질문에 대한 답은 어떻습니까? 일곱 가지는 다 '아니요.'인데 여덟 번째만 '예'인 사람은 없어요. 그 일곱 가지가 다 축적이 돼서 8번으로 나타난 거예요. 그렇겠죠? 여러분은 이 질문들에 대해서 몇 개나 '예'라고 대답할 수 있겠습니까? 4개 이상이면 대단한 분이에요. 이 질문들은 교사의 성장에 관한 것들입니다만, 사실 이 고민에서 자유로운 분들은 그리 많지 않습니다. 교사들 가운데는 십 년이 지났는데도 교사로서 자기 성장이 멈추거나 더디다고 고민하는 분들이 많습니다. 그러나 그렇게 인정하는 분은 그래도 좋은 교사들입니다. 성장의 정체에 대한 고민과 답답함, 뚫고자 하는 욕구가 사라진 분들이 너무 많습니다. 그냥 그대로 무딘 대로 살아가는 것입니다. 오직 좋은 교사만이 십 년이 지났는데도 자신의 경험세계가 풍요롭지 않고 교육에 대한 아이들에 대한 통찰력의 깊이가 깊어지지 않는 것, 그 목마름을 자기 성장의 샘물로 끌어올려서 나를 날마다 새롭게 하기 위해서 발버둥 치는, 그래서 변화를 맛보게 하는 뜨거움이 내 속에 별로 없다는 것 때문에 절망하고 고민합니다.

교사는 왜 성장하지 못하는가: 두 가지 괴물

그런데 왜 우리 교사들은 교원으로 입직할 때 지적인 수준이 의대 다음으로 높은데도 십 년 지나면 대부분 비슷하게 주저앉는 하향 평준화를 경험할까요? 그 이유는 무엇일까요? 저는 그 이유를 두 가지로 말씀드립니다.

첫 번째 이유는 여러분도 다 아시다시피 학교가 행정 중심 체제이기 때문입니다. 행정 중심 학교 체제의 반대말은 뭘까요? 교육 중심, 가르침 중심의 학교 체제입니다. 오늘날 우리 학교는 가르침이 중심이 되고 교육이 중심이 되는 체제가 아니라 행정이 중심이 되는 학교 체제입니다. 2005년 11월 1일 좋은교사 운동 대표 시절 제가 발표했던 토론회 자료 내용들을 그대로 인용을 하겠습니다.

> 학교는 '교육' 중심 조직이 되어야 합니다. 학교가 '교육' 중심 조직이 되어야 한다는 것은 '교육 행정' 중심 조직이 되어서는 안 된다는, 반대의 개념입니다. 즉, 학교가 국가와 교육청이 지시하는 행정 업무를 효율적으로 수행하는 데 적합한 조직이 아니라 교육의 본질적 원리에 의해 움직이는 조직으로 바뀌어야 한다는 것을 의미하는 것입니다.
> 말하자면 교사가 아이들을 만나고 인격적으로 교감하고, 교과를 통해 아이들에게 필요한 교육과정을 가르치고, 그들의 생활을 지도하는 일이 학교의 중심이 되어야 하고, 다른 모든 일은 이것을 돕고 이것이 잘 이루어지도록 돕는 방식으로 재배치되어야 한다는 것입니다.

그러나 지금 학교는 행정 중심 조직입니다. 물론 지금의 학교도 형식적으로는 교육 활동이 주가 됩니다. 교육 활동이 주가 되어 있고 행정이 이를 돕는 것처럼 보이지만 실제로는 주객이 전도되어 있습니다. 즉 학교 제반 일은 '행정 우위'로 돌아가고 이런 행정 우위의 기준에 어긋나지 않는 것이 중요하지 실제로 교육 활동이 얼마나 활발하게 일어났느냐는 별로 중요하지가 않습니다.

제가 구로고등학교에서 교직 생활을 할 때 아이들과 학급 캠프를 한 적이 있습니다. 그 전까지는 그냥 비공식적으로 학교장의 결재 없이 혼자 추진해서 알아서 진행했습니다. 그런데 그해에는 문득 부장 선생님, 교장, 교감 선생님 윗선으로 결재를 받고 싶었습니다. 출장비를 바라지는 않지만 그것은 학교에서 진행되는 엄연한 교육 활동이니까요. 그런데 일반적으로 최종 결재 단계에서 대체로 교장, 교감 선생님들이 반대합니다. 사고가 생기면 나중에 책임을 져야 되니까요. 그런데 특이하게도 그해에는 부장 선생님 선에서 제지당했습니다. 2001년 일인데요. 그 부장 선생님은 평소에 제가 존경하는 분이었어요. 그런데 그분이 하시는 말씀이 결재를 못 해 준다는 겁니다. 왜 결재를 해 줄 수 없는지 확인해 보니, 이분이 그해에 장학사 시험에 합격을 했어요. 그런데 자기 밑의 부하가 학급 행사를 추진하는 과정에 행여 사고를 내면 장학사로 최종 결정되는 데 부담이 될 수 있다는 것입니다. 그때 참 큰 충격을 받았어요. 아무리 교육적으로 바람직해도 관료적 통제 바깥에서 일어나는 일은 책임지고 싶지도 격려하고 싶지도 않겠다는 것입니다. 이것이 학교의 현실입니다.

토론 자료집 내용을 더 인용하겠습니다.

또한 교사가 아이들에게 교과서 내용을 빠트림 없이 전달하느냐가 중요하지 실제로 교사가 교과의 본질에 맞춰서 더 깊은 고민과 연구를 통해서 아이들의 안목을 얼마나 열어 주느냐, 이것은 확인하지도 않고 격려하지도 않습니다. 생활지도 면에서도 학교에서 정한 기본적인 통제 규칙을 얼마나 잘 전달하고 적용했느냐 하는 것이 중요하지 교사가 한 아이 아이의 행동 발달 상황과 개별 아동들이 처한 심리적 상황을 고려해서 교사가 그 아이에게 필요한 적극적인 상담과 대화, 사랑을 쏟느냐 하는 것은 별로 중요하게 취급되지 않습니다.

물론 그렇게 교육 활동의 질적인 면을 강조하고 교사들의 적극적인 교육 의욕을 끌어내는 것은 쉬운 일은 아닙니다. 하지만 학교는 구조적으로 이런 적극적 교육 활동을 하지 않아도 상관이 없을 뿐 아니라 오히려 교육의 본질 추구와 별 관계가 없는 기준들에 의해 운영이 되고 있어서 이런 것들을 다 누르고 있다는 것이 문제입니다.

사실 저 자신은 이런 행정 체제 중심의 학교 체제에 적응하지 않기 위해서 애를 썼습니다. 그러나 참으로 힘겨운 과정이었습니다. 저는 고교 교사 생활 13년 동안 한 번도 고3 담임을 해 본 적이 없습니다. 그리고 또 학년 총무 업무를 담당했을 때도 있습니다만, 학급 담임 활동, 모둠 일기 기록, 가정방문, 상담 등 그런 일상적인 교사의 본질적인 업무들을 하다 보니, 행정을 충실하게 할 틈이 부족했습니다. 그래서 2학년 학년 협의회 총무였지만, 총무 일들을 거의 못 했고 부장 선생님이 저 대신 학년 총무 일을 거의 담당하셨습니다. 아주 좋으신 분이죠.

그리고 제가 고사계 담당을 했는데 시험 기간 때가 되면 교사 운동의 업무로 바빠서 가끔씩 지방으로 출장을 가야 하고는 했습니다. 고사계 담당 교사가 시험 기간에 바깥으로 나간다는 것이 말이 안 되는 것이지요. 아마 동료 교사들 입장에서는 뚜껑이 열리는 상황일 것입니다. 또 출석부 월말 통계도 제때 내야 되잖아요. 너무 지각 결석이 잦아서 출석부 기록이 복잡해서, 과장 섞어서 회계사를 동원해야 할 지경이었어요. 그래서 제가 월말 통계를 제때 낸 적이 없어요. 당연히 여러 교사들에게 폐를 많이 끼쳤어요.

그런데 그분들이 한 번도 사실은 저한테 짜증을 내신 적이 없었습니다. 왜냐하면 그분들은 아시거든요. 제가 뺀질이로 놀다가 그런 것이 아니고 아이들과 씨름하는 교육의 본질 활동에 전념하다 보니까 그렇게 되었다는 것을 말입니다. 하지만 저는 미안했습니다. 저 때문에 누군가가 피해를 입게 되니까요. 그런데 한번 생각해 보면 좋겠어요. 제가 그 선생님들에게는 미안하지만 학교와 국가에 대해서 미안할 일이 뭐가 있겠어요. 교육의 본질에 집중하느라 다른 일을 소홀히 한 셈이고, 오히려 행정 업무에 집중하다 보면 교육 본질에 소홀하기 마련인데, 가장 중요하고 본질적인 것을 성실히 한 것 때문에 생기는 결손을 제가 왜 미안해한단 말입니까? 이것은 정상이 아닌 것이지요. 학교가 행정 중심으로 돌아가면서 교육 본질적 활동을 장려하지 않고 별로 중요하지도 않은 일에 교사를 몰아치다 보니, 그런 희한한 사태가 생긴 것이지요.

여러분도 다 마찬가지입니다. 그래서 여러분들은 아이들 가르치는 일은 조금 접고 행정적으로 좀 맞춰 주면서 인화에 치중하는 분들도 계시고, 또 어떤 분들은 인화를 좀 소홀이 하더라도 아이들과의 관계를 좀 집중하는 분도 계십니다만, 여하튼 저는 어렵게 그렇게 선택을 해 왔습니다.

두 번째는 입시 경쟁 체제입니다. 입시 경쟁 체제 속에서 교사는 전문가적 권위가 없습니다. 왜냐하면 입시 경쟁 체제 속에서 오늘날 학교가 우리 교사들에게 요구하는 것은 전문가적 권위가 아니기 때문입니다. 시험만 가지고 보더라도, 표준화된 오지선다형 시험 문항을 출제하고 실제 평가는 컴퓨터가 처리를 합니다. 교사가 평가할 것이 없습니다. 굳이 요구되는 전문성이 있다면 그것은 행정의 전문성이요 입시 관리의 전문성입니다.

학생의 내신과 수능 성적표를 보면 그 아이가 갈 수 있는 대학들 리스트가 쭉 보이고 각 대학들이 그 아이에게 요구하는 기준들이 쭉 정리가 됩니다. 그렇게 입시와 관련해서 막힘없이 뚫어 주는 교사들을 우리는 전문가로 인정합니다. 그러나 유감스럽게도 그런 전문성은 교사에게 본질적인 것이 아닙니다. 본질적인 전문성은 무엇인가? 그것은 바로 자기가 수업 속에서 만나는 아이들이 학습의 과정에서 경험하는 어려움들을 개별적으로 뚫어 주면서 그 속에서 성장을 경험케 하는 그런 '교과 전문성'이 본질적인 것입니다.

그러면 교사의 전문적 권위라는 것은 언제 어떻게 드러납니까? 판사나 의사는 전문가적 권위가 어떻게 드러납니까? 판사는 판결문으로 그 전문성이 드러납니다. 의사는 진단서와 처방전으로 드러납니다. 무슨 말입니까? 내가 판사로서 전문성이 있다는 것은 판결문이 이야기해 준다는 것입니다. 판결문을 컴퓨터가 대신 써 주는 것이 아닙니다. 자기가 만든 판결문에 대해서 누구도 간섭을 못 합니다. 그 사람이 내린 그 판결문에 대해서 문제가 있다면 다른 판사가 상급 법원에서 그것을 바로잡는 일들을 할 수 있을지언정 판사의 판결 자체를 일반인이 뒤집지 못합니다. 의사의 소견문도 마찬가지고 처방전도 마찬가지입니다. 그것이 바로 직업적 권위이자 전문성입니다.

그런데 교사의 전문성이 성적표로 표현됩니까? 우리나라 학교의 성적표에는 교사의 전문가적 권위와 판단이 없습니다. 오지선다 객관식 문항이 주를 이루는데 이 평가는 컴퓨터가 다 해 줍니다. 평가 속에 교사의 혼이 담겨 있지 않습니다. 그런데도 우리는 교사의 땀과 통찰과 안목이 표현되어 있지 않은 이런 숫자로 표현된 평가에 대단히 익숙해 있습니다. 서술식 평가, 논술형 평가는 끔찍이 싫어해요.

그러나 대부분의 선진국 성적표 속에는 교사의 전문가적 권위가 듬뿍 담겨 있습니다. 예를 들어 한국 학생이 영국에서 공부하다가 받은 성적표를 보면 음악 과목을 네 명이 수강했는데 그중 한국 학생이 일등입니다. 네 명 가운데 일등이니 대단할 리 없지요. 하지만 영국 교사는 서술 평가 속에 '탁월하다'는 기록을 남깁니다. 영국 대학은 교사가 '탁월하다'고 남긴 기록을 존중합니다. 이 성적을 가지고 이 학생이 옥스퍼드대를 갔습니다. 물론 이 성적표 외에 GCSE라는 전국 단위 시험을 잘 봐야 좋은 대학에 들어갈 수 있습니다만, 어쨌든 영국의 대학들이 고등학교 교사들의 평가를 매우 존중해 준다는 것을 알 수 있지요. 이것은 마치 한국의 판사나 의사들의 판결문이나 처방전과 동급으로 교사들의 평가 기록을 취급해 준다는 것입니다. 교사의 전문적 권위는 바로 이런 것입니다.

우리 교사들은 국가에 바로 이런 권위와 전문성을 달라고 요구해야 합니다. 이런 전문성이 없는 교사는 심하게 말하면 영혼이 없는 존재, 노예와 같은 존재입니다. 그런데도 참 신기한 것은 대부분의 한국 교사들은 이런 낡은 평가 방식에 대한 문제의식이 매우 빈곤합니다.

저도 이런 의식이 없이 13년간 교사 생활을 했습니다. 그러다가 2001년에 고민이 시작되었습니다. 제 수업을 통해서 영어라는 과목에 아무런 흥미를 보이지 않던 아이가 영어에 눈을 뜨고 무척 의미 있는 성장을 이루었습니다. 그 사실이 저에게는 매우 흥분되는 일이었습니다. 그래서 그 아이의 성장과 변화에 대해서 관심을 가졌습니다. 그런데 제 가슴이 너무도 아팠습니다. 왜냐하면 이 아이의 이런 엄청난 성장을 성적표에 기록해 줄 수는 없었던 것입니다. 아이는 분명히 영어로 된 글을 읽기 시작했는데, 그 변화가 중간고사 오지선다 시험 결과로 입증되지는 못했습니다. 시험을 잘 못 봤다는 것이지요. 그러니 아이는 자신 속의 성장을 경험하고도 이내 보고 좌절해 버리고 옛날로 돌아가 버렸습니다.

제가 평가권이 있었다면, 저는 그 아이의 성장에 관한 기록을 매우 의미 있게 써 줄 수 있었을 것입니다. 교사는 학생 한 명 한 명이 지적으로 성장하는 변화를 관찰하고 그것을 기록해 주는 역할을 하는 사람입니다. 그러나 그렇게 할 수가 없는 것이 지금의 평가 체제이고 그러다 보니, 교사들은 그렇게 학생들 한 명 한 명의 변화를 위해 애를 쓸 필요가 없고, 따라서 교사 본인의 전문성도 자라지 않게 되는 것입니다.

그러다가 제가 2004년 즈음에 김민남 교수님을 만났습니다.

참여정부 시절 교육혁신위원회 선임 위원이시자 경북대 교수님이셨는데, 그분이 저를 만나서 한 이야기는 제 마음속에 혁명과 같은 변화를 일으켰지요. 그분 말씀은 이겁니다. "송 선생님, 교사는 학생들의 평가 기록을 통해서 교사 됨의 자기 근거와 명예와 전문성을 회복하는 것입니다. 이젠 우리 교사들이 이런 평가 체제에 안주하지 말고 선진국과 같은 학생 평가 체제를 추구해야 합니다. 그런 일들에 관심 있는 교사 1만 명만 조직해서 일어서면 교육을 바꿀 수 있습니다."

제가 그 말씀을 듣고 깊은 영혼의 충격 같은 것을 받았습니다. 가슴이 뜨거워지고 '아 바로 그것이구나!'라는 깊은 깨달음이 찾아왔습니다. 그때부터 제 마음속에는 아무리 현실 속에서 힘들지라도 이런 방식의 평가는 교육을 살리는 것이고 교사의 명예를 회복하는 일이니, 반드시 추진해야 하겠다 생각했던 것입니다.

제가 지금 말씀드리는 것을 정리하면, 교사들의 성장을 막고 있는 것은 행정 중심 학교 체제, 입시 경쟁 구조 이 두 가지라는 것입니다. 그리고 이 두 가지 구조가 교사를 무능하게 만들고, 성장을 멈추게 하고 바보로 만들고 있다는 것입니다.

교사는 더 이상 지식인이 아니다?

그래서 이런 두 가지의 큰 구조 때문에 교사들은 두 가지 행동을 요구받고 있습니다. 하나는 표준화되고 반복적인 행동입니다. 아무리 똑똑한 사람, 교사 입직할 때 의대 출신에 의대에 들어갈 수 있을 만한 수능 성적을 가진 사람도 교직에 입직해서 10년 정도 지나면 표준화되고 반복적인 행동을 끊임없이 요구받습니다. 1년에 365일 동안 10년에 걸쳐서 그렇게 반복적인 행동이 요구되면 아인슈타인도 평범한 사람이 되어 버립니다. 그래서 우리 교사들이 얼마나 반복적인 것에 익숙합니까? 저도 보면 반복적인 것 잘해요. 시험 기간에 학생들에게 나누어 줄 시험지 분량을 대충 추측해서 잡습니다. 그런데 고사계에서 워낙 자주 하다 보니, 한 번에 아이들 전체에게 뿌려 줄 수 있는 양이 딱 잡혀요. 고사계 시절에는 제가 한 학년의 OMR카드를 다 세어서 분류해 둡니다. 처음에는 어렵지만, 나중에는 부채처럼 펴서 은행원들이 돈 세듯이 쫙 세면 오차가 없어요. 나중에 우리 학교 교사들끼리 전산 용지를 잘 세는 교사들 대회를 했습니다. 그때 제가 1등을 했어요. 아주 재미있어요. 참 미친 짓을 한 것이지요.(웃음)

교사들의 업무는 단순 고강도 노동이에요. 가르치는 지식의 깊이가 얇은데 이것을 아이들에게 반복적으로 가르치니 강도는 높고 육체적으로 힘이 들고 지적 호기심은 고갈됩니다. 여성 교사들이 유산도 많이 하고, 수난절 금식 기간에 어떤 가톨릭 신부님은 "노동자와 교사는 금식하지 마십시오." 그렇게 말했다 합니다. 그분이 교사를 잘 아시는 것이지요.

교사들에게는 수업의 탁월성보다는 관리 업무의 정확성과 민첩성이 요구됩니다. 공문을 작성할 때도 점 찍는 것이 중요합니다. 그다음에 공문 마치고 나서 '이상 끝.'을 안 쓰면 결재 승인이 거부됩니다. 이런 방식에 적응하면서 살다 보니까 저도 어느덧 시험지 세는 시합을 즐기게 되고, 내가 출제한 시험 문항이 수능에 나오면 짜릿해하는 아주 이상한 교사가 되어 버린다는 것입니다.

가장 큰 문제는 지적인 문제의식이 실종되는 것입니다. 수업을 통해서 아이들을 만나면서 생기는 지적인 고통과 인간 성장에 대한 실제적 의문들을 직면하면서 그것을 푸는 에너지와 탐구 욕구가 증가해야 하는데, 고강도 단순 반복 업무에 익숙하게 되면 그런 부분이 무뎌지고 독서 의욕이 결핍되는 겁니다. 어느 누구보다 책을 많이 읽어야 할 직종이 교직입니다. 그런데 출판사 관계자들 하는 말이 교사들이 책을 잘 안 읽는다고 합니다. 김상봉 교수님도 얘기하셨잖아요. 교사 자신이 문제집 대신 책을 읽어야 된다고요. 참으로 부끄러운 이야기가 아닐 수 없습니다. 교육은 만남입니다. 만남은 학생 개별자와의 만남입니다. 그 만남을 통해서 학생은 자유를 경험해야 합니다. 그러기 위해서는 먼저 교사가 자유인이 되어야 합니다. 책을 통해 자유를 느끼는 그런 경험들이 충만해야 하는데, 문제집을 붙들고 있으니 자유와 지적 흥분을 경험할 틈이 없습니다.

김상봉 교수님이 지적하신 바, 한국의 교사들의 가장 큰 문제 중 하나가 더 이상 지식인이 아니라는 지적, 참 뜨끔합니다. 과도한 폄훼라고, 교사들에 대한 비하라고 비판할 수 있습니다. 그러나 진실의 일부를 품고 있는 지적이라 생각합니다. 김상봉 교수님 글을 더 읽겠습니다. '시험 성적만 올려 주면 되는 삶. 그 결과로 교사들은 점점 참된 지식과 교양에서 멀어진다. 이는 신규 교사들의 문제는 아니다. 한국 교사들 사이에는 전반적으로 전문적 지식과 교양에 대한 거부감이 뿌리박힌 일종의 반지성주의가 있다. 그것이 교사들을 집단주의로 이끄는데 이것은 교육을 위

해서나 교육 운동을 위해서 백해무익한 태도이다.'

어쨌든 학생과의 개별적 만남이 다 단절되고 끝내 무뎌짐이라는 공포스러운 괴물이 우리 안에 들어오는 겁니다. 한 인간에게 가장 무서운 것은 무뎌짐입니다. 감수성의 무뎌짐. 의사로서 판사로서 또는 교사로서 또는 정치인으로서 마땅히 가져야 될, 세상의 본질과의 연결, 촉수, 감수성 이런 것들이 있어야 되는데 교사에게 감수성이 무뎌진다는 것 자체가 위기입니다. 이렇게 되면 교사들에겐 아이들을 만나는 수업 시간이 고통입니다. 만남의 흥분이 없는데 매일 만난다는 것은 괴로운 일입니다.

교사로 잘 사는 법:
지금의 교원 정책을 역류하라

지난 시간에 김승현 선생님이 이야기했죠? OECD에 소속되어 있는 각국 교사들의 상황들을 쭉 봤습니다. 한국 교사들의 직업 만족도는 중간보다 약간 낮습니다. 그런데 자기 효능감은 OECD에서 꼴찌입니다. 심각한 문제입니다.

그래서 이 두 가지의 구조에 적응된 교사들은 한 가지 욕구를 가지게 되었어요. 첫째로, 단순, 반복, 고강도 업무에서 떠나고 싶어 합니다. '아휴 너무 힘들어.' 그래서 담임 안 하려고 하고 수업 적게 맡으려고 합니다. 그러면 국가는 어떻게 반응해야 될까요? 교사가 수업 시간에 아이들 만나고 싶지 않다고 하면 어떻게 해야 되겠습니까? 아이들 만나는 것이 기쁜 일이게끔 해주면 되지요. 근데 국가는 이렇게 합니다. '알았습니다. 열심히 교사로 살아 주십시오. 당신들이 일을 열심히 하면 아이들을 만나지 않도록 해 주겠습니다.' 교장직을 최종 단계로 설정한 현재의 교원 승진 제도에 사실은 이런 국가의 메시지가 은연중 깔려 있습니다. 이것이 바로 오늘날 교원 정책을 관통하는 핵심 정신입니다.

국가의 요구에 성실히 응하는 교사들에게 학교에 머물되 아이들과 단절하도록 지원하는 체제를 구축하는 것이 바로 승진 체제입니다. 교장직을 폄하하는 것은 아니라, 교장직을 교사들이 선택하게 만드는 국가적 동력이 아주 잘못되었다는 것을 제가 지금 이야기하는 것입니다. 아이들 곁에 있기 싫고 수업에 집중하려는 마음이 약해지는 것을 우려해서 교사 됨의 본질적인 자기 역할을 잘 발휘하도록 격려해야 하는 것이 마땅한데, 오히려 그 마음을 부채질하는 것은 온당치 못한 일입니다.

그럼 누구는 반문합니다. 연수 제도가 있지 않습니까? 참 어처구니없게, 오늘의 교원 정책은 행정 중심 학교 체제와 입시 중심 체제로 교사들을 바보로 만들면서 동시에 그것 때문에 바보가 된 교사들을 재교육시킨다는 것입니다. 교사를 바보로 만드는 구조를 방치하고 교사의 의식만 바로잡으려 하면, 교사들이 그대로 따라 하겠습니까? 교사의 삶 자체가 책을 읽을 필요도 없고 지적인 도전과 흥분, 학생들의 내면을 만날 기회가 약해지고 그래서 연수에 대한 욕구 자체가 없어지는데 굳이 연수를 받으려 할 리 없지요. 연수를 받으려 하지 않으니까 결국 연수를 승진과 연결하고 학점화 하고 급기야 학교 평가와 연결시킵니다. 그래서 할 수 없이 점수 포인트 따기 위해서 교사들이 몰리는 것입니다.

이것은 미친 짓입니다. 연수의 참된 기능은 무엇일까요. 가르침의 한계와 고민을 뚫어 주는 것입니다. 그런데 국가가 연수의 기능을 이렇게 잡지 않았습니다. 교원 연수는 다른 인센티브와의 연계 없이, 교사들이 가르치는 과정에서 생기는 교과 지도상의 고민을 뚫어 주는 역할을 하는 것입니다.

교원들이 교직에 입직한 후에 일정 시간이 지나면 가르침의 한계에 직면하게 되고 이 한계를 어떤 식이든 뚫지 않으면 교직 생활의 만족을 누릴 수 없게 됩니다. 따라서 연수가 효과를 보기 위해서는 교과 지도상의 고민이 있고 매년 깊어진다는 것이 전제되어야 됩니다. 즉 고민이 있어야 연수가 효과를 거둔다는 것입니다. 고민이 있는 곳에 연수가 있고, 고민 없는 곳에 연수 없습니다. 그런데 요즘은 '고민 없는데 연수 있다'입니다. 참 희한합니다.

가르침에 대한 반성과 교실 수업에서 그동안 학생들에게 먹히던 교수 학습 방법론이 한계에 이르고 여전히 아이들에게는 흥미를 주지만 자기에게는 새로울 것이 없는 패턴으로 어떻게 이 위기를 돌파할 것인가 고민하는 교사들에게만 비로소 연수는 자기 자리를 잡을 수는 것입니다. 그들에게는 어느 기관에서 제공되는 연수인가는 중요하지 않습니다. 가장 일차적인 물음은 자신이 가장 힘들어하는 문제에 대해 실제적인 대답을 해 주느냐가 중요합니다.

연수 개념을 정립하는 데 '가르침의 고뇌'는 매우 중요한 요소이고 어찌 보면 그 고민 자체가 연수입니다. 즉 체계적인 강의 연수를 받지 않아도 교사가 아이들 세계 속으로 들어가서 그 고민을 발견하고 대답하는 과정에서 발견하는 '가르침의 고통' 그 자체로 교사는 연수에 충분한 효과를 받게 됩니다. 가르침의 고통이 생기면 스스로 새로운 방법을 고안하는 에너지가 되고 자기 한계를 뚫을 수 있는 방법을 고민하게 하며, 동료들과의 교수 방법의 대화를 이끌게 되며, 정형화 된 연수 패턴이 아니더라도 새로운 방법의 탐구로 이끌게 되는 것이지요.

수업을 통해서 자기가 수업 과정에서 생기는 딜레마와 어려움들을 붙들고 고민하면 연수 기간에 가지 않아도 80퍼센트는 다 풀립니다. 자기가 책을 읽고 고민합니다. 옆에 있는 선생님과 대화하죠. 연수에 효과 80퍼센트는 스스로가 메꿉니다. 한 20퍼센트 남는 거예요. 그래서 그렇게 발버둥 치는 선생님들이 나중에 보면, 본인들은 연수 한 번도 가지 않았으면서 연수 기관에서 강사로 활동하는 경우마저 있습니다. 왜 그분은 강사가 될 정도로 풍부한 가르침의 통찰이 있는 것입니까? 수업을 가지고 자기가 끙끙댔고 그것 때문에 아파했고, 문제를 그냥 일상적인 것으로 넘기지 않고 그것들을 천착했고, 그래서 스스로 연수의 효과를 경험했기 때문입니다.

그런 점에서 가르침의 고뇌는 그 자체로 교사를 전문성으로 이끄는 중요한 출발점입니다. 그런 진통과 고뇌를 붙들고 씨름하도록 만드는 구조가 형성될 경우에 교사는 다른 어떤 외적 유인책이 없어도 충분히 전문성을 쌓는 연수의 세계로 진입하게 됩니다. 아이들의 가정을 방문하면서 그 속에서 목격하는 아이들의 현실에 괴로워하면서 길을 찾기 위해 고민하는 교사와 그 과정이 생략된 가운데 대학원 승진 점수를 위해 상담 책을 뒤적이는 교사의 전문성 수준이 같을 수가 없습니다.

늦은 시간까지 아이들의 모둠 일기를 읽으면서 그 아이가 고통받는 상황에 대답을 모색하며 약간의 암시로 살짝 표현한 단서를 붙들고 아이의 문제 본질을 파악하려고 고심하고, 학생들에게 쉽게 교과를 전달하기 위해서 끙끙대는 고민의 절대 시간은 그 자체가 교사의 탁월한 영성이며, 위대한 재교육의 출발점입니다. 그런 의미에서 오늘날 교원의 낮은 전문성 문제는 연수에 대한 교원의 낮은 참여율, 비율의 문제가 아니라 교사들에게 가르침의 고뇌를 유인하는 구조를 짜 주며 그 속에서 자기 한계에 직면하도록 교사의 일상을 재조직해 주는데 지금의 연수 정책이 실패했다는 것입니다.

그런데 이 실패한 정책을 교원 단체들이 따라 하는 것입니다. 교원 단체들이 연수를 조직할 때 자율 연수를 해 왔습니다. 그런데 어느 때부터 교사들이 요구합니다. '아니 지금 자율 연수뿐 아니라 어차피 연수 학점화 해야 되는데 우리도 직무 연수로 이걸 돌리자.' 그렇게 말하면 교원 단체들이 그것을 수용합니다. 그런데 이게 과연 옳은 일일까요?

승진이나 학점 포인트를 따기 위해 온 교사들을 대상으로 하는 연수의 밀도는 경험해 본 사람들이라면 다 압니다. 거기에 무슨 좋은 내용을 넣어도 이것은 백화점에 가서 좋은 상품 구매하는 소비자의 심리이지 자기 삶을 완전히 재조직화하려고 하는 자기 혁신의 에너지로 연결되지 않습니다. 그래서 제가 좋은교사운동 시절에 내가 대표를 맡는 기간 동안에는 절대 교육청 인정 직무 연수 없다고 했습니다. 어떤 분은 좋은교사 대회, 3박 4일 동안에 이루어지는 강의 10번을 전부 다 직무 연수로 해 달라는 이야기를 했습니다. 저는 그럴 수 없다고 거절했습니다. 이건 교원 단체가 죽고 사느냐의 가장 중요한 지름길 중에 첫 번째입니다. 이 부분에서 타협하면 안 됩니다.

저는 결론적으로 선생님들께 이런 말씀을 드립니다. "교사로 쌩쌩하게 살려고 하면 지금 교원 정책에 반대로 행동하십시오. 수업에서 아이들로부터 인정을 받는 교사라면 나머지는 무조건 지금의 교원 정책과 반대로 행동해도 됩니다. 연수 포인트 하나도 없어도 됩니다. 그래도 교사는 절대 잘리지 않습니다." 그리고 그런 교사는 나중에 오히려 남들보다 더 빨리 교장이 될 것이라고 그렇게 예언까지 했습니다.

실제로 그때가 2005년 무렵, 교장 공모제가 도입되어서 좋은 선생님들이 교장이 되기 시작했습니다. 지금 그렇게 공모제로 교장이 되어서 학교 경영을 책임지는 분들께 요구하는 능력은, 승진 포인트를 따서 축적한 교사의 경험으로는 감당할 수 없는 학교의 문제에 대답하는 것입니다. 그것은 자기가 정말 아이들을 끌어안고 끙끙댄 세월들을 통해서 줄 수 있는 경험들입니다. 그런 선생님들이 앞으로 더 우대받게 될 것입니다. 아무리 정권이 바뀌어도 아무리 세상이 거꾸로 가더라도, 그런 변화의 길은 앞으로 더욱 확대될 것입니다.

교사의 정체성: 사회적 지위 26위, 이발사 다음이었던 시절

제가 교직에 입직할 때는 교사의 사회적 지위가 26위였습니다. 이발사 바로 위였어요. 내 친구가 그래서 어느 지방대학 사범대에 들어가서 교사 되고 저는 서울에 와서 공부해 가지고 교사

되었는데 그 친구와 성적 차이가 엄청난데 제가 교사가 된다는 것이 너무 자존심 상하더라고요. 바보 얼치기 같은 생각이었죠. 그런데 그 당시 26위라는 경제적 지위에 사회 기여도는 4위였어요. 낮은 복지와 처우 수준이 누구도 교사가 되고 싶어 하지 않는 사회적 풍조를 만든 겁니다. 그럼에도 불구하고 그 당시 교사들이 버틴 데는 내가 스승이라는 전통적인 교사상, 박봉이지만 선생으로 살아간다는 자긍심이 있었기 때문입니다. 그리고 개별 학생들과의 만남의 끈이 있어서 학생은 교사를 존경하고 부모가 교사를 신뢰하고 존경하면서 만남의 끈이 모든 부정적 요인을 극복하면서 교사로 버티게 했던 것입니다.

지금 현재 구조는 어떻습니까? 교장 승진 제도, 교원 평가 제도가 교사를 힘들게 할 수 있겠죠. 그런데 다행스럽게도 사회 경제적 지위가 상당히 높아졌어요. 높아졌다기보다도 그대로 있는데 다른 직종이 무너졌기 때문에 상대적으로 높은 것입니다. 이렇게 되면서 교사들이 살 만하다 생각하는 겁니다.

하지만 가장 중요하고 결정적인 교사상과 자긍심의 영역은 어떻게 되었습니까? 형편없이 무너졌습니다. 교사의 내면적인 부분은 무너졌고 바깥의 부분도 힘든데 유일하게 남은 것이 사회 경제적 지위가 유지되고 있다는 것, 이거 하나 달랑 남은 겁니다. 그거 하나로 버티는 거예요.

그걸로 버틴다는 게 뭐냐면, 그것 때문에 퇴직을 안 한다는 겁니다. 퇴직 안 한다는 것이지 그 사실 자체로 인해 여러분의 하루하루가 역동적입니까? 내가 그래도 사회 경제적 지위가 의사 다음인데 나를 화나게 하는 아이들일지라도 내가 끝까지 사랑해야지, 사회 경제적 지위가 의사 다음인데 내가 저 애들을 품어야지, 그렇게 생각하는 교사들이 있습니까? 외적인 인센티브라는 것은 그런 것입니다.

내적인 열심을 이끄는 힘이 아닌 것이에요. 나를 화나게 하는 아이 때문에 교직을 때려치우고 싶을 때 "네가 지금 나가면 어떡하냐? 학원이나 나가야 되는데 그거보다 낫잖아." 그렇게 퇴직을 만류하는 정도의 힘만 쓸 뿐입니다.

그래서 자기 효능감을 개선하기 위한 정책 과제로 OECD가 분석한 것이 있습니다. 지금 한국의 교원 정책을 보니까 교직 유인 체제는 비교적 잘 발달되어 있다는 겁니다. 즉, OECD의 교사 월급 평균보다 높아요. 그래서 우수 교사 확보도 잘된 겁니다. 돈 많이 주고 안정적이니까 많이 오는 겁니다. 그러나 교육정책에 대한 교사의 참여, 교사가 지식을 만들고 개발하는 것, 그리고 교재 개발, 임용의 적합성 다 낙제 점수입니다. 지금 상황이 이렇다는 거예요.

우리 교사들은 교사를 무기력하게 만드는 행정 중심 체제와 입시 경쟁 체제 이것에 너무 오랫동안 눌려 왔고 그런 체계에 봉사하게 고안된 유인 체계에 익숙해졌습니다. 너무 익숙해져서 교사로서의 문제의식, 문제의식을 따라가면서 얻게 되는 자기 성찰, 안목 또 그것을 통해서 내 속에 있는 결핍을 직시하면서 바깥에서 배우고자 하는 학습 의지, 이런 것들이 갈수록 약화되었어요. 그래서 나중에는 어떤 상태에 이르렀냐면 이제는 교사들에게 바람직한 것, 교사의 존엄성을 살려 주기 위해서 필요한 것, 본질적인 교사의 가치를 자극할 수 있는 축복, 그 축복도 저주라고 생각하고 그것을 요구하지 않는 것은 말할 것도 없고, 오히려 반대하는 퇴행을 보이기까지 하는 것입니다.

아까 김민남 교수님이 저에게 얘기하셨다는 그 교사별 평가, 즉 선진국형 평가를 통해서 자신의 전문가적 권위와 자긍심을 회복해야 한다는 이야기를 제가 주변 교사들에게 이야기합니다. 그럼 처음에는 그 내용이 무엇인지 잘 몰라 혼란스러워합니다. 그러다가 아이들 한 명 한 명의 교과 발달 과정을 잘 관찰하고, 개입하고 그래서 변화되는 부분을 다 기록하는 것, 그것이 교사의 본업이고 그 대신에 행정 잡무는 없는 상태이다, 유럽이나 미국 교사들은 다 그렇게 한다, 그렇게 한참 설명하면 그때서야 이해합니다. 그리고 저에게 하는 말씀이 "그런 세상이 오게 되면 전 퇴직합니다." 이렇게 대답하는 것이에요.

지금이 좋다는 겁니다. 차라리 지금의 노예 생활이 좋지, 자유인으로 살아가는 것은 나에게 고통이라는 겁니다. 왜냐하면 20년 동안 노예 생활을 해 왔는데 이제 와서 갑자기 자기한테 자유인의 삶을 살라고 한다면, 힘들다는 것입니다.

전국수학교사모임의 최수일 선생님이 이런 말씀을 한 적이 있어요. 수학에서 교사별 평가에 대해서 공청회를 했는데 그 교사 대표들이 와 가지고 21명 중에 1명 빼고 싹 다 반대했다고 이야기를 하는 겁니다. 그냥 지금이 좋다는 겁니다. 너무 심각한 문제입니다. 이게 교사로서의 감수성이 없어지고 무뎌졌다는 증거가 아니고 무엇이겠습니까?

교사는 무엇?

교사의 자기 정체성에 관련해서 저는 양정자 선생님의 시를 참 좋아합니다. 아마 지금은 퇴직하셨지 않았을까 합니다만, 이분은 평생 중학교 선생님으로 사셨습니다. 이분의 시집 중《아이들의 풀잎 노래》를 특히 좋아합니다. 신경림 시인이 이 시를 혹평했습니다. 압축미라든지 또는 어떤 표현의 고급스러움이 전혀 없고 너무 노골적이라고 얘기하셨지만, 그거야 평론가 이야기이고요. 시 하나를 이 시간에 인용하고 싶습니다.

중학교 선생

어린아이에게서 사춘기로
고통스럽게 진입해 들어가는
번민 많은 아이들을 가득 싣고
슬픔의 캄캄한 터널 속을
빠져나와 달리는
성장의 급행열차가 잠시 멎는
시골의 쓸쓸한 간이역 같은 중학교
거기 몇십 년씩이나 서서
손을 들어 달리는 그 기차를
멈추게 하고
멎은 기차를 또다시 출발시키는
해마다 늙어 가는 기차역원 같은,
돈도 명예도 없고
있었던 실력도 오랜 세월 쓰지 않아
녹이 다 슬어 버린
허름한 중학교 선생

스치며 지나가는 아이들의 속력은
너무 빠르고 바빠
몇 년 지나면 마침내
아무도 찾지 않고 잊혀지는
중학교 선생

이 시가 15년, 20년 전에 쓰인 시입니다. 저는 이 시가 지금도 유효하다고 생각합니다. 지금도 제 가슴을 아프게 만듭니다. 지나간 일이라면 아플 필요가 없습니다. 그러나 우리 교사들의 실존은 20년 전이나 지금이나 변함이 없습니다. 이 시가 우리 교사들의 현재 상황을 정확하게 꿰뚫고 있다 생각합니다. '있었던 실력도 오랜 시간 쓰지 않아 녹이 다 슬어 버린……' 왜 그렇습니까? 몇십 년씩이나 서서 멎은 기차를 멈추게 하고 또다시 출발시키는 그런 역할들을 수십 년 동안 해 오면서 가진 지식들 다 잃어버렸기 때문이라고 시인은 말하고 있습니다.

저는 또 제가 아는 한현 선생님이라는 분의 일기를 소개하겠습니다.

첫 발령지였던 여자중학교에서 처음 제자들을 졸업시켰던 1980년 5월 어느 날 고등학교에 진학한 제자로부터 특별한 전화가 걸려 왔습니다. "선생님 저 기억하세요. (내가 맡은 반은 아니었지만 수업 중에 늘 표정이 진지하고 열심히 듣던 녀석을 기억 못 할 리 없다.) 아, 이걸 어떻게 말씀드려야 할지 모르겠어요. 평소처럼 학교 공부 마치고 집에 가서 저녁때 책상에 앉았는데, 별안간 모든 사물들이 빛나기 시작했어요. 책상이며 책이며 눈에 보이는 모든 것들이 예사롭지 않게…… 저 자신조차도…… 뭐랄까요. 왜 그런 것." 더듬거리면서 말을 잘 잇지 못하는 그 녀석의 목소리를 통해 나는 곧 무슨 일이 일어났는지 직감할 수 있었다. 그것은 존재에의 눈뜸이자 살아 있음에 대한 경이로운 깨달음이었다. 그 녀석은 무척 감격한 나머지 솟구치는 눈물을 어쩔 수 없었다고 했다. 그리고 그 감동과 흥분으로 잠을 못 이루었으며 누군가에게 꼭 그걸 알리고 싶어 전화를 드렸다고 더듬거리며 말했다……. 교사는 깊이 보고 깊이 생각할 수 있도록 아이들을 이끌어 줄 필요가 있다. 사물을 오래 바라보고 골똘히 생각하게 해야 한다……. 선생님의 사소한 듯한 이야기 하나하나를 놓치지 않고 귀담아 듣는 아이. 그런 제자들을 길러 낼 수 있다면 교사로서 우리는 얼마나 행복할 것인가. 참된 가르침에는 깨침이 뒤따르기 마련이다. 우리의 가르침에 대해 아이들이 깨침으로 화답해 올 때 비로소 우리는 교육자다운 교육자-스승이라고 불릴 수 있지 않을까?

이런 극적인 체험들을 우리는 교사로서 얼마나 경험하면서 삽니까? 이분은 담임교사로서 이런 경험을 한 게 아닙니다. 생물 선생님으로서 교과 시간에 만난 아이들과 이런 경험들을 한 겁니다. 한 학생이 고등학교 올라가서 어느 날 공부를 하다가 문득 자기 인생의 깊은 진리, 안목이 열리는 체험들을 하게 되면서, 주변에 있는 모든 일상이 새롭게 보이는 체험들을 하고 그러면서 일상의 신기하고 아름다운 안목에 대한 기쁨, 이것들을 경험하면서 벅차오르는 감격이 생겼던 것입니다.

기쁨은 나눌 대상을 찾습니다. 그런데 그 학생이 엄마를 찾은 것도 담임선생님을 찾은 것도 아니고, 수업 시간에 늘 자신을 깨우치고 자극을 줬던 그 선생님을 기억해서 1~2년이 지나서 선생님께 전화를 한 것입니다. 그리고 그 선생님은 학생의 목소리를 통해서 무슨 일인지 직감할 수 있었던 거예요. 왜냐하면 교사가 자기가 늘 자기 속에서 그 깨달음을 경험했고, 그것을 아이들에게 자극했기 때문에 어떤 일이 일어났는지를 아는 것이지요. 그런 불꽃 튀는 만남이 우리에게 있어야 합니다.

이분은 한 번도 교원 연수 이런 것에 집착하지 않았고, 승진에 대해서 관심도 없고, 그냥 평교사로 살다가 정년을 마치셨어요. 우리가 이런 경험들을 얼마나 하고 삽니까? 사실은 이런 경험들은 일상 속에 자주 맛봐야 합니다. 이것이 교사를 힘 있게 만드는 것이고, 이것이 교사를 고민하게 만드는 것이고, 이것이 아이들과의 만남 속에 들어가고자 하는 의욕을 불러일으키고, 그 속에서 겪게 되는 새로운 문제를 가지고 끙끙대면서 전문가적 권위를 회복하게 하고, 그것을 통해서 교사 자신이 스스로가 자기 한계를 넘는 일들을 시도하게 하는 것입니다. 이것이 교사를 성장하게 만드는 것이죠.

우리 교사들의 고민은 결국은 이 만남이라는 교육 본질의 가치를 붙들고 어떻게 매일 씨름하며 살아갈 수 있을까, 어떻게 하면 나의 열심이 아이들과의 이별이라는 역설의 늪에 빠지지 않고, 나의 축적된 교육 경험이 아이들을 윤택하게 하고 그것이 동시에 기쁨이 되는 그런 선순환의 기쁜 과정을 지속할 수 있을까, 그것입니다.

그러려면 어떻게 해야 합니까? 사실은 제가 지금까지 말한 것을 다 뒤집으면 됩니다. 즉, 학생들 개개인을 수업과 교실 전반에서 '인격적으로' 만나는 만남의 끈을 반드시 확보하고 이것을 다른 급한 일에 절대 양보해서는 안 된다는 것입니다. 그것을 가장 근본으로, 기본으로 생각하면서 붙들고 버텨야 하는 것입니다. 이것이 교사로 살아가는 데 에너지의 원천이기 때문입니다. 이 끈을 놓치게 되면 교사는 에너지가 소진됩니다.

그런데 우리는 개별적 아이들을 어떻게 만납니까? 학급 담임으로, 생활지도를 통해 만납니다. 그러나 수업을 통해서는 개별 학생을 만나지 못합니다. 자기가 시도를 안 하기도 하지만, 지금 교육이 입시 중심이기 때문에 전체로 아이들을 끌어안고 전체로 지식을 전달하고 전체로 끌고 가느라, 개별적인 아이들을 만날 기회가 없습니다.

협동 학습 방법론, 요즘 잘나가는 수업 방법론이죠? 협동 학습 방법론이라는 게 개별적 아이들을 만날 수 있는 방법은 아닙니다. 교사들이 일방적인 강의를 하는 것으로는 아이들의 흥미를 이끌어 내기도 쉽지 않고 또 아이들을 경쟁적 수업 형태로 끄는 것은 비교육적이라고 생각해서 고민을 하다 보니, 협동 학습이 딱 눈에 들어오는 겁니다. 그러나 협동 학습 방법론도 아이들을 개별적으로 만나는 방법이 아닙니다.

미래는 수업과 생활지도가 통합되어야 합니다. 즉, 좋은 수업이 생활지도의 효과를 발휘하는 결과를 만들어야 한다는 것, 개

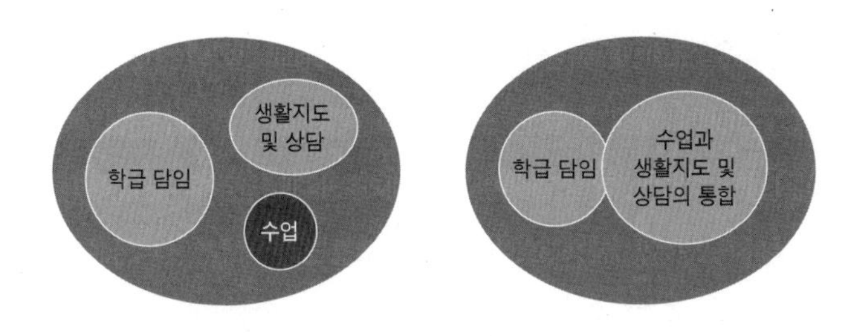

별적 지도, 인격적 만남의 공간으로 수업의 영역이 바뀌어야 한다는 겁니다. 개별 학생들의 공부에 개입해 보면, 그 아이가 공부 어떤 부분에서 무너져 있는지 발견됩니다. 그 무너져 있는 곳이 무엇인지 찾아 들어가다 보면 아이의 성장에서 온갖 장애들을 만나게 됩니다. 그 장애와 씨름하면서 그 아이가 지금 가르치고 있는 교과 학습으로 올라오는 과정을 밟다 보면, 자연스럽게 지식을 가르치는 것과 인격의 만남, 생활지도가 통합되게 되어 있습니다.

우리나라에서 지금 왜 이렇게 학생 폭력이 만연한가 하면, 교사가 개별 아이들을 만나지 못하기 때문입니다. 우리 교사들은 제도와 정책이 받쳐 주지 않더라도, 수업을 통해서 아이들을 만나는 일들을 시도해야 되고, 맛을 봐야 합니다. 맛을 보는 것이 자기에게 행복하다면 이 권리를 요구하는 일이 가능하고, 주변에 알리고 싶고, 이것이 큰 흐름이 되면 그것을 나중에 법률로 보호해 달라고 요청하게 되고, 그 과정 속에서 교사와 시민, 교사와 부모가 만나서 서로 동반자로 그것을 요청하는 일들이 시작될 것입니다. 실천과 제도 변화는 이렇게 만나야 합니다.

두 괴물의 미래:
결정적인 약화를 전망하다

그러면 앞으로 행정 중심의 학교 구조, 입시 경쟁 구조의 미래는 어떻게 될까요? 제가 미리 그 미래를 예측해 보겠습니다. 우선 행정 중심 학교 체제는 쉽게 바뀌지는 않겠지만, 부분적 변화

선상에 있습니다. 이 부분적인 변화가 언제 전면적인 변화로 바뀔지는 잘 모릅니다. 하지만 부분적이지만 분명히 변화 선상에 있습니다. 지금 교장 공모제와 혁신학교가 전국적으로 확산되고 있죠. 그리고 교장 승진 제도는 근본적 변화 앞에 있습니다. 저는 풍전등화라고 설명합니다. 승진형 교장 제도는 머지않아 사라질 것입니다. 변화는 더욱 가속화될 것입니다.

지금 혁신학교 운동의 변화는 시작되었습니다. 저희가 2004, 2005년에 교장 공모제를 참여정부 교원혁신위원회에서 통과시킬 때 이것을 다 만장일치로 통과했다가, 나중에 교총이 반대하고 교장단에서 반대해서 무산되는 과정을 밟으면서도 끝까지 관철되어 가지고 지금의 교장 공모제가 들어오게 되고 그것으로 인해 혁신학교까지 이어지게 된 것입니다. 그렇게 해서 얼마나 많은 변화들이 있습니까? 혁신학교 하면 그쪽에 있는 학교 주변에 있는 아파트 땅값이 오르잖아요.

교장 공모제 방향을 봅시다. 혁신학교보다 수명이 길 겁니다. 혁신학교와는 달리, 교장 공모제는 법률로 보호되기 때문에 앞으로도 계속될 것이며, 여기에 교장 공모제는 시행령만 조금 손질하면 큰 폭의 변화가 생길 수 있습니다. 그리고 지금도 자율학교에서는 마음껏 할 수 있어요.

그런데 왜 안 합니까. 시행령으로 그 퍼센트를 정해 버렸습니다. 왜 그렇게 정했습니까? 교총이 반대해서 이렇게 된 겁니다. 그리고 교장 공모제와 현 승진 교장제를 병행 운영하되 그것에 대한 선택을 최종적인 교육 수혜자인 학부모 총회에서 결정하도록 한다는 안이 혁신 위원회의 초기 안인데, 이것이 지금 법안 중 하나로 올라와 있습니다. 이것은 국회에서 처리만 하면 승진

제 다 무너집니다. 물론 쉽게 개정되지는 않을 것입니다만, 이 부분에 변화가 시작되면 행정 중심의 학교 체제도 상당 부분 변화가 불가피하게 될 것입니다.

그러면 입시 경쟁 구조의 미래는 어떻게 될까요? 아직도 입시 경쟁 구조는 학교 내에서 변화가 너무 미미할 뿐만 아니라 오히려 더 심각합니다. 극한 방식으로 버티고 있어요. 그런데 저는 확신합니다. 이런 입시 경쟁 구조는 10년 내에 약화될 것이고, 반드시 변화는 찾아올 것이라고요. 제가 2004년경인가요, 교사들에게 앞으로 교장 공모제가 올 거니까 절대 승진 준비하지 말라고 했을 때 많은 선생님들이 웃었어요. 그러나 그 말을 믿고 승진 준비 안 하고 열심히 아이들 곁에 있으면서 자기 변화를 위해 노력하셨던 교사들은 지금 승진의 트랙에 들어서지 않아도 교장이 될 기회가 어느 때보다도 많아졌습니다.

입시 경쟁 구조도 변화가 10년 내에 상당한 수준으로 찾아올 것입니다. 그렇게 장담할 수 있는 근거가 뭘까요? 사교육걱정없는세상이 2008년 6월에 출범했기 때문입니다. 저는 우리 교육의 역사 속에 사교육걱정없는세상이 등장했다는 것, 그것은 입시 경쟁 구조라는 그 괴물은 이제 시한부 인생을 사는 것이다, 남은 시한부 인생은 10년밖에 없다, 그렇게 믿습니다. 그렇게 믿고 지금까지 4년 동안 달려왔고, 그래서 적지 않은 변화도 우리가 경험을 했습니다.

지난번 김승현 선생님이 설명하신 바대로, 저희는 지금 초등학교 3학년이 고등학교에 들어가는 2022년에 입시 사교육비를 제로로 만들자는 운동을 전개하고 있습니다만, 사람들은 반신반의합니다. 그러나 두고 보십시오. 앞으로 어떤 변화가 찾아오는가 말입니다. 선행 교육 규제 관련 법률은 빠른 시일 내에 제정될 것이고 대학 체제를 바꾸는 일, 채용 시장에서 학벌 차별 금지 법률도 곧 제정될 것입니다.

저는 이런 변화는 정권의 특성과 무관하다고 봅니다. 정권이 진보적이냐 보수적이냐 그것과는 무관하다는 것입니다. 〈이집트의 왕자〉라는 영화 보셨죠? 애니메이션인데 그것을 보시면 이집트의 히브리 노예들이 400년 동안 노예 생활을 하다가 나중에 해방이 됩니다. 그래서 홍해를 가르고 가나안이란 축복된 땅으로 가게 되죠. 그런데 거기에 지도자 모세라는 사람이 등장해서 네 백성을 구출해 내라는 신적인 요구를 받고 결국 해방을 경험합니다. 그런데 그 당시 히브리 노예들을 석방시켰던 이집트의 집권 세력이 히브리 노예들에 대해서 우호적었습니까? 아니었죠. 이집트 역사상 히브리 노예들을 가장 착취했던 폭력적 정부였습니다. 그런데도 해방의 역사는 시작이 되었어요. 왜 그렇습니까? 때가 찼기 때문에 아무리 불의한 정권일지라도 막을 수가 없는 거예요.

짝을 이루는 운동이 반드시 출현한다

그런데 이상한 일들이 있습니다. 어느 한 부분에서 변화가 시작되면 반드시 그 변화의 여파로 다른 곳에서 일들이 시작됩니다. 그 운동과 짝을 이루는 운동이 반드시 시작됩니다. 전교조가 1989년에 출범했죠. 그때 그 운동이 우리 교육에서 정말 필요한 일이라고 찬동하는 시민들과 학부모들에 의해서 참교육학부모회라는 단체가 떴습니다. 전교조가 만든 단체가 아니고, 전교조의 가치와 철학에 동의하고 그 문제의식에 공감하는 시민들이 만든 것입니다. 그렇게 짝을 이루거든요. 그 운동이 그 사회에서 필요하다면 반드시 짝을 이루는 것입니다. 그런데 이상하게 사교육걱정없는세상이 출현했으면 이 운동이 나름 기여를 하게 되면 짝이 있어야 되잖아요. 그런데 아쉽게도 교직 사회에서 나타나지를 않습니다.

저는 사교육걱정없는세상의 가치와 철학을 흠뻑 가슴에 담고 이것에 호응하는 교원 단체나 교직 사회에서 일정한 흐름이 나타나기를 오랫동안 기다렸어요. 말하지 않아도 스스로 나타나기를 기대했습니다. 그런데 4년 동안 출현을 안 하더라고요. 저는 필요하면 반드시 나타난다고 생각합니다.

미국에서 흑백 차별로 흑인이 고통받는 모순의 문제는 미국 사회 전체가 극복해야 할 시대적 주제였습니다. 드디어 1960년대에 흑인들이 그 문제를 자기 문제로 풀어내고자 하는 흐름들이 나타났습니다. 그래서 오바마 대통령까지 당선시킬 만큼 사회에 영향을 끼쳤습니다. 그리고 군부독재로 인해 수많은 사람들이 고통을 받고 아파하고 그래서 그 문제를 극복하는 일이 사회적 과제가 되었을 때 6·10민주화항쟁이 터져서 대통령 선거가 직선제로 바뀌게 되는 그런 변화들이 있었던 것입니다. 또한 경제 양극화로 고통받는 사람들이 자기 일자리를 다 상실하고 거리로 내몰렸을 때 그 문제를 풀기 위해서 이제는 선택적 복지가 아니고 보편적 복지를 구현하겠다는 흐름들이 나타났고, 또한 학교에서 입시로 인해서 고통받는 아이들, 사교육으로 인해 괴로워하는 부모들의 한숨에 대해서 응답하는 사교육걱정없는세상이라는 운동도 나왔습니다.

운동이 필요하면 반드시 나타납니다. 물론 필요하다고 해서 저절로 나타나는 것은 아닙니다. 어떻게 하면 나타날 수 있을까요? 반드시 매개가 필요합니다. 흑백 차별 폐지의 사회적 필연은 마틴 루서 킹이나 로자 파크스 같은 사람들이 매개가 되어서 나타난 운동입니다. 그 매개를 통해서 사람들 가슴에 불이 지피고 사람들이 양심의 눈을 뜨게 되고 이제는 우리가 이런 굴종의 역사를 그대로 유지할 것이 아니고 일어나야겠다는 힘이 사회적으로 확산되는 분위기가 시작된 것입니다.

보편 복지를 이야기하면 사회주의자가 되는 그런 시대 속에 장하준이나 정승일 박사 같은 분이 중심이 돼서 복지국가소사이어티라는 조직을 만들어서 지금 복지 담론이 보편적 상식이 된 겁니다.

6·10민주화운동은 누가 만들어 냈습니까? 박종철 군과 이한열 군의 죽음을 통해 촉발되었습니다. 그러니까 사회적으로 필요한 것이 반드시 나타난다고 하더라도 그 과정에 매개가 필요하다는 것입니다. 그리고 그 매개는 그것을 풀어야겠다는 그 절박함을 자신의 마음속으로 끌어안고 그것을 신적인 소명으로 생각하는 소수의 사람들이 감당할 몫이라 생각합니다.

그렇다면, 입시 경쟁이나 사교육 문제 이 모든 것을 건 운동이 교직 사회에서 나타나지 않은 이유는 필요가 없어서입니까, 매개가 없기 때문입니까? 저는 매개가 없기 때문이라 생각합니다. 입시 경쟁 구조와 자기 모든 것을 걸고 대결하는 교원들이 나타나기만 하면, 운동은 시작되는 것입니다. 운동이 나타나지 않았다면 필요가 없거나 아니면 매개가 되는 존재가 나타나지 않았기 때문입니다.

둘 중 어느 것입니까? 대답을 잘하셔야 합니다. "필요가 없기 때문입니다."라고 대답하면 여러분은 안전합니다. 그러나 교육은 계속 캄캄합니다. "매개가 없어서입니다."라고 말한다면 여러분이 위기에 처합니다. 그 말을 하면 "당신은 왜 그런 매개가 되지 않으려 합니까?"라고 물어볼 것이기 때문입니다.

이것은 위험한 질문, 위험한 대답입니다. 사실 교사 운동의 역사를 살펴볼 때, 각 시대마다 새로운 매개가 등장했습니다. 1970~80년대에는 교사의 정체성이 살아 있던 시기였습니다. 그리고 학생들과 인격적 관계가 끈끈이 이어지던 시기였습니다. 그때 우리 사회는 부패와 반민주와의 싸움이 우리 시대 전체를 압도하던 그런 모순의 핵심 주제였고, 교육의 주제이기도 했습니다. 그럴 때 그 문제를 풀기 위해서 전교조가 '매개'로 등장해서 민족, 민주, 인간화라는 가치를 들고 교사 1800여 명이 해직되었습니다. 모순을 붙들고 씨름하다가 자기 인생을 거기 던져 버린 것입니다.

모순에 응답하느라 해직되었고 그 후 외판원으로 학원 강사로 살고, 해직 과정에서 상처가 깊어 때로 자살하고, 암에 걸려 죽고, 그렇게 고통 가운데 돌아가신 분들이 한둘이 아닙니다. 그렇게 자기의 모든 것을 걸고 운동을 했던 흐름들이 우리 교육의 20년을 그래도 버텨 왔던 저력이라고 저는 생각했습니다.

그 당시 거기 참여했던 교사들을 향해서 교육청이 공문으로 적시한 불온 교사를 식별하는 방법이 있습니다. 이런 교사는 수상한 교사니까 조심해라라고 가정통신문을 내보냈습니다.

첫째가 촌지를 받지 않으려고 하는 교사이고, 둘째가 과도하게 교육적 열정을 행사하는 교사이며, 셋째가 아이들을 특별히 사랑하는 교사, 이런 교사는 불온한 교사다, 그러니 조심하라, 이렇게 어처구니없는 공문을 내려보낸 겁니다. 그러니 그런 교사가 불온한 교사면 정상적 교사는 어떤 사람이라는 말입니까? 그냥 굴종의 역사를 받아들이면서 시체처럼 살아가는 교사, 이런 사람이 괜찮은 교사라는 말이지요.

당시 〈닫힌 교문을 열고〉라는 영화 나왔죠? 정진영 씨가 해직교사 역할로 등장하는데, 그 당시만 해도 그런 선생님들과 학생과의 관계는 좋았습니다. 아이들과 함께 불의한 구조, 권력과 대항해서 싸우는 겁니다. 이런 시기가 있었습니다. 시대 과제가 이런 것이기에 전교조 같은 교원 단체가 출현한 겁니다.

두 번째 2000년대는 교사의 직업적 정체성이 흔들리기 시작했습니다. 과거 1970~80년대에는 안 그랬는데 이게 2000년 들어서면서 교사의 직업적 정체성이 흔들리기 시작하고 학생들이 교사에게 도전하기 시작했습니다. 그리고 전교조 합법화 이후 교직사회에 대한 사회적 불신이 상당히 있습니다.

이제는 국민들 사이에 교사들에 대한 엄중한 도덕적 책무성을 요구하겠다는 흐름들이 생겨서, 교사의 사소한 잘못도 용납하지 않는 시대가 되었습니다. 그런 시대에 교사에 대한 국민의 신뢰를 회복해야 하는 것이 시대적 과제가 되었고 그 과제에 응답하기 위해 좋은교사 운동이 '매개'로 등장한 것입니다. 좋은교사 운동은 주로 학생들과의 인격적 만남에 대해서 천착했습니다. 그것을 통해서 교사의 직업적 사명감도 깨우치고 부모와 신뢰를 갖고 교직 사회를 쇄신하는 성찰적 운동을 진행해서 지금까지 온 겁니다.

한편 2010년대는 아이들의 입시 고통이 극에 달하고, 학생들이 극심한 학습 노동으로부터 해방될 필요가 있고, 그 부작용으로 학교 폭력이 나타나고, 부모들의 사교육 부담이 팽창하고 학교교육은 형체만 남고 무참히 망가진 시대입니다. 교사들은 극도의 체념에 빠지고, 1970~80년대 교육 운동가들은 에너지를 상당히 소진한 상태입니다. 사실 우리 교육에서 가장 큰 위기의 시대인 것이지요. 그런데 과제는 매우 까다로운데 이것에 맞설 교사는 그 어느 때보다 부족한, 그래서 새로운 교사 운동이 나타나지 않으면 안 되는 절박한 상황에 있는 것입니다.

새로운 교사들, 새로운 교원 운동이 나타난다

새로운 교원 운동, 새로운 가치로 무장된 교사들은 반드시 나타날 수밖에 없습니다. 왜냐하면 사교육걱정없는세상이 출현을 했고, 이 운동이 지속되는 한 그런 교원 운동을 지속적으로 요구할 것이기 때문입니다. 먼저, 새로운 가치로 무장한 교사들이 등장하게 될 것입니다. 교육의 모순을 어쩔 수 없는 일로 방치하지 않고, 이것을 해결하는 일에 나서는 것을 자임하는 교사들이 나타난다는 것입니다.

둘째, 현실은 어쩔 수 없다는 패배주의에 동의하지 않고, 교육이 나갈 방향을 미리 내다보고, 그 미래의 가치를 오늘의 교실과 내 생활에 앞당겨 살아가기를 자임하는 교사들이 나타날 것입니다. 과거는 다 그렇다 말할 수 없지만, 종종 우리가 교육 운동할 때 착각하기 쉬운 것이 요구만 할 뿐이지 그 요구하는 바를 오늘 내가 삶으로 살아 내는 방식으로 살면서 동시에 제도와 정책이 바뀔 것을 요구하는 그런 균형을 갖추고 있는 운동은 쉽지 않습니다. 삶으로 사는 것이 쉽지 않습니다. 그러나 삶으로 살면 오래갑니다. 그 미래의 가치를 오늘의 삶으로 살아 내면서 우리가 요구할 때는 그 요구가 공허하지 않습니다. 그것은 자기의 영혼을 건강하게 하기 때문에 오래갈 수 있고 반드시 그런 운동이 일어난다고 생각하는 것입니다.

셋째, 교육의 본질이고 구조적인 모순을 해결하는 일에 관심을 갖지만, 미시적으로 학교 내에서 내가 하는 교육 실천이 사실 가장 핵심적인 변화의 자리라고 생각을 한다는 것입니다.

넷째, 아이들의 이익과 교육 본질을 가장 우선적인 가치로 생각하면서 교사의 이해관계를 상대화 하는 교사들이 나타날 것이며, 다섯째, 교사를 움직이게 하는 승진과 급여 등 외적인 인센티브에 마음을 뺏기지 않고 아이들과 함께 늙어 가겠다는 교사들이 많이 나타날 것이며, 여섯째로 문제 근원을 뿌리째 고치기 위해 정직한 대결을 추구하되 합리적인 소통, 겸손과 포용, 공존의 자세로 일하는 교사들이 나타날 것입니다.

문제의 근원을 '뿌리째' 고치기 위해서 대결을 추구한다는 것이 중요합니다. 대체적으로 합리적인 소통과 겸손과 포용과 공존으로 일하는 분들은 문제를 뿌리째 고치기 위해서 대결하지 않습니다. 겸손하게 조금 고칩니다. 근데 새로운 교사들은 겸손하지만 다 고치려고 한다는 것입니다. 다 고치려고 하는 분들은 겸손하지 않아요. 분노로 움직일 수 있습니다. 다 고쳐야 하니까 조급해합니다.

모든 것을 뿌리째 다 고쳐야 된다고 생각하지만 겸손하게, 그렇게 나와 생각이 다른 분들하고도 소통을 할 수 있는 그런 방식으로 이 문제를 직면하는 교사들이 나타날 것이라는 것입니다. 국민을 가르치려 하지 않고 학부모를 가르치려 하지 않고 그 분들과 같은 언어로 소통하고 교실을 여는 분들이 나타날 것이라는 것입니다.

그동안 우리 교사들이 종종 그렇게 못 했어요. 학부모들과 시민들을 만나면 가르치려 듭니다. 논쟁이 붙으면 보도의 전가로 내세우는 게 있습니다. "당신들은 학교 현장을 모릅니다." 이렇게 말하며 마음을 닫습니다. 시민, 학부모, 국민들을 가르치려 하지 않고 함께 소통하며 자기를 개방하려고 하는 그런 교사들이 출현할 것입니다. 그리고 그런 교사들이 중심이 되어 새로운 교원 운동을 전개할 것입니다.

새로운 교원 운동이 어떤 식으로 펼쳐질지 저는 다 헤아릴 수는 없습니다. 중요한 것은 이 운동의 가치 또는 문제의식에 뜻을 같이하는 교사 1천 명 정도만 조직되면 새로운 변화가 시작된다는 것입니다. 교사 1천 명이 이 운동에 뜻을 같이하고 마음을 같이하면, 일정한 흐름이 만들어질 겁니다. 그 흐름이 사람들에게 도전을 주게 되면, 그 운동을 통해서 기존의 교원 단체들이 우리도 함께 참여해야겠다는 마음으로 함께 손을 잡는 일들이 벌어질 것입니다.

이런 일이 시작되기 전, 미리 사교육걱정없는세상과 짝이 되는 일부터 선행되어야 합니다. 사교육걱정없는세상이 하고 있는 일들과 짝이 되는 교사 실천이 함께 있으면 좋겠다는 것입니다. 위 표는 저희 단체가 한번 생각해 본 겁니다.

여러분들이 함께 머리를 짜내면 새로운 교사 운동의 구체적인

현재 전개되는 운동	교실 속에서 교사 운동으로 펼쳐지는 방식!
교육 중심 학교 체제	행정 업무보다는 가르치는 업무를 최우선시하며, 그로 인해 나타나는 불이익을 감수한다.
교원 연수 제도	교실 수업을 변화시키기 위해 자기 혁신을 하되, 승진 점수나 성과급 등을 의식하지 않는다.
입시 경쟁 교육	입시 경쟁 때문에 가해지는 불법적, 비윤리적, 비교육적 부당한 요구에 응하지 않는다.
수업	아이들과 수업을 통해서 개별적인 만남을 갖고 그들의 성장을 관찰하고 개입하고 평가하는 교사 본질의 활동을 위한 다양한 시도를 전개한다.
선행 학습 금지법 제정 국민 운동	교육과정을 준법하며, 선행 학습을 받지 않는 학생들을 기준으로 수업을 뚝심 있게 디자인하며, 학생들을 꾸짖는다.

*표 왼쪽은 사교육걱정없는세상이 전개하는 운동이고 오른쪽은 교사들이 그에 호응해서 학교에서 실천할 수 있는 운동이다.

<table>
<tr><th></th><th>선행 학습</th><th>영어 조기 교육</th><th>고교 체제 입시</th><th>선진 내신 체제</th><th>대입 제도 변화</th><th>좋은 대학 100</th><th>학벌 차별 금지</th></tr>
<tr><td rowspan="3">실천</td><td>소책자 보급</td><td>소책자 보급</td><td>–</td><td>교사 모임</td><td>–</td><td>소책자 보급</td><td>소책자 보급</td></tr>
<tr><td colspan="3">교육과정 준법 운동, 시험 개선</td><td colspan="2">행복한 성적표</td><td>대안적 배치표</td><td>급훈, 현수막 등</td></tr>
<tr><td colspan="7">개별 학생과의 만남이 수업과 생활지도 전 영역에서 극대화되는 다양한 실천</td></tr>
<tr><td rowspan="3">요구</td><td>–</td><td>–</td><td>–</td><td>–</td><td>나쁜 대입 전형</td><td>–</td><td>–</td></tr>
<tr><td colspan="7">교장 공모제 변화, 연수, 교원 평가, 입시 경쟁 구조 변화를 위한 교실과 학교 실천 ⇨ ▲전교조/교총 영향 운동 ▲학부모와 함께 추진하는 운동 ▲쉽고 친절한 표현 ▲이념의 틀로 공격하기 어려운 운동 등 ▲겸손하고 합리적 접근의 운동</td></tr>
<tr><td>입법 청원</td><td>입법 청원</td><td>입법 청원</td><td>입법 청원</td><td>입법 청원</td><td>입법 청원</td><td>입법 청원</td></tr>
<tr><td></td><td>⇩</td><td>⇩</td><td>⇩</td><td>⇩</td><td>⇩</td><td>⇩</td><td>⇩</td></tr>
<tr><td></td><td colspan="7">입시 사교육 제로 7대 특별 법안 통과</td></tr>
</table>

*입시 사교육 제로를 위한 일곱 가지 과제와 학교 내에서 교사가 할 수 있는 실천과 요구

실천 방식은 반드시 나옵니다. 입시 경쟁 교육, 불법적, 비윤리적, 비교육적 부당한 요구에 어떤 식이든지 응하지 않는다, 선행 교육 금지법과 호응을 이루는 실천에서 내가 먼저 교육과정을 지키자, 선행 학습을 하지 않고 교실에 앉아 있는 아이를 배려하는 수업을 하자, 〈아깝다 학원비!〉를 아이들을 통해 가정에 나

눠 주자, 이런 일들은 얼마든지 할 수 있죠. 그리고 학벌 차별 금지법이 제정되기 전이라도, 내가 지금 교실에서 성적으로 아이들을 차별하지 않고, 학벌을 부추기지 않는 그런 좋은 급훈을 만들고, 만일 학교가 학벌을 부추기는 플래카드를 내걸 경우, 이것을 바로잡는 일을 하자, 그리고 수능 내신 체제 개편을 위해 학교와 교실 속에서 내가 행복한 성적표를 만들어서 아이들의 학습 성장을 발견하고 성장을 기록하는 일들을 가능한 만큼 하자, 이렇게 하자는 것입니다.

또한 대학을 바꾸는 운동이 시작될 때, 이 운동에 참여하면서 동시에 적성에 따라서 직업을 선택하고 사회에 아이들이 공헌해서 절대적 만족을 경험하는 자주적 인간을 키우는 그런 진로 운동을 학교 내에서 전개하고, 사교육 걱정을 이기는 가정 문패 달기 운동이 시작되었으니, 사교육 걱정 없는 우리 반 문패 달기 운동, 같은 활동을 하자는 것입니다.

이외에도 교사들이 상상력을 동원하면 얼마든지 할 수 있는 일이 있습니다. 그리고 이것은 맨 처음에 말씀드린 바와 같이, 학교 바깥으로 뛰쳐나가서 하는 시민적 실천이 아니라, 교사로서 내가 교실과 학교에서 감당할 수 있는 아주 본질적인 교육 활동입니다. 그런데 이것이 세상을 바꾸는 일과 이어지는, 그래서 교사의 존엄성과 명예를 회복하면서 동시에 세상을 바꾸는 일이 되는 것입니다.

여러분들께 마지막으로 호소합니다. 이 문제에 대해서 여러분들이 응답하는 일을 해야 한다는 것입니다. 저는 사교육걱정없는세상이라는 단체로 가는 길을 걸어왔습니다. 지난 시간 돌아볼 때 갈 수밖에 없었던 길, 가지 않으면 안 되는 길이었습니다.

여러분도 이 운동은 가지 않으면 안 되는 길, 필연적인 길이라고 생각합니다. 왜냐하면 자기가 자기 생을 사랑하고 아이들을 사랑하고 남은 교사로서의 일생을 고귀하고 가치 있게 보내고자 하는 사람이라면 이 행렬에 여러분이 동참해야 하기 때문입니다. 그렇지 않고 구경꾼으로 있는 분들의 삶은 아까 처음에 말씀드린 것처럼 비루먹은 말처럼 그렇게 노쇠해지면서 자기 인생을 보내는 것입니다. 아무런 것도 물려줄 수 없는 늙은 교사로 자기 삶을 마칠 수밖에 없는 것입니다. 교사로서의 자기 삶을 사랑한다면, 이 운동에 참여하고 이 길을 가지 않을 수 없습니다. 제가 도종환 선생님의 이 시를 참 좋아하는데요. 한번 읽고 정리를 할까 생각합니다.

가지 않을 수 없던 길

도종환

가지 않을 수 있는 고난의 길은 없었다
몇몇 길을 거쳐 오지 않았어야 했고
또 어떤 길은 정말 발 디디고 싶지 않았지만
돌이켜 보면 그 모든 길을 지나 지금
여기까지 온 것이다
한 번쯤은 꼭 다시 걸어 보고픈 길도 있고
아직도 해거름마다 따라와
나를 붙잡고 놓아주지 않는 길도 있다
그 길 때문에 눈시울 젖을 때 많으면서도

내가 걷는 이 길 나서는 새벽이면

남 모르게 외롭고

돌아오는 길마다 말하지 않은 쓸쓸한 그늘 짙게 있지만

내가 가지 않을 수 있는 길은 없었다

그 어떤 쓰라린 길도

내게 물어오지 않고 같이 온 길은 없었다

그 길이 내 앞에 운명처럼 파여 있는 길이라면

더욱 가슴 아리고 그것이 내 발길이 데려온 것이라면

발등을 찍고 싶을 때 있지만

내 앞에 있던 모든 길들이 나를 지나

지금 내 속에서 나를 이루고 있는 것이다

오늘 아침엔 안개 무더기로 내려 길을 뭉텅 자르더니

저녁엔 헤쳐 온 길 가득 나를 혼자 버려 둔다

오늘 또 가지 않을 수 없던 길

오늘 또 가지 않을 수 없던 길

저는 이 삶을 살아왔고 이렇게 4년 동안 가지 않으면 안 되는 길을 걸어왔지만 한 번도 후회하지 않았습니다. 저는 이 길이 돌아봐도 필연이었습니다. 제가 사교육걱정없는세상이라는 이 단체를 시작할 때 많은 사람들이 무리라고 말하면서 저를 아끼던 사람들이 100퍼센트 다 반대했습니다. 그러나 갈 수밖에 없는 길이었습니다. 그렇게 걸어왔던 길을 돌아보면 후회가 되지 않고 참 잘 왔다 그렇게 생각합니다. 물론 돌아보면 고통스러운 적도 많았습니다. 그러나 그 고통과 시련들이 사실은 이 길을 가야 하기 때문에 거쳐야 했던 마땅한 고통과 시련이라고 생각합니다.

여러분들이 이 운동을 하는 과정에서 고생을 많이 할 수도 있습니다. 그러나 여러분들의 삶은 행복할 것이라고 생각합니다. 아이들과 부모들에게 박수 받는 일, 동료 교사들에게 너희들의 그 수고로 인해 내가 정말 행복해졌다, 선생님을 통해서 시름을 덜게 되었어요, 그렇게 이야기하는 고백 때문에 여러분 인생이 빛나게 될 것이라 생각합니다. 저희를 믿고 함께 이 운동에 참여하시면 좋겠습니다. 감사합니다.